離婚後の子の監護と面会交流

子どもの心身の健康な発達のために

梶村太市・長谷川京子・吉田容子 編著

日本評論社

はしがき

　幸せな家庭を築き、子育てしようとしてきた夫婦の婚姻関係が破たんした時、以後の子の監護はどのように行われるべきか。子どもの心身の発達は、子ども自身の生涯の幸せに関わる。子どもは私たちの未来であるから、監護のことは子どもの視点で考えなければならない。

　そもそも、子どもの監護に関する法と司法は、子どもが守られ健康に育つための安全で安定した家庭生活を保障するためにある。そのため、父母が同居し協力しあって生活する婚姻中は、共同親権・共同監護制が採られている。それでは、離婚（別居）後の子の監護はどうあるべきか。現行法は、婚姻が想定する父母の協力関係はもはや期待できないとして、単独親権・単独監護制を採っている。その場合でも、非監護親との面会交流を選択できることになっているが、非監護親との面会交流はすべからく積極的に推進するべきであろうか、あるいはさらに離婚（別居）後も父母が共同で監護する制度を展望するべきなのだろうか。

　こうした問題を、子どもが良好に発達できる環境を保障するという観点から検討するなら、子どもの生態と発達、トラウマ経験の深刻な影響を理解し、非監護親による面会交流や監護への関わりが子どもの適応にどんな影響をもたらすかについて実証的な科学研究を踏まえる必要がある。もはや共同生活はできないと判断して離婚（別居）する父母の「共同」は婚姻中のようにはいかない。特に、家庭裁判所に持ち込まれる紛争は、父母の協議で合意できない、葛藤対立の厳しいケースである。なかには、被害や目撃体験により子どもがトラウマを負うDVや虐待が絡んだケースも含まれる。法律家が、自分にも子どもがあるから、子ども時代の記憶があるからなどと、狭い断片的な自己の経験だけで子どもの生態を知った気になり、無知を自覚しないことは危険である。子どもの発達やトラウマに関わる科学研究の蓄積を知らずに、

裁判所が紛争事案に介入したり、離婚（別居）後の共同監護を議論するのは、目をつぶって"あてずっぽうに"大鉈を振るうに等しい。

近年、家庭裁判所は、非監護親からの求めがあれば面会交流を原則的に実施する方針を進めてきた。しかし、この方針は、妥当性において科学的に支持されず、当事者である子どもの福祉を増進した事実は確認も検証もされておらず、却って無理な面会裁判で苦悶し、精神科を受診する子どもが増えている。

こうした折に、100日面会の申出を根拠に非監護親を親権者に指定した「松戸100日面会裁判」一審判決は、原則的実施論のいわば行きつく先の判断であり、面会交流推進論のほぼすべての問題点を含んでいる。控訴審判決はこれを覆し、最高裁も控訴審の判断を支持したけれど、なぜそう判断すべきであったのか、改めて一審判決の問題点を科学的根拠に照らして吟味する必要がある。

また、面会交流の機会に監護親と子どもが殺害された2017年の各事件は、安全を度外視した面会裁判と、面会の実施から子どもや監護親を守るための課題と対策の検討、面会支援の限界と原則的実施方針の見直しを迫っている。

こうした現実を見つめ子どもの発達を守る議論をするには、面会交流推進の延長線上に離婚後共同監護を推進したオーストラリア法の苦い経験をしっかり学び、その教訓を生かす必要がある。国内でも、裁判外でより面会交流推進を強化する議員立法の動きがあるが、その底流に誰の利益があるのか、立法化がもたらす危惧を吟味する必要もある。

本書は、こうした論点を、誰よりも子どもの視点から、実証的に論じた。うまく解決できない面会紛争を前に、子どもが守られ健康に発達できるための安全で安定した家庭生活を保障するために、司法は何をし、何をしてはならないのか、離婚（別居）後の監護法制をどう設計するべきかを深く吟味し、拙速で危険な面会実施を防ぐために、本書を役立てていただけることを切に望みます。

長谷川京子
吉田　容子

目次

はしがき　i

◆序論／社会学者・精神科医からの問題提起
第1章　家族紛争と司法の役割——社会学の立場から
　　　　………………………………………………… 千田有紀　2

第2章　子どもの発達と監護の裁判
　　　　——科学的検討・外部臨床家との連携・検証
　　　　………………………………………………… 渡辺久子　42

◆新たな課題／裁判の争点から
第3章　「松戸100日面会裁判」が投げかける問い …… 安田まり子　64

◆課題の検証と対策／あるべき監護法制のために
第4章　非監護親との接触は子の適応に必要か有益か
　　　　………………………………………………… 長谷川京子　82

第5章　「片親引き離し／症候群」批判 ……………… 長谷川京子　102

第6章　フレンドリー・ペアレント・ルールは子どもを害する
　　　　………………………………………………… 可児康則　123

第7章　司法は面会交流殺人から子どもと監護親を守れるか
　　　　………………………………… 長谷川京子・吉田容子　139

第8章　面会交流支援の実情と限界 ………………… 吉田容子　160

第9章　面会交流の弊害から子どもを守るための調停・審判のあり方
　　　　――面会交流原則実施論と第三者支援の理論的破綻と実際的危険性
　　　　　……………………………………………………………… 梶村太市　179

第10章　離別後の子の監護に関する考え方――欧米の経験を参考に
　　　　　……………………………………………………………… 小川富之　201

第11章　「親子断絶防止法」の立法化がもたらす危惧は何か
　　　　　……………………………………………………………… 渡辺義弘　217

あとがき　247

執筆者一覧　251

序論
社会学者・精神科医からの問題提起

第1章 家族紛争と司法の役割
――社会学の立場から

千田有紀　武蔵大学教授

I　離婚後の親子関係

1　親子関係断絶防止法案のリスク

　私は家族社会学者である。とりわけ離婚後の親子関係について焦点をあてた研究を開始したのは、親子断絶防止法案がきっかけだった。法案について知ったのは、2016年の9月末のことである。朝日新聞に掲載されたNPO法人しんぐるまあず・ふぉーらむの赤石千衣子理事長の記事（「親子断絶」防ぐ法案に懸念）[1]や、NPO法人キッズドアの渡辺由美子理事長のネット記事（「親子断絶」を防ぐ法案成立に潜む大きなリスク）[2]といった、いわば離婚家庭の「現場」を知る人たちの記事を読んだからである。続いて同様の懸念が、毎日新聞でも報じられた。これら三つの記事で、そろいにそろって法案に対する否定的意見を紹介しているのが、当時の私には意外だった。

　個人的には、離婚後の共同養育は容易ではないという懸念をもっていた。しかし一般的には、渡辺理事長のいうように「離婚した後も、親は親であり、だから、母子家庭でも、時々別れたお父さんと会う事は良い事だと、私も思っていた。だから、この法律もいいんじゃない？　と思っていた」というような感想をもつ人が多いのではないかと考えていたからだ（この文章のあとには、「しかし、キッズドアを始めてそんなに簡単ではないという事を思い

1）　朝日新聞2016年9月29日朝刊。
2）　http://www.huffingtonpost.jp/yumiko-watanabe/divorce-law_b_12279420.html　2016年10月1日。2017年12月7日確認。

知った」「しかし、実態は、そんなきれいごとばかりではない」という文章が続く)。

　ところが、親子断絶防止法全国連絡会のホームページ[3]に行き、親子断絶防止法議員連盟の個所をクリックして、仰天した。これは大変だという危惧を私ももった。まず保岡興治衆議院議員(議員連盟会長)の言葉。

　　現状、家庭裁判所がどちらの親に親権を与えることが適切かを判断するにあたり、監護の継続性を重視していると言われています。つまり、子どもの現状を尊重し、特別な事情がない限り、現状の養育環境を継続したほうが良いという考え方です。
　　この考えを悪用し、離婚後に単独親権を求める親が、子どもを連れ去るケースが頻発しているようです。こうした連れ去りを防ぐ法制の検討が必要です[4]。

　法律の目的を子どもの連れ去り防止だと、まず宣言しているのである[5]。つまりよくドラマで見る、夫婦喧嘩の挙句「子どもを連れて、実家に帰らせていただきます」ということすらを、法的に禁止したいというのだろうか。しかし実際には、そういうのんびりとした事例ばかりではない。家から子どもを連れて出なければいけないのは、まずもってDV被害者だろう。住み続けた家から、好き好んで逃げる人は多くはない。ちなみに欧米では、加害者の退去命令がむしろ原則であり、その期間も長い。加害者が持ち出せる動産も限定され、保護命令と同時に婚姻費用の支払いを命じるなど、被害者と子どもの経済生活も守られるようになっている。日本のいわゆるDV防止法は、被害者がなんとか逃げることを主眼としており、加害者への退去命令は実際には被害者が必要な荷物を搬出するためにだけ認められている。欧米の法制

---

3) 親子断絶防止法 全国連絡会　http://oyako-law.org/　2017年12月7日確認。
4) 親子断絶防止議員連盟が目指す法律　http://oyako-law.org/index.php?%E8%A6%AA%E5%AD%90%E6%96%AD%E7%B5%B6%E9%98%B2%E6%AD%A2%E8%AD%B0%E5%93%A1%E9%80%A3%E7%9B%9F　2017年12月7日確認。
5) この記述のあとに、「さらに」として、面会交流促進の重要性が記述されている。

度に較べれば相当不十分なものである。

 それであるのに、逃げることすら禁止されたら、DV被害者はたまったものではない。妻が暴力の現場から逃げ出そうとするならば、暴力があったその場に子どもを置いて逃げろというのだろうか。また、まさに子どもを暴力から守るために、子どもを暴力の場から避難させなければならない場合だってある。各団体が懸念を示したのは、当然だろう。

 そもそも、「監護の継続性」とは、子どもが生まれて以来の監護の継続性の意味であり、「この考えを悪用して子どもを連れ去る」という批判は、もともと的外れである。

 続いて馳浩衆議院議員（議員連盟事務局長）の言葉。

  (離婚をするのは仕方がないが) 子どもの立場になってよ。
  いさかいをし、口論し合う姿を見せつけられる子どもの心理を考えたことがあるか？
  家庭内のDVで、子どもの心もからだも表情までも凍りつかせている意識はあるか？
  日本は、離婚をしたら、単独親権である。…略…
  (離婚後は) DVを毎日見せつけられていたので、憎しみだけが増幅し、トラウマとなり、人間不信に追い込まれる。
  本来ならば、家庭教育において人間社会の縮図を学ばなければならないのに、一方的に片親だけという現実を突きつけられ、成長の機会をうばわれる。…略…
  離婚で心身ともに傷つけられるこの親子断絶問題は、新たな児童虐待の類型とさえ考えられる。
  とりわけ、無断の連れ去りによって、有無を言わさずに親子関係を断ち切られたケース。
  これは、拉致、ゆうかいではないのか？[6]。

 ちょっと論旨が分かりにくい。離婚は仕方ないが子どもの立場を考えろといわれるが、論理は逆ではないか。家庭内のDVで「子どもの心もからだも

表情までも凍りつかせている」と思うからこそ、離婚が起こるのではないだろうか？　家庭内のDVは、子どもに対するものでなくても、「目前DV」として児童虐待にあたることが明確にされている[7]。まさに子どもの立場を考えたら、DV家庭から子どもを救出することは不可欠な行いではないか。

　DVを毎日見せつけられていたことの影響が述べられてはいるが、だからこそ別居親（DVの加害者）との関係を子どもの立場から見直す必要があるのに、その結果が、「片親だけという現実を突きつけられ、成長の機会をうばわれる」ため、別居した親に会わせろというのだから仰天した。もう少し慎重さが求められるのではないか。子どもと逃げることを、「拉致、ゆうかい」とまでいうためには、DVとはどういうことで、それが被害者や子どもどのような影響を及ぼしているのかをきちんと考えておく必要があるのではないか。DVは、たんなる夫婦喧嘩ではない。

　一応、「原因が明確なDVである場合」などは、「それは当然な連れ去りであり、自治体には女性センターなどに一時保護施設もあり、社会通念上、容認されている」と述べられているが「当然な連れ去り」という言葉も疑問である。事情もわからないのに（DVや虐待の事案も多数ある）、最初から「連れ去り」という言葉を使ってマイナスイメージを振りまくのは、おかしいのではないか。子どもを連れて逃げている、もっと中立的にいえば、別居しているだけではないか。逆に言えば、むしろ「主たる監護者」である親が、幼い子どもだけを置いて出る場合、児童虐待防止法の2条3項の監護の放棄（ネグレクト）にあたり、違法となりかねないことが指摘されている[8]。

　「ところが、この制度が悪用され、離婚することと、子どもを確保することだけが目的の「無断の連れ去り」事案が横行しているのである」と馳事務局長はいう。ここではすでに離婚が問題ではなく、離婚のまえの別居に際して、子どもを連れて逃げることが問題とされている。むしろ問題は離婚後の

---

6)　親子断絶防止議員連盟が目指す法律　http://oyako-law.org/index.php?%E8%A6%AA%E5%AD%90%E6%96%AD%E7%B5%B6%E9%98%B2%E6%AD%A2%E8%AD%B0%E5%93%A1%E9%80%A3%E7%9B%9F　2017年12月7日確認。括弧内は筆者による補足。

7)　2004年の「児童虐待の防止等に関する法律」の改正。

8)　榊原富士子・池田清貴『親権と子ども』（岩波書店、2017年）109〜110頁。

親子関係よりも、子連れ別居の禁止かという印象すら受ける。

　もしもこの「連れて逃げる」人が、母親だと想定されているのだったら、あまり意味のない主張である。性別役割分業が強固な日本では子どもの養育にたずさわっているのは実際には多くは母親である。馳事務局長が認識しているように、「だいたい、日常的に養育をし、監護している親に、親権が与えられる。できるだけ、子どもの置かれている日常的な養育環境が安定していることが優先される」のだから、監護の継続性からいえば、親権・監護権は母親に与えられるのが普通だからである。むしろ裁判所は、2000年ごろから、違法に子どもを奪取した場合には、その後の監護により生じた安定した状況があっても、追認しないという厳しい態度をとるようになっているようである[9]。親子断絶防止法推進派がいうような、「連れ去り得」という状況でもないようだ。

　そのままにしていても自分に親権が与えられる可能性が高いにもかかわらず、子どもを連れて逃げるというのはどのようなケースなのか、想像力をめぐらしてみれば明らかだ。性別が逆の場合は、親権を取れないと思った父親が、DVの一環として子どもを連れて逃げるケースがあるとはいう。しかし馳事務局長が想定しているケースは、このようなものなのだろうか。

　法案を推進したい人たちの多くが、「でっちあげDV」「虚偽DV」を口にし、親子断絶防止法全国連絡会にもわざわざ「虚偽DVの実態」といったバナーが作られ、ホームページを通してDVが虚偽であるという多くの記述がある。しかし私が聞いた限りでは、支援の現場を知る人たちや司法関係者は、虚偽DVについて懐疑的である。もちろん、DVの有無や程度について母親側と父親側の主張が食い違うことはよくあることのようだが、裁判所での認定には、「客観的証拠」が必要である。離婚を決意するまではほとんど被害者は写真も録音もとらず、骨折した場合でさえ病院に行かないために、この客観的証拠はない場合も多く、裁判所の認定のハードルはかなり高い。また精神的な暴力はなおさら認定されにくい。この高いハードルを潜り抜けたものだけがDVと認定されているのであって、「でっちあげDV」「虚偽DV」は極

---

[9] 榊原・池田前掲注8) 102頁。

めて難しい。当然父親が親権を得るべきケースで、DVを捏造されて父親が親権者になれないというケースがどれだけあるのだろうか。むしろ逆に母親が実際にはない瑕疵を作り出され追い出されるなどして、父親が親権を得てしまうケースもある。そもそも母親が親権を取れるようになる以前は、「子どもを置いて出ていけ」というのが、離婚の際のセリフの定番だったのだから。

2　DV認定の難しさ

　そもそも裁判所では、面会交流にかんして、夫婦間のDVは配慮するとはされているが、実際には「夫婦間のことは、子どもには無関係である」という発言が頻繁になされ、ほとんど無視されている。このように面会交流が推進されるという現状で、DVを捏造する理由がわからない。合理的に考えれば、行方をくらまさずに養育費を要求したほうが、あきらかに「得」である。むしろ自分が暴力をふるったという自覚はなく、妻にそれを指摘されて「でっちあげ」「俺こそが被害者である」と本気で憤る「認知のずれ」についての指摘は、よく耳にする。個別のケースに即して判断しなければならないため、ここでの評価は保留するが、「俺こそが被害者だ」という台詞で自分のDVを否定する場合、DV加害者であることを疑うという発言もある[10]。加害者であることの自覚のなさは、同様に支援の現場にいる人、加害者プログラムを提供している人からもよく聞く。ただし繰り返すが、私はここで個々のケースについて判断しているわけではない。

　西牟田靖の『わが子に会えない』は、離婚後子どもに会えなくなった経験がある父親たちのインタビュー集であるが（現在会えている人も含む）、ほとんどの父親たちが虚偽DVを主張している。

---

10)　例えば、「興信所探偵SOS、実録浮気調査――DV加害者からの依頼を阻止せよ」https://tanteikyoku.com/uwakifurin/uwakifurin-story/dev-prevention/　には、夫婦喧嘩で殴ったのは一回きりだというような主張を、「DV加害者の言い訳としては有り触れ（ママ）たものですし、自覚が無いのも加害者の特徴ですから」といい、「加害者が自身を被害者の様にふるまった事と、さらに相手の連絡先を知るために職場にまで出向いていた事実」などからDV加害者であることを推測した事例が紹介されている。

そこでは妻子に逃げられて自分こそがDVをでっちあげられた被害者だと思いこみ、運動にも参加していた男性が、探偵事務所に「あなたはDVの可能性があると思いました」と指摘され、「濡れ衣」を晴らし、DVをしていないという証拠を集めるためにDVの加害者更生プログラムに参加して、DVを自覚したという稀有な経験が描かれている。

　濡れ衣だと証明すれば、DV夫だというレッテルを剥がすことができる——。そう思った私は、DV加害者の更生プログラムを受けてみることにしました。昨年の9月ごろのことです。そのころはまだバリバリ闘っていくつもりで、妻側の弁護士をどんな手段を使ってでも陥れてやろうとかそんな風に思っていました。ただ普通にやっても勝てるとは思えなかったので、個人的なスキャンダルでも何でも利用できるものは利用してやろうと、まさにゲリラ戦を覚悟してました。同じ月には連れ去りの被害者たちの集会というかセミナーがありまして、その場で私が「相手側についた弁護士の個人的なスキャンダルでも何でも利用できるものは利用して闘っていかなきゃ」って表明しました。するとそのとき、50人以上いた参加者のほとんどが『そうだ、そうだ』といって同意してくれました。でも今考えると、あの場にいた父親たちの大部分が、私同様に妻や子どもを力によって支配していたんでしょう。パワー・コントロールですね。でもそれじゃ相手方にDVだと言われて会えなくなっても仕方ない部分がありますね[11]。

　もしもお互いの認知がずれているのであるとしたら、DVの現場から恐怖を感じた人がたんに逃げること（日本ではそれしか認められていない）を阻止することがあってはならない。またその状態で、離婚後の面会交流や監護権について話し合うことなどは、不可能だろう。
　離婚の抑制という意味であったら、子連れ別居の禁止の効果はあるのかも

11）　西牟田靖『わが子に会えない——離婚後に漂流する父親たち』（PHP研究所、2017年）247頁。

しれない。日本の法律では相手が拒否している場合、配偶者が証拠を伴う浮気でもしない限り、すぐに離婚することは難しい。特に周囲に理解されにくいモラハラなどを理由にする場合は、なおさらである。したがって多くの人はある程度の別居期間を作って、婚姻を継続しがたい重大な事由を客観的に裁判所に証明しようとする。その際に子どもを連れて逃げたら「拉致、ゆうかい」だといわれると、子どもを取るか、離婚を取るかという選択をせざるを得ない。

　しかし不仲の夫婦の調査の経験からいえば、多くの人は自分だけに配偶者からの暴力や理不尽な行いがある場合は、まだ結婚生活を我慢している。結婚生活が子どもの養育への悪影響を及ぼしていることに気がついて、離婚を決心することが多いのである。決心するのが女性の場合、女性の賃金を考えれば、シングルマザーを取り巻く状況があまりに厳しいのは、周知の事実だ。男性も、家庭と仕事の両立はそう楽なものではない。ましてやシェルターを利用するような場合は、職も、住居も、友達ネットワークも、多くのものを失い、子どももしばらく就学すらできない。大きな選択なのである。したがって離婚にかんして「夫婦の問題を親子に持ち込むな」、「夫婦は壊れても親子は親子」といった考え方は、短絡的であると私は考えている。子どもがいる場合は「子どものために」と考えて離婚する親も多く存在し、夫婦や親子の問題、とくに暴力の問題は、二者の関係ではなく、家族全体の関係のなかで有機的に考えられるべき問題である。

　子どもを連れて家から逃げる人に女性が多いとすれば、「離婚後に単独親権を求める親が、子どもを連れ去るケースが頻発」しているという保岡会長の言葉は意味がない。親権目当てに子連れ別居をする女性が多いとは、あまり思えないからである。問題は、会長も事務局長も、わざわざ「単独親権」と強調している点にある。あたかも単独親権を求めることが悪いことであるかのように描かれているが、そもそも、日本の法律では離婚後は単独親権しか認められていない。

3　共同監護の難しさ

　外国では共同親権を導入している国がすでにある。例えばアメリカでの共

同親権を選択した親子の 20 年後の聞き取り調査としては、共同親権を選んだ親同士の関係は「かなり友好的、協力的だろう」という調査者の思い込みからはほど遠く、半数以上が、離婚時に対立関係にあり、離婚後も長年にわたって対立関係が続いているというものがある。

　対立関係にある親が共同親権を選択した理由は、母親が離婚を言い出したケースが多く、理由は自分たちの学歴や職歴が結婚とは相容れない、他の男性と関係を持つようになった、夫がアルコール依存症である、虐待をするなどさまざまだ。母親の多くは夫の要求に「屈して」、取り決めに妥協したと述べている。単独親権を望んでいたが、罪の意識からか訴訟を避けるためか、子どもがどちらの親とも一緒に生活することに同意している。
　そして、父親の多くは家族の住んでいた家に残り、母親があまりお金のかからない小さな住居へ移っている。当時は家族の住んでいた家と子どもは母親に与えられるのが通例だったが、とくに共同親権となった場合は、母親に支払われる子どもの養育費が減額されたり認められなかったりする結果となり、父親に較べると母親には家の維持にかかわる経費を負担する余裕がなかった[12]。

　この法案では附則で共同親権の検討が付け加えられているが、共同親権を導入するとしたら、それを理由にして、子どもを連れての旅行や転居にも他方の許可を必要としたり、転勤を命じられても受けられないことも起きてくる可能性がある。こうしたリロケーションの制限をめぐる問題は、共同親権の制度を取っている国では、頻発している。また、たとえ片方の親が親権者には不適切だとして他方親に単独親権が与えられたとしても、その問題のある親が「面会交流の権利」をもっている限り、元配偶者や子どもの行動を縛

---

12) Ahrons, C. R., We're Still Family: What Grown Children Have to Say about Their Parents' Divorce, Harper Collins (2004). ＝アーロンズ、寺西のぶ子監訳『離婚は家族を壊すか――20 年後の子どもたちの証言』（バベル・プレス、2006 年）116 頁。

ることができる[13]。

　養育費の算定も変わってくる。それこそ学校の選択から宗教、子どもの病気の治療、子どもの歯列矯正まで、すべてに同意が必要だと取り決めたら、共同親権者の同意なくしては何もできない。イタリアの映画『はじまりの街』でも、DVで逃げている状態の子どもにカウンセリングを受けさせているときにすら、まさに暴力加害者である父親の同意が必要であるというエピソードが出てくる[14]。女性が経済的に自立するのが難しい現代の日本で、共同親権を導入する機が熟しているかどうかにはそれこそ国民的な議論が必要であろう。

　山下美加の『私が誘拐犯になるまで。』は、2006年の法改正で面会交流がさらに促進されるようになったオーストラリアでの離婚経験を描いた本である。オーストラリア人の元夫は訴訟マニアで、著者は単独親権を得ていたにも関わらず、面会交流をさせなければならない。そのため、次々と理不尽な裁判を起こして嫌がらせをする（リーガルハラスメント）。元夫から逃げることも、帰国することもできない。元夫の前妻は、離婚してからの裁判費用で13万ドルを費やし、養育費はもらえず、海外旅行に行く際に元夫に「誘拐される！」と騒がれ、1万ドルを使うような日々を送っている。そういう元妻のアドバイスは、「（相手が望むだけ）会わせなさい。欲しがったものを与えれば興味を失うわ」である。母親が金銭的にも精神的にも苦しむ姿を見て、面会交流をさせられて育った子どもは情緒不安定だそうだ。13歳になって、会いたくないと訴えて判決を勝ち取ったが、父親が上告し、やっと16歳になって会わないで済むようになったという[15]。当時日本ではハーグ条約を締結されていなかったため、著者は子どもを連れてなんとか日本に帰

---

13) 例えば国際結婚からの離婚を、オーストラリアの2006年法の下で経験した女性による、山下美加『私が誘拐犯になるまで。——クレイジーな元夫との訴訟戦争』（サンクチュアリ出版、2010年）などにその実態は詳しい。
14) 「今回の作品では、リサーチの中で偶然にたどり着いた題材が児童心理司から聞いた、両親の同意の署名がなければ、片方の親からDVで逃げている状態の子どもにカウンセリングを受けられないという問題でした。児童心理司の人から『ぜひ、この問題を映画で語って欲しい』と訴えられ、脚本に加えたんです」（パンフレットの監督インタビュー）。

国するが、その間に元夫に「親権」変更する裁判を知らないうちに起こされ、欠席したせいで父親に「親権」が移動、「誘拐犯」として指名手配されている。長くなるが、著書から引用する。

　オーストラリアでは今、親権という言葉がない。離婚しても共同責任者として子どものことに関わらなくてはならない[16]。DV で離婚したとしても子どもが成人するまで付き合っていかなくてはならない。未婚で出産しても、子どもには両親が関わっていかなくてはならない。何万件に1件といわれる、単独親権が取れたところで、面会権は残る。たとえ子どもが嫌がっても、親が望む限り、頻繁に面会はさせられる。法律では「子どもの権利」と謳っているが、現実には親の権利としか思えない。そしてその面会のために、勝手に引っ越しはできない。住所や電話番号も知らせなければならない。子どもの面会権を剥奪することになるので、簡単に会えない距離に引っ越すことは相手の同意なく認められない。養育費を払わない父親でも子どもに会う権利はある。
　そして、オーストラリアの法律では、何よりも親子の面会が優先された。そのたびに私はすべての予定をキャンセルして子どもをジョンに会わせなければならなかった。子どもと暮らしていない親であるジョンの都合で面会をキャンセルすることは許されても、子どもには拒否権はなく、育てている親である私からのキャンセルも認められない。決められた面会を実行しないと警察が出動することもあり、また面会を反故にしたと裁判を起こされると不利な立場に陥る。
　次々と起こされる裁判。娘自身の誕生日パーティも多くの友達を招待

---

15) 子どもが面会交流で自宅に来ても、元夫は「何もせずに放ったらかしで、友達と飲みに行ってしまう。部屋でもテレビを見ているだけで、アーサー（息子）は退屈している」。食事の世話も寝かしつけも再婚した著者が行っていたが、元夫は面会交流の回数を増やす裁判をしている。その目的は監護日数を増やすことで（結局は支払わない）養育費を削減することである。
16) 著書が書かれたのは、2010年である。その後さらなる法改正があったため、これは2006年に成立した法律の下での経験である。

していたが、ジョンとの面会が優先されたためキャンセルを余儀なくされた。予定していた友達の誕生パーティ、習い事の大会、友人宅へのお泊り、ことごとくキャンセルして、父親の元に行かなければならなかった。最初は行きたくないと泣いて騒いだ娘だったが、次第に泣くこともやめた。行かなければ母親である私が困ることになる。そう思ったのだろう。日本の友人から送られてくる少女向け雑誌やDVDを持って、とぼとぼと父親の元に行くようになった。行って何をしているかを尋ねると、アンナと2人で持参したDVDを見たり、ままごと遊びをしたりしているという[17]。

国家による家族の干渉

ここまでの家族への介入を、裁判所や法制度がする必要があるのだろうか。社会学においては、保護と介入は同じコインの裏表であると考えている。ここ数十年における「権力」論の進展は、権力は行政機構や特定の集団が保持するものであるという考え方を退けている。他者の抵抗を排してまでも、自分の意志を貫徹するチャンスであるというような、権力とは個人が保持し、相手に特定の行動を押し付けるという考え方も、もはや主流ではない。フランスの哲学者、ミシェル・フーコーなどのポスト構造主義的な転換を経て、権力とはミクロな関係を通じて網の目のように行使される力であると考えられるようになっている。とくに家族といった、傍目には権力の行使とは無縁にすら見える場所においても権力は作動するのである[18]。

例えば、「母性愛」や「子どもへの愛情」、「家庭の情愛」といった私たちが慣れ親しんだ感情は、決して自明のものではない。前近代社会では、洋の東西を問わず、子どもを保護し慈しむという考え方はなかった。子どもはたんなる労働力であり、高い乳幼児死亡率のなかで、亡くなったからといって悲しみの対象にすること自体が、むしろ異常であるとすら考えられた。フラ

---

17) 山下・前掲注13) 249〜259頁。
18) Foucault, Michel, La volonté de savoir, (1976) Gallimard. ＝フーコー、渡辺守章訳『性の歴史1　知への意志』(新潮社、1986)。

ンス革命の直前1780年のフランス・パリの警察庁長官は、自分の母親によって育てられる子どもは、全出生数21000人のうちの1000人の約5パーセント、住み込みの乳母に育てられるものが1000人ほどの5パーセント、残りの90パーセントの子どもは里子に出されたと認めている[19]）。

　近代において「子ども」を教育の対象として見出し、教育の書『エミール』を現したジャン・ジャック・ルソーですら、自分の子どもたちには関心がなく、自ら育ててすらいない。こうしてなんの関心ももたれないままに、どんどん亡くなっていく子どもを、近代の国家は、貴重な国力の「浪費」として見出していく。近代国民国家は、国民である子どもを「数」として把握すると同時に、それらの個別の国民に対して「配慮」をほどこしていく。フーコーの論文のタイトルに、「全体的かつ個別的に」というものがあるが、なるほどとうならされるほど的確である。国家権力は、国力の源であり、国民という「数」を形成する個別の子どもが、「健全に」育っていくように、熱いまなざしを注いでいく。「福祉」は、「あなたのためを思って」という配慮でありながらも、また国家からの介入であり、干渉でもある。どのように素晴らしい福祉であったとしても、それは介入であることを逃れることはできない。そして家庭裁判所は、その介入の権力のシステムの頂点に存在している。以下は私が以前、親子断絶防止法について書いた文章である。

　　例えばジャック・ドンズロの『家族に介入する社会』[20]などを読めば、まさに離婚こそが権力が介入する領域になりつつあることに気がつくだろう。ドンズロは、貧困で無知、暴力的な家庭から子どもを「守る」ために「社会」が介入し、また「社会」がそのような子どもから守られなければならないというシステムが、近代に形成されていく過程について

---

19) Badinter, Elisabeth, L'amour en plus: Histoire de l'amour maternel, XVIIe-XXe siècle, Paris: Flammarion (1980). ＝エリザベート・バダンテール、鈴木晶訳『母性という神話』（筑摩書房、1998年）。
20) Donzelot, Jacques, The policing of families (1980) / Jacques Donzelot; with a foreword by Gilles Deleuze; translated from the French by Robert Hurley ＝ジャック・ドンズロ『家族に介入する社会——近代家族と国家の管理装置』（新曜社、1991年）。

記述している。フランスでは、「子どもの福祉」のために、家族に裁判所・精神科医・児童教育学者・ソーシャルワーカー・カウンセラーなどが「保護複合体」を形成し、「正しい家族」像を振り回しながら、家族に介入するというのだ。DVや虐待が疑われた場合、疑われた側が子どもへの虐待のおそれがないという証明を、専門家から貰わなければならない国も多くある。日本でも家庭裁判所をはじめとする制度は確かに存在する。また親子断絶防止法を推進したい勢力は、シングル家庭の非行率の高さをあげて、これらの離婚家庭の「リスク」が社会を脅かしていることを、なんと宣伝までしているのだ[21]。

共同親権を取り入れている国に住む人たちの話を聞くと、子どもの虐待の防止が、親にかなりの負担を強いていることがわかる。例えば、イギリスでの保育園の様子を描いた『子どもたちの階級闘争』では、子どもが保育園でケガをしたことに対して、強い調子で抗議をしてくる母親が記述されている。貧しく、虐待の「ハイリスク」グループであると認定されていると感じている家庭では、虐待をしていないということをつねに福祉サービスにむかって証明しなくてはならないため、たとえ本当に保育園でおこったケガであっても、病院に連れて行くのがためらわれるのだ。ネグレクトを疑われないように、不釣り合いなまでに子どもを着飾らせる貧しい母親たちの努力を、笑うことはできない。実際に、無理をして中産階級の小学校に進学させたシングル家庭の母親が、子どもの不適応から虐待を疑われ、最終的には福祉の介入によって子どもを取りあげられた話も出てくる。またリベラルな「イギリス的価値」に同意しないムスリム女性は、保育園の保母さんに再三警告を受けても我流の子育てを貫き通したため、大したカウンセリングもなく、「虐待」の容疑で子どもを引き離されてしまっている[22]。貧困層や外国人といった「問

---

21) 千田有紀「親子断絶防止法について」本多由紀=伊藤公雄編著『国家がなぜ家族に干渉するのか――法案・政策の背後にあるもの』(青弓社、2017年)。

22) ブレイディみかこ『子どもたちの階級闘争――ブロークン・ブリテンの無料託児所から』(みすず書房、2017年)。

題を抱えている」と認定される家庭にとっては、福祉サービスは容易に自らの親権を停止し得る巨大な権力である。

　アメリカにおいてもまた、子どもの保護とDV被害者の関係は一筋縄ではいかないと聞いている。面前DVが子どもの虐待と認定されているため、暴力を受けていながらも即座に逃げようとしない母親自身もまた子どもにとっての「加害者」であると認定されてしまい、（特に貧困家庭で）子どもが保護されて、里子に出されてしまうということが多発している。また暴力に対してセンシティヴであるがゆえに、同性間であれ、女性から男性に対してであれ、同様にDVとして処罰の対象になることを逆手にとって、言葉も不自由な外国人妻が、夫による（妻からの）DVの「でっちあげ」によって、処罰の対象とされ、子どもを奪われるという事例も数多くあるようだ。双方とも、アメリカでNPOの活動をしている人たちから聞いた事例である（より正確にいえば、そのような事例があるからこそ、彼らはNPO活動をしているのだけれども）。

新しい介入の制度を構築するのか？
　おそらく共同親権や面会交流を推進しようとするならば、専門機関が緊密に結びつけられた監視的な福祉システムの構築が不可欠である。そもそも婚姻生活を継続していくことができない関係になった夫婦が、子どもの養育にかんして協力しあって責任を分担するという想定自体が、かなり困難を抱えたものである。親子断絶防止法案では、附則で共同親権までが検討の対象になっているが、裁判所は共同親権を宣告し、終わりにはできないだろう。共同親権を与えたあとも、暴力や虐待などの不適切な養育があれば、即座に片方から、もしくは双方から親権を取りあげて、「適切に」育てられるように子どもの養育環境を整える専門家が必要であるだろう。その「適切」さは、子どもの精神科医やカウンセラーなどの専門家が、「医療的に」判断せざるを得ない。また親の健全さや養育の適切性の判断も、ある種の医療的判断の領域であろう。こういった専門家による判断は、社会学においては「専門家権力」と呼ばれるものである。当事者の意識とのズレ、常識とのズレがあるかもしれないし、誤解が生じることもあるかもしれないが、専門家の判断は

絶対である。

　また具体的な「監視」や「指導」は、ソーシャル・ワーカーによって担われることになるだろう。ソーシャル・ワーカーがつねに両親や子どもと接触し、状況を把握し、伝達し、カウンセラーや医者はもちろん、その先にある裁判所や警察と連携しながら、子どもの養育状況を管理し、適切な指示を出していく必要がある。ソーシャル・ワーカーから警察、裁判所へと子どもの状態を通知していくシステムが必要である。

　このようなシステムが、現在離婚の9割が協議離婚で、裁判所すらかかわっていない日本の現状で可能なのだろうか。そしてこのように離婚や別居時、そして結婚をしている時にも子どもの養育をめぐって権力や専門家が不断に介入し続ける社会システムを、是として制度構築をしていく必要があり、私たちはそれを選択するのだろうか。

　離婚というのは、夫婦関係の破たんを意味する。共同親権でうまくいく父母は、単独親権であっても協力し合えるだろうというのが偽らざる感想である。うまくいかない夫婦の場合、子どもを媒介として、相手の人生にずっと影響力を及ぼし続けることが何を意味するのかも、考えなければならない。

　共同親権や子どもの面会交流が、子どものためになる場合もあることを、否定しはしない。しかし現実の運用をみれば、多くの場合それは、子どもの権利というよりは、もう片方の親の権利である。共同親権先進国のアメリカでは、親権はまさに「親の権利」として概念化されている。だからこそ、レイプして服役した犯罪者が、その後被害者が産んだ自分の子どもについて、里子に出すことを拒否することを含めて介入する権利すら持っている州があるのだ[23]。

　この親子断絶防止法をめぐる議論での危惧は、離婚したあとに両親と交流することこそが健全で、そうでないと子どもが健全に育たないかのような記述が散見されることである。ただでさえ「健全な」家庭に較べて、シングル家庭は「健全ではない」と差別されがちである。離婚してまでも、両親と会

---

[23]　「『レイプ犯と妊娠した被害者で親権を共有』メリーランド州、法律廃止に失敗」http://www.huffingtonpost.jp/2017/04/20/rape-maryland_n_16120092.html　2017年12月7日確認。

っていないから、片親だけだから「健全ではない」というレッテルを貼るのはどうだろうか。さらなる差別にさらされるのではないか。議論の際に、今いる子どもたちを傷つけないような配慮が必要なのではないか。

II　当事者の子どもたちの声

　ここ10年ほど、そしてとくに離婚の際に「子どもの利益」を配慮して面会交流と養育費を取り決めるように定めた平成24年の民法766条の改正からは急速に、家庭裁判所は、面会交流の実施をそのまま「子どもの利益」と解釈し、面会交流を推し進めてきている[24]。しかし親子断絶防止法案にしろ、裁判所の方針にしろ、これらはあまりに現状を踏まえていない。「子どもの利益」を理由としながら、どれだけの当事者の子どもの声を聴いたことがあるのだろうか。

　私が家族社会学の授業をもつと、少なからぬ学生が（3組に1組の結婚は離婚に終わるのだから当然であるが）、「自分は離婚家庭の子どもである」と教えてくれる。しかしそこで、「別れた親に会えなくて辛い」もしくは「親に会えなくて自分の健全な成長が阻害されてしまった」という学生に会ったことはない。むしろ、面会交流によって傷ついた具体的な経験がこれほどあるのかと、驚く。なるほど面会交流というものは、親のほうも覚悟を問われるのだなと痛感した。私たちはそのことをどれぐらい理解し、覚悟しているだろうか。

　まずもって子どもが傷つくのは、親の再婚である。離婚した親も、また新たな家庭を築くことは多い。若くして離婚すればなおさらだろう。そのときに、「新しい家族ができた、新しい子どもができたから、もうあなたとは会えない」と子どもにいうことは許されない。一度捨てられた子どもが、また

---

[24]　細矢郁＝進藤千絵＝野田裕子＝宮崎裕子「面会交流が争点となる調停事件の実情及び審理の在り方——民法766条の改正を踏まえて」家庭裁判月報64巻7号。梶村＝長谷川前掲注25）、小川富之＝高橋睦子＝立石尚子編著『離婚後の親子関係を問い直す——子どもの福祉と家事実務の架け橋を目指して』（法律文化社、2016）。

捨てられることになるからである。再婚相手が「もう子どもに会わないで」と言ったら？　再婚した相手が、前の結婚でできた子どもに会うことで傷ついたとしたら？　それでも面会交流を始めたのであれば、「新しい家族ができたから、もう君はいらないよ」とは言ってはいけないのである。泊まりがけで交流していた場合には、新しい再婚家庭にも泊まりに行くことにもなるだろう。

　ところが、現在の面会交流の制度や親子断絶防止法案は、監護親に面会交流の責任を課しているが、非監護親には何の義務も責任も負わせていない。非監護親が「面会交流をやめた」といえば、即座に面会交流は中断され、監護親や子どもが、面会交流を求めても、別居親にその気がないなら無理ですねの一言で終わってしまう。

　今は似非科学であるとされているが、片親疎外症候群という概念では、監護親が非監護親の悪口を吹き込み、洗脳をしてしまうといわれてきた。ところが、裁判所の実務や一般の生活者のレベルでは、子どもが別居親との面会交流を嫌がるのは監護親（主に母親）が非監護親の悪口を吹き込むからだと、未だに信じられている。

　しかし、面会交流の実務ではほとんど配慮されてはいないが、当事者の子どもによく指摘されるのが、非監護親による監護親への悪口である[25]。「お前は、お母さん（お父さん）に洗脳されているんだ」というのは本当によくある。「あいつはダメな奴だった」というような悪口や、「今どうしているのか？」という探りを入れられることもある。つまりは、葛藤のある夫婦関係

---

[25] 他方親との引離しは、DV加害者の常套手段であるとジョアン・S・マイヤーも述べている（ジョアン・S・マイヤー「片親引離し症候群PASと片親引離しPA—研究レビュー」訳・監修高橋睦子、梶村＝長谷川・前掲注24）75頁）。DV加害者が母親の権威を失墜させ、貶めようとすること、片親疎外という概念でいかに実際ある暴力が覆い隠されるかについてはBancroft, Lundy & Silverman, Jay, G., The Batterer as Parent: Addressing the Impact of Domestic Violence on Family Dynamics, SAGE (2002). ＝バンクロフト、幾島幸子訳『DVにさらされる子どもたち——加害者としての親が家族機能に及ぼす影響』（金鋼出版、2004年）を参照のこと。PASについては、The Leadership Councilのウェブサイトに詳しいまとめがある。http://www.leadershipcouncil.org/1/pas/faq.htm

のまま面会交流を続けるということは、子どもをその葛藤の間に立たせ続けるということなのである。

　監護親の中にも、「公正証書まで交わしたのに、養育費を払わない夫の貯金残高を、子どもが教えてくれた。腹立たしい！」と知りたくもない状況を知ったり、「勝手にガールフレンドに会わせて。新しい恋人をつくるのは勝手にしてくれればいいけど、長続きするかもわからないのに、子どもを巻き込まないで欲しい」というのもある。面会交流がなければ言わずに済んだ相手の悪口を、子どもに言うこともある。しかしこの場合は、相手の悪口を言って情緒不安定になった子どもの大変さは、自分自身の養育負担としてかえってくる。であるから、「自分のためにも、非監護親の悪口は言わないほうが楽」という監護親は多いのである。また、たとえ監護親が非監護親の悪口を言ったとしても、子どもが単純にそれを信じて監護親が満足を得られるわけではない。長期的には、むしろ監護親への嫌悪感というかたちで、監護親を悩ます結果を生じるようになるのは明らかである。

　これまで、面会交流を行っていない親子は、6割だといわれてきた。しかし2016年度の全国ひとり親世帯等調査では、ここ10年程度で、4割程度に減少し、6割近くの親子が面会交流を実施している[26]。しかし養育費を支払っている親はそれより少ない。原則的に、面会交流は、養育費の支払いとリンクしてない。お金は払わないのに、子どもに会うというのは、違法でも何でもない。裕福ではない親の面会交流が子どものプラスになることはあるだろうが、面会交流のたびに養育費を手渡しされるケースなどは、子どもに多大な屈辱感を作り出すし、生活のために面会交流をしなければならない状況はおかしい。面会交流と養育費の取り決めは、独立であるべきである。ただし、欧米では養育費は給与から天引きにされたり、不払いに刑事罰が科されることすらあるのに、子どもの貧困が深刻な問題になっている日本では、養育費不払いにかんする罰則などは皆無である。また裁判所の調停で離婚を取

---

26)　平成28年度全国ひとり親世帯等調査、平成23年度全国母子世帯等調査より、「現在も面会交流を行っている」「面会交流を行ったことがある」を足し合わせた数を離婚年度ごとに総数で割ってパーセンテージを求めた。

り決める場合、DV 被害者が加害者である夫に面会交流の実施を強く求められ、養育費で妥協を強いられることはよく見聞している。離婚、監護権、親権、財産分与、慰謝料、養育費、など様々な事柄を決定するときに、面会交流も決定事項の一つとなると、暴力被害者や子どもを暴力から守りたいと思った場合は、なおさら弱い立場に追いやられてしまうのである。

　子どもも、養育費には微妙な感情を示している。「正直に言って、会わなくてもよかったから、きちんとお金を払って欲しかったです」。お金で愛情は買えないが、子供の成長のために必要なお金を払うというのは、立派な愛情表現である。それなのになぜ、この法案に養育費の規定がほとんどないのだろうか。

　「たまに会いたいと思うときもある。けれど大抵のときは会いたくない（実際に面会交流をしている子ども）」。普通の人間関係もそうである。親しいときもあれば、ちょっと上手くいかないときには距離を置く。そうやって気持ちを整理したり、確かめたりしながら、よい関係を保っていく。それを「月に何回会うこと。何時間会うこと。それが望ましい」と、裁判所や行政によって、具体的に基準を決めて命令されるというのは、私にはかなり違和感がある。また「監護権を持っている親に会わせる義務がある（履行されない場合は間接強制金を請求できる）」という形態にはなおさら違和感がある。裁判所がすべきなのは面会交流の命令ではなくむしろ、面会交流を安全にするための介入なのではないか。

　『Q & A 親の離婚と子どもの気持ち』[27]では、「会いたくない」という質問に関して子どもの立場からの回答がある。本当に会いたいと思っている場合は、会ったほうがいい。しかし会いたくないと思っているケース。

　　私の場合、会いたいと思ったことは一度もありませんでした。母からはいつも「会いたくないの？　会いたければいつでも会えるよ」といわれてきましたが、何度聞かれても会いたい気持ちにはなれませんでした。

---

27) NPO 法人 Wink『Q & A 親の離婚と子どもの気持ち――よりよい家族関係を築くヒント』（明石書店、2011 年）。

……だから周囲の大人から「ほんとうは会いたいのに我慢しているの？」「強がらなくていいんだよ」などといわれることを、不愉快に思っていました。怒りすら感じていました。私は強がっているわけでも無理しているわけでもなく、ほんとうに会いたいという感情がわからなかったからです。
私のように本心から「会いたくない」「会う必要がない」と思っている子どももいるので、大人の想像だけで、子どもに無理に強要したりはしないでほしいと思います。私同様、幼いときに親が離婚した子どもの声を聞いてみても、答えは様々ですが、大人が考えるよりもドライな意見が多かったです。……
会いたくないというほかの子どもたちに聞いても、「はじめは会っていたけれど、会いに来なくなった」…など、親のほうから先に関係を断っているケースが多くありました。親子関係を親のほうが放棄してしまうことは問題であり、そのような身勝手な親のせいで、子どもが無意識に自分の存在を否定してしまう恐れがあることを知ってほしいと思います[28]。

　この法案で徹底的に無視されているのは、子どもの意志である。中には「面会交流が楽しかった」という意見もあった。それは、「ときどき父母と一緒にレストランでご飯を食べる。とても楽しい。そういえば最近はしていないけれど」というものである。離婚しても親同士が一緒に食事、せめてお茶くらいは飲める関係であれば、楽しい時間が過ごせるのだなと痛感した。お互いの都合で、したいときに交流を実施しているというのもあるだろう。この素晴らしい関係を維持できているのには、ご両親の努力の賜物だろう。しかしこの関係は、単独親権で、面会交流を法律で命じていない現状で、可能になっているのである。むしろお互いの意志に任されているからこそ、可能になっているとさえいえる。どちらかが相手に恐怖を感じるような関係で、子どもに面会交流を命じるのは、かなりの困難がある。

---

28)　前掲注27）より抜粋。

別れても共同で子育てすることは、うまくいけばとても素晴らしいことだと思う。一人で子育てをするよりは、責任を分かち合ってくれる人がいるほうが、どれだけ心強いか。そういうことのできる相手や関係であれば、誰にも拒む理由はないのではないか。繰り返すが、それは現行の単独親権でも可能である。

　法律を作成するときには、「うまくいかない最悪のケース」を想定するべきだ。葛藤の中に子どもたちを投げ入れることを制度化する必要があるのだろうか。面会交流の命令をするのであったら、裁判所は面会交流の責任を取るべきだと思う。具体的には、無料で、裁判所に紐づけられた面会交流支援制度である。面会交流がうまくいかなかったり、危険性があると判断された場合は、支援制度を通じて裁判所や警察に報告が行われ、即座に面会交流の取り決めを保留にし、丁寧でありながらも子どもを監護している親の負担にならない再調停を可能にするべきだ。海外の共同親権や面会交流は、それをサポートする手厚い制度によってなんとか成立している。それでも面会交流によって、毎年多くの子どもが殺害されている。日本の現状では、この法案の実現は全く無謀である。

　もう一つ面会交流のメリットとしては、現実の親を知ることで、理想化することなく、「これなら離婚するのは仕方がない」と子どもが納得することも挙げられる。これはつねにメリットとして挙げてよいのだろうか。子どもの年齢によっては、あまりに過酷で、直面するには早すぎる事実かもしれないからである。また監護親が非監護親の「悪口」を言うという根拠のない非難をするが、かなりの深刻な事情で離婚や別居に至った場合、子どもにどうしてもその事情を耳に入れておかなければならないこともあるだろう。周囲の子どもがサンタクロースを信じているのに、自分だけが離婚の真実、知りたくもなかった非監護親についての真実に直面しなければならないというのは、あまりに大変なことだ。

　面会交流の過程で、親が約束を守らなかったり、いい加減だったりして、子どもが傷つくということは多々起きる。面会交流をするということは、「相手の悪口を言わない」をはじめとして、結婚当時はできなかったかもしれない「立派な親」になる覚悟を、両方の親に要求することでもある。

III 面会交流には危険がつきまとう

1 日本の面会交流における殺人事件

　2017年には、痛ましい事件が立て続けに起ってしまった。長崎市で、離婚後に2歳の子どもを元夫に会わせにきた元妻が刺殺され、その後に元夫が自宅で首をつって自殺したのである。元妻は、元夫からのストーカー被害を警察に相談し、「元夫からのメールの内容が怖い」と話していた。警察はストーカー規制法に基づいて元夫に警告できることを伝えたが、元妻は「報復が怖い。とりあえず親族と相談する」と断っていたという[29]。

　これは離婚後初の面会交流のときに起こった事件である。当初は被害者の落ち度であるかのように責めるような報道も出てくるに及んで、なんと理不尽なと憤りを隠せなかった。西日本新聞では、「警察としては絶対に一人で会わないでと伝えるが、離婚時に面会交流の取り決めがあると、それ以上は強く言えない」という捜査関係者の談話を掲載している[30]。

　暗澹としたのは、この殺人事件のタイミングである。父親が、別居している母親に長女を会わせる面会交流の取り決めを破った場合、父親が1回あたり100万円を母親に支払うよう命じる判決が、東京家裁で出たばかりだったからである[31]。また面会交流を実施していなかった元妻と再婚相手に賠償責任を認め、熊本地裁は70万円、30万円の支払いを命じている[32]。面会交流を実施しなければ、間接強制で「罰金」を払わなければならないのだというニュースが立て続けに報道されたばかりであった。

　こういった面会交流を後押しする報道、なによりも「間接強制」の存在が、脅迫メールを送ってくる元夫との面会交流を拒否できないことの背景には、なかっただろうか。暴力やストーキングがあれば、裁判所に申し立てればい

---

29)「〈長崎女性殺害〉『元夫からのメール内容が怖い』県警に話す」毎日新聞2017年1月30日。
30)「「子の面会」事件招く？　元夫と離婚時約束、数回訪問」西日本新聞2月2日朝刊。
31)「娘との面会拒否、1回100万円の支払い命令　東京家裁」朝日新聞1月21日。
32)「子供への面会拒否　元妻の再婚相手にも賠償命令　熊本地裁」毎日新聞1月23日。

いのに、と思うのは甘い考えである。家庭裁判所では、面会交流の原則的実施に舵を切ってから、DV があっても、ストーキングがあっても、「夫婦の問題と子どもの問題は違う」となかなか斟酌されず、多くの場合で面会交流を命じてきている。DV で妻に対する接近禁止命令が出ているのに、面会交流を命じる裁判所に対する驚きは、ここ数年多くの弁護士から聞いている。そして、面会交流がうまくできなければ、監護親が間接強制でいわば「罰金」を課されるということが知られるようになってきているのだ。

　暴力的な父親に会うのを嫌がる子どものために、こうした「罰金」を黙々と支払っているシングルマザーもいる。ただでさえ裕福ではないことの多いシングルマザーにとって、1回5万円や10万円という間接強制金は、決して払いやすい金額ではない。また「罰金」が払えないために、嫌がる子どもをいわば「人身御供(ひとみごくう)」として面会交流に差し出して、徹底的に信頼関係をなくしてしまった監護親と子どももいる。子どもが察して、我慢して会っているケースだって多いのだ。

　4月には兵庫県の伊丹市で、これも調停後すぐの面会交流において、4歳の女の子が殺害された。これも裁判所で面会交流を決めて初めての面会交流だった。同居中から DV などがあり、母親は面会交流支援機関の使用を打診はされたが、費用が高額なこと、近隣に支援機関がないこと、またそれまで子どもに対する暴力はなかったことなどから、その必要はないと判断していた[33]。女の子の殺害のあと、父親は自殺している。

　面会交流が殺人などの痛ましい結果を招いたのは、何もこれが初めてではない。妻と離婚し親権を失った父親が、会っていた息子と港の車から発見された事件[34]。離婚成立直前に木曽川の川べりで面会交流を行い、別居中の妻にスタンガンを当てて溺死させ、事故に見せかけようとした「木曽川事件」

---

33)　拙稿「また起こってしまった伊丹市の面会交流殺人事件——離婚直後の面会交流のリスク」https://news.yahoo.co.jp/byline/sendayuki/20170424-00070247/　新聞、週刊誌報道ほか、記者からの聞き取り含む。
34)　大阪堺市で無理心中とみられる死亡事件、堺市堺区築港南町の沈んだ車から父親と息子発見 2016 年 6 月 25 日　https://ringosya.jp/oosaka-sakaicity-murishinjuu-32735　2017 年 12 月 7 日確認。

もある。夫は3万円という養育費の取り決めに腹を立てる一方で、呪術団体に9万8000円のコース（最高額）で妻の死の呪いを依頼していた。また別の呪術団体にも、「私の思いは、実家に無断で帰った妻の死と妻の実家と縁を切った形で子供を取り返すことです」とメールを送っている[35]。親子断絶防止法では、別居のときに面会交流の取り決めをしなくてはならないが、この眩暈がするようなエピソードが満載の夫と取り決めが可能だったとはとても思えなかった。

　離婚前後はとても緊張感が高まっていて危険な時期である。例えば、子どもの小学校で、父親が9歳の次男を道連れに灯油をかぶり、火を付けた事件。「父母の離婚が成立する直前の悲劇だった。3年前から別居していたが、父親は次男を取り戻すことに執着しており、復縁がかなわないことを悲観したのが直接の引き金になったとみられる。父親は23日午前10時半ごろ、少年野球の試合が行われていた同校校庭に入り、次男の手を引っ張って連れ出した。間もなく校舎脇で次男に灯油をかけ、自分でも灯油をかぶった後、火を付けた。父親は同日夜に死亡、次男は意識不明の重体の状態が続いている」。「現場には灯油入りの缶のほか、ライター、手錠などが落ちていた。マンションには「次男に会いに行く」と書かれた遺書も残されており、駒込署は父親が明確な意思を持って無理心中を図ったとみて、殺人未遂容疑で容疑者死亡のまま書類送検する方針」[36]。結局、次男は死亡した。ファミレスで内縁の夫が、妻にも火をつけ炎上した事件[37]。「子どもを失う悲しみから起こした事件だから、子どもを頻繁に会わせればよかった。親権をあげればよかった」と主

---

[35]　2014年12月名古屋高等裁判所判決。

[36]　「野球の絆、子煩悩な父の凶行　校庭で次男道連れ自殺の「なぜ」」産経新聞2013年12月25日。2017年12月7日確認。http://www.iza.ne.jp/kiji/events/news/131225/evt13122500160000-n1.html 2017年12月7日確認。親子断絶防止法を推進する人たちの一部は、「次男は自殺しようとした父親を止めに入って巻き添えによって死亡した事件だ」と主張しているが、報道にはそのような事実はない。

[37]　「死亡したイラン人男は難民申請中　「子供に会わせてくれない。殺す」とも　茨城・土浦の男女炎上事件」産経新聞2016年11月12日。http://www.sankei.com/affairs/news/161112/afr1611120044-n1.html　2017年12月7日確認。

張する人もいる。しかし自分の悲しみでいっぱいで、妻や子どもを殺すような人に、安心して子どもを託せないのが、普通の感覚ではないか。別離後すぐに面会交流を始めるべきだというプレッシャーは大きいが、別居前後こそ、危険だと思われる。じっくりと時間をかけて、お互いが冷静になってから、面会交流を取り決めるべきなのではないか。

　親子断絶防止法は、離婚後に子どもを育てる親に、面会交流の実施の責任を負わせ、別居するときに、面会交流の取り決めをするように命じようとしている。離婚（別居）のときには、家族が崩れるときの緊張が、極限まで達しているときである。家族は、愛情の場であるとともに、憎しみや葛藤や、そして暴力の場でもある。愛と憎しみ、愛と執着、そういったものは、多くの場合にむしろ、分離することはできない。そして多くの場合、関係がうまくいかないから、離婚をするのだ。

2　海外での面会交流における殺人事件

　アメリカでは特に多いが、面会交流が頻繁な国では多くの殺人事件が起っている[38]。アメリカでは暴力事件や虐待の前科があったとしても、父親が面会交流権、監護権を得ているとのことだ（アメリカは、DV（家庭内暴力）専門の裁判所があると同時に、DVがあっても、監視をつけることで面会交流を命じている）。そして残念ながら、監視つきの面会交流の最中にも、子どもの命が失われているという事実がある。多くの報道を集めたdastardlydadsというデータベース[39]を、ちょっと見てみるだけでも、悲惨な実態がわかる。

　2011年9月、ニューヨーク州。父親は、以前に児童虐待をしていたため、10歳の姉に対しては、監視つきの面会交流に制限されていた。定期的な面会のあいだに、子どもたちを拉致し、ロチェスターのレイクジョージキャンプ場で娘たちを撃ち殺し、無理心中。ロチェスター警察は、（単なる）監護

---

[38]　Mo Therese Hannah & Goldstein Barry Domestic Violence Abuse and Child-Legal Strategies and Policy Issues 1（2010）Civic Research Institute.
[39]　http://dastardlydads.blogspot.jp/　2017年12月7日確認。

権がらみの事件だと考えて、誘拐事件が起きたという警報を鳴らすことを拒否した。父親は、3歳の妹に関しては、共同監護権と週末の面会交流権を得ていた。2012年9月、母親の一人（子どもたちの母親はそれぞれ違う）はロチェスター警察に対して訴訟を起こした[40]。

例えば2013年8月、ニューハンプシャー州で起こった事件では、殺すと脅迫していたにもかかわらず、父親が監視つきの面会交流権を獲得。父親はYMCA面会交流センターで、9歳の子どもを撃ち殺し、無理心中。

気まぐれに訳出しただけで、このほかにも多くの事件が起っている。

「子どもを殺す親――なぜ信じられないことをするひとがいるのか？」(Parents who kill their children: Why would someone do the unthinkable?)というCBCニュースのサイト[41]は、2016年4月、カナダでの共同監護中の父親が5歳の娘（クィンちゃん）を殺害し、放火した事件を取りあげている。父親は一命をとりとめたそうであるが、クィンちゃんは死亡した。父親は離婚し、共同監護権の取り決めは、緊張に満ちていたと関係者は語っている。また父親は、母親に3度の暴行罪で起訴されていたにもかかわらず、それは重視されなかったという。

ここでは、父親のほうが母親よりも子どもを殺害すると述べられている。オンタリオのウエスタン大学のペーター・ジャフィー教育学部教授によれば、その割合は6割である。「調査によれば、父親は一般的にパートナーが去っていったあとに、復讐から子どもを殺害する。そしてたいていDV歴があります。関係から去っていった母親へ最大の復讐は、一番大事に思っているひとを殺すこと、つまりは子ども、子どもたちを殺害することです」。母親が子どもを殺害する場合は、たいていは乳幼児であり、心を病んで、産後鬱な

---

40) http://dastardlydads.blogspot.jp/p/new-york-bronx-county-father-anthony.html　2017年12月7日確認。詳細は、http://www.saratogian.com/article/ST/20110906/NEWS/309069989、http://www.democratandchronicle.com/story/news/local/columnists/andreatta/2017/06/16/andreatta-city-settles-lawsuit-noel-parcells/403642001/　など。被害者の名前を入れてネットで検索すれば、たくさんのニュースにヒットする。

41) http://www.cbc.ca/news/canada/newfoundland-labrador/parents-kill-children-why-1.3555456　2017年12月7日確認。

どで乳幼児を殺すことが多い。それに対して、父親が殺害する場合は、もう少し年のいった子どもが多いというのだ。もちろん、父親も母親も追い詰められているのだろう。しかしそれにしても、巻き込まれて殺害される子どもの立場に立てば、痛ましいとしかいいようがない。オーストラリアのいわば親子断絶防止法である 2006 年法を改正させた、4 歳のダーシー・フリーマン殺害事件も、動機は母親への復讐だった。二人の弟の前で、父親がダーシーちゃんを橋から川に投げ入れたのである。

『ドメスティックバイオレンス、虐待、子どもの監護』は、オーストラリア、カナダ、アメリカを中心に、父親による子どもの殺害、とくに離婚後の親権及び面会交流に関する事例を 200 件以上集め、報道の分析が行われている本である。そのなかのジョン・クルースによる「あの男があの子を殺した理由がわからない」では、ダーシーちゃん事件についても、詳しく述べられている。興味深いのは注での家族関係（調整）センターの職員との会話である。「殺人が起きる前に、母親もその両親も暴力が心配であると繰り返し伝えてきたのに、組織の人々は誰も気に留めてくれなかったと訴えている」と伝えた人に対して、「ほぼすべての母親が暴力や虐待について訴えるけれど、私たちは信じないのが普通。この事件も同じことよ」とセンター職員は答えている[42]。

クルースは、「虐待についての母親の心配は、当局から無視されたり矮小化される傾向があり、証拠があったとしても、そのような母親はヒステリーだとか、大げさだなどのレッテルを貼られたり、疑われて孤立したりする」と述べている。「子どもの安全を純粋に心配する気持ちから子どもたちを守ろうとした」としても、「親権をめぐって争っていた」と解釈されてしまうのだ[43]。

面会交流を積極的に取り決めている国では、面会交流を進めるための気が

---

42) Kruth, John, No Idea Why That Man Killed That Baby:Media Coverage of Fathers Killing Children in Situations Ivolving Child Curtody and Visitaiton（2016）. ＝Mo Therese Hannah., & Goldstein, Barry, Domestic Violence, Abuse and Child Custody-Legal Strategies and Policy Issues 2（2016）, Civic Research Institute. 3 頁。
43) Kruth・前掲注 41）4 頁。

遠くなるほどの強力な司法の介入とサポートがある。しかしそれでも、悲劇は起こってしまう。私たちは、どう対応すればいいのだろうか。

　一つの事件を紹介しよう。先に触れた2013年にニューハンプシャーで殺害された9歳のジョシュア君のケース。彼は「監視付きの面会交流」を命じられており、YMCA面会センターで、面会交流中の父親によって殺害された。沢山ある記事のなかから、ジョシュア君をとりあげたのは、たまたま目に留まったからにすぎない。よくあるケースの一つである。

　デイリーニュース[44]によれば、父親はジョシュア君に向けて、6回も銃を発砲した。

　親子が遊んで40分も経過したとき、突然父親が銃を取り出して、ジョシュア君の後頭部を撃ち抜いた。それからさらに5発、息子を撃ってから、父親は自殺した。父親は知人に、事件の数時間前に警告メールを出している。

　「君が知るべきことは、君であれ、俺の周囲の人間であれ、誰もこの悲劇を止めることはできなかったということだ」。「なんで俺がこんなことをしたか知る必要があるって？　気にしないでくれ。頭のおかしい男なんだよ」。

　父親と母親は結婚していなかったけれども、子どもの親権をめぐって争っており、「この行動は、親権（監護権）を取りあげたジョシュアの母親への「報復」だ」ともメールにあった（様々なニュースで、「共同親権」だったとも報じられている）。事件の前年に、父親は母親に、自分は銃を持っているんだからなといって脅している。「お前か、俺とジョシュアか、（被害者は）どっちになるんだろうな。そのうちニュースでわかるだろう」ともいったそうだ。「母親はたった一人の息子を取りあげられて、酷い悲しみに暮れたまま、一人残されるんだ。俺のよく知っている悲しみ（を思い知れ）」。

　母親は子どもを引き取りに来たとき、警官たちのものしい騒ぎによって、自分の子どもが殺されたことを知ったのだ。母親の心中を慮るにあまりある。

---

[44] Father who killed son in YMCA murder-suicide sent email to hours before, saying no one could stop him: report　2013年11月8日　http://www.nydailynews.com/news/national/ymca-murder-suicide-dad-email-couldn-stopped-article-1.1510620　2017年12月7日確認。

しかしこれは、様々な記事についてたくさん調べれば調べるほど、「よくあるストーリー」である。「調査によれば、父親は一般的にパートナーが去っていったあとに、復讐から子どもを殺害する。そしてたいていDV歴があります」「関係から去っていった母親へ最大の復讐は、一番大事に思っているひとを殺すこと、つまりは子ども、子どもたち殺害することです」というケースに、この事件もぴたりとあてはまる。
　父親は面会交流の際に子どもを殺害したり、子どもの殺害のあとに自分も自殺したりする。しかしこの、親による子どもへの暴力的な殺害というショッキングな事件は、その加害性が薄められ、「悲劇」として報じられる。この事件でも、加害者である父親自身が「悲劇」という言葉を使っている。
　ジョン・クルースによる「あの男があの子を殺した理由がわからない」によれば、不幸なことに、このような犯罪の報道のされ方は極めて馴染み深いものであるという。

　　まさに典型的なのは、「ある男」が子どもを殺したこと（その後自殺することもある）、そしてそれがひどい「悲劇」であるという見出しがでる。近所の人が、殺害したとされるひとを「いい人にみえた」（というのも、かつて芝刈り中に手を振ってくれたから）、「偉大なお父さんだった」とさえいう言葉が紹介される。ここに来て初めて—いくつかのパラグラフを読んだ後に、その男が通りすがりの人間ではなく、殺された子どもの父親であることが判明するのだ。この「偉大なお父さん」が、子どもたちを撲殺あるいは銃殺したらしいということは、決して矛盾しているとみなされない。その反対に、つじつまの合わない不可思議なミステリーとして片づけられる[45]。

　この事件でも、ジョシュア君の母親との前に結婚していた前妻の言葉が紹介されている[46]。彼は「心優しき人」だったそうだ。「暴力的でなんかなかったわ。できればどんな人だって助けようとしたでしょうし。彼は、本当に

---

45) Kruth・前掲注42) 2頁。

いい人だった」。

　人は、関係によって見せる顔が違う。少なくともジョシュア君と妻に見せた暴力的な側面は、その前妻には見せていなかった。本来的に暴力的な人間でなくても、その関係がこじれたことによって、暴力的な状態になることもあるだろう。家族という密室で起こっている出来事は、その外の人間に理解されにくいものである。

　ジョン・クルースは、以下のようにいっている。

　　父親の親権についての状況は、時が経ち、裁判が行われる頃までには失われるか忘れられるかしてしまう。加えて、詳細な親権「争い」について、また虐待する父親に親権や面会交流権を与えてしまう裁判所、児童福祉機関、又はその他の心理学・法律の専門家の役割について解説するフォロー・アップ記事が出ることは極めて稀である。最も深刻なのは、子どもたちを殺すことになる父親の家に子どもたちを行かせた判事や他の責任者たちの名前がまったくといっていいほど出ないことである――重大な過失や論理の破たんを示す証拠があるにもかかわらず。その結果、公に対する説明責任が果たされることはまずない[47]。

　ストーカー規制法や、DV防止法のように、暴力的な関係のときに誰かに「会ってはいけない」と規制することは理にかなっているが、誰かに「会うように」という命令を出すことは、どういうことか、またその責任について考えさせられる。

　ジョシュア君の面会交流には、もちろん、監視がついていた。しかし予算をカットされたことで、面会交流センターのセキュリティガードは解雇されていた。しかし、セキュリティガードがいれば、突然鞄から銃（日本でなら

---

46) Father left depressed by bitter custody battle shot dead his 9-year-old son during a supervised visit at a YWCA visit before killing himself mailonlne　2013年8月12日　http://www.dailymail.co.uk/news/article-2389672/Muni-Sayvon-fatally-shot-9-year-old-son-previously-threatened-kill-ex-wife-son.html　2017年12月7日確認。

47) Kruth・前掲注42) 2頁。

刃物？）を取り出されたときに、制止できたのだろうか？　そもそも、セキュリティガードをつけて、命を懸けてまで、面会交流をする必要があるのだろうか？　そのような面会交流は、子どもにどんな意味をもつのだろうか？

IV　なぜ面会交流ができないのか

　別居のときに面会交流など監護について取り決めるべきだ、監視や支援があれば面会交流は可能なのではないか、月に１回の面会交流の何が負担なのかという疑問が、よく聞かれる。
　また、親子断絶防止法案の議員連盟の馳浩事務局長は、「黙って子どもを連れて出ていくケースがあるが、それは基本的にいけない。話し合うのに危険があれば、児童相談所や DV 被害者の支援機関に相談するなどしてほしい。第三者に入ってもらうのがよい」[48]といっている。
　福祉職従事者、DV 被害者支援者、弁護士に聞いてみたところ、「児童相談所にそのような機能はないし、期待できない」。「現状でも DV 被害者支援は緊張に満ちていて、どうにか暴力の現場から逃げさせるのが精いっぱいなのに、間に入る支援者の安全は誰が保証してくれるのか。とても無理だ」という声ばかりだった。私もとても現実的ではないと思う。
　また、繰り返すがよく「連れ去ったもの勝ち」といわれているが、そうではない、と弁護士はいう。監護実績がない母親が連れ去ったときに、裁判所によって子どもの父親への引渡命令が出ている事例なども、実際にはある。
　巷には、「妻に子どもを連れ去られた」という夫たちの声が溢れている。親子断絶防止法案は、そのような夫側の要望に応える法案であるといわれている。その一方で、「連れ去った」と非難される妻の声は、ほとんど顧みられることはない。私は多くの妻の側に会ったが、「子どもを抱えて、日々の生活を送るだけでいっぱいいっぱい」「ほかに手段がなかったのに、『連れ去り』だと非難され、夫に次々と訴訟を起こされて疲れ果てている」。何より

---

[48]　「〈子の幸せは？〉離婚後も親の責任意識を　親子断絶防止法へ活動　馳衆院議員に聞く」東京新聞 2017 年 2 月 9 日朝刊.

も「やっと DV 夫から逃げてきたのに、自分だと特定されたら何をされるか怖い。何も発言できない」という声に、声の大きさの非対称性が、すでに夫婦関係の非対称性を示しているように感じられた。

離婚が決まったばかりの A さん（女性）の事例。A さんは、元夫の側から、妻が子どもを連れ去ったことによって結婚生活が破たんしたと、多額の慰謝料請求をされたという。しかし A さんの側からすれば、事情はまったく異なる。

結婚生活が破たんしたのは、元夫による異常なまでの執拗な監視や暴言といった精神的 DV が原因だったという。具体的に聞いた私も、それでは結婚生活の継続は困難だろうと思われた。その結果、両家の両親を交えて話し合い、別居が決まった。当面どうするかが緊急の課題であり、別居後の生活費や面会交流については、「まずは別居を決めることで精一杯で、とても話せる状況ではなかった」という。元夫は引っ越し先も決め、不動産屋にお金も支払った。

「にもかかわらず、突然元夫の側は『別居はやめた』と言いだし、約束は反故にされてしまいました」と A さんは言う。緊張が高い同居生活が続き、子どもの心身にも、腹痛や情緒不安定など、異常が出るようになった。「先日、子どもがこのころのことについて『家はどうなるんだろうと心配で、学校でもいつもぼーっとしてしまって授業を聞けていなかった』と話してくれました。夫婦間の緊張は、家庭内だけではなく、子どもの生活すべてに影響するのです」。

仕方がないので A さんは、今度は家庭裁判所に、子どもの「監護者指定」の調停を申し立てた。子どもを連れて別居すると、それこそ「連れ去り」と言われることを心配したのだ。調停は月に 1 回のペースで進んだ。裁判所で子どもの監護権をどちらがもつかを争い、話し合ったあと、また自宅でともに生活する。どう考えても難しい。

「家庭内の緊張は高まりました。子どもの前でも言い争いをする機会が増え、とうとう「お父さん、そんなこと言っちゃだめ、やめて」と泣きながら元夫

にしがみついた子どもを元夫が振り払い転倒させたのをみて、『子どものためにも、この生活は限界だ。とにかく子どもを、逃がしたほうがいい』と決心しました」。かくしてAさんは、子どもを連れて別居した。

別居と同時に元夫は子どもの引渡しを要求し、審判、裁判へと進んでいった。元夫は、自分こそが妻によるDVの被害者だと主張し、自分はDVは行っていない、「でっちあげDVだ」と主張した。そして「子どもの連れ去りはハーグ条約違反だ」（ハーグ条約は、国境をまたいだ子どもの移動の場合に、国によって離婚や親権にかんするルールが異なるため、まず子どもをもともと住んでいた国に戻して、そこの国で離婚の取り決めをするための条約であり、国内では関係ない）、「連れ去りは犯罪だ。実子誘拐だ。子どもから父親を奪う虐待だ。子どもの親権をよこせ」と主張したという。

「裁判でのDVの認定は、とても難しいです。言った／言わない、やった／やらないは、水掛け論にしかなりませんから。自分からは元夫のDVを証明することはとても困難でした」。そう語るAさんだが、潮目が変わったのは元夫から会話の録音が出てきたからである。多くのケースで、会話の録音やGPSロガーによる追跡、ICレコーダーの設置などが語られ、ここまで一般的なのかとびっくりする。Aさんの場合も、元夫が録音をしていた。しかし元夫が証拠として提出したその録音から逆に、元夫のDVが認定されたというのだ。

「元夫は裁判のなかで、自分がやったDVは『やむを得ない行為だった』と正当化する一方で、自分こそが妻によるDVの被害者であると、本気で主張していました。自分の暴力行為を客観的に認識できないのだと思います。こういう相手と、家庭という密室の中で別居の話し合いをすることは、不可能であるというだけでなく、とても危険な行為です」。

幸いにして裁判では、元夫の出した証拠によって、夫のDVで結婚生活が破たんしていたことが離婚の原因であり、子どもを連れての別居はその結果であると認定された。夫婦の間にある緊張関係、その子どもへの悪影響、それまで母親が主に子育てを担っていたことを考えれば、母親が子どもを連れ

て別居したことは「違法であるということはできない」とされ、逆に元夫からAさんへ慰謝料を支払えという判決が下された。

　元夫側が証拠を提出してくれるとは、稀な例だと思う。被害が深刻であればあるほど、被害者は冷静に証拠を集めることもできなくなるからである。またAさんの元夫のように、一流大学を出て、有名企業に勤めている場合は、さらに「こんな立派な肩書の人が、そんなことをするのか。妻が嘘をついているのではないか、妻の思い込みではないか」と、信頼を得にくくなる傾向がある。

　「『子の監護について必要な事項に関する取り決めを行い別居する』ことは、私のようなケースでは全く実現不可能です。話し合いをして円満に別居できるなら、そうしたかった。でも、できませんでした。……このような取り決めを別居前からおだやかに対等に話し合える夫婦であれば、離婚後も円滑な親子関係を継続することは難しくはないはずです。話し合いができない相手となんとか取り決めをしようと、不毛な努力をしているあいだにも、家庭内の緊張は急激に高まっていきます。子どもたちは安心して生活できないまま、心身に様々不調が出てしまいます。別居前の取り決めは、非現実的だといわざるを得ません」。

　Aさんは、子どもの父親への面会交流はさせているという。しかし元夫は面会交流中の子どもたちとの会話をこっそり録音して、裁判所に提出することなどもしていた。

　裁判所から、面会交流中の録音は子の福祉に沿わない行為だからやめるようにといわれても、元夫は何度も提出する。

　「……面会交流における、安心安全の確保がされていないと思います。第三者機関もないですし、あったとしても双方の同意が必要ですから。私の周囲では、自分の父親に面会交流の連絡の窓口になってもらっていることが多いです。しかし年老いた父に、まだ迷惑をかけていると思うと心苦しいと、みなさんおっしゃいます。多くのお母さんは、面会交流

に精一杯努力され、頑張っていらっしゃるのですが、『元夫の機嫌を損ねると、自分たちにどのような危害が及ぶかわからないから、元夫からの暴言や身勝手な要求にもガマンするしかない』とおっしゃる方もいます。うちの場合も、元夫は『一方的かつ不当に父子の交流を制限している』『親権者として不適格』などと、面会交流を介しての非難をまだ続けています。離婚をしたにもかかわらず、攻撃的な言動を続ける元パートナーとの関わりを持ち続けることは、非常に重い負担です。面会交流において、子どもと監護親の安心・安全を確保することも、大きな課題の一つなのではないでしょうか」。

　面会交流のサポートを長くしている人は、誰にでも「ヒヤッとする瞬間」があるという。子育て経験をしている人間ならよくわかるだろうが、子どもはふと眼を離した瞬間に事故にあう。同様に一瞬の隙をついて、子どもを連れてどこかに閉じこもられるなど、簡単である。逆にいえば、一瞬の瞬間をも見逃すまいと目を皿のようにした援助者がついている面会交流は、緊張に満ちているとはいえないだろうか。
　子どもを第三者機関による監視つきの面会交流をさせているBさん（仮名）は言う。以下は長くなるがBさんの声である。

　「第三者機関がないと、とても面会交流をさせられません。夫は、子どもの振る舞いが気に入らない、子どもの発言が気に入らない、全部母親である私のせいだと、面会交流が終わるたびに、援助者に文句をつけてきます。日程の調整も、決して譲りません。そして子どもの体調が悪くなってキャンセルをしようものなら、援助者に怒鳴り込みにいきます。直接的なやり取りなど、不可能です。そもそも同居していた時から、子どもへの関心や愛情があったとはいえず、別居後も十分な収入がありながら、養育費を支払いたくないと一貫して主張してきました。面会交流は私への嫌がらせであり、父親の権利を行使したいだけであると、少なくとも私は感じています。
　DVも、子どもへの性虐待もあり、面会交流は子どもの利益にならな

いという娘の主治医の精神科医の意見書も提出しましたが、面会交流は避けられませんでした。しかしやはり、泊まりがけの宿泊は不可、第三者機関の利用は面会の前提条件とさすがの裁判所も考えていました。

　面会交流が始まってから、子どもが荒れに荒れ、不登校になりました。しかしそれが進んで最近は、面会交流が終わるなり発熱して倒れこんだり、面会交流の数日前から、布団から出られずぐったりとして、身体的不調が続くようになりました。父親に会うだけで、どうしてここまでのストレスを感じているのだろう。ただでさえ大変なシングルマザー生活が、さらに大変になっています。援助者によれば、面会交流の様子は、楽しそうにみえるそうです。

　でも最近、思い至りました。援助者の監視の下で、もともと緊張関係のある父親と会わせられて、父親が母親に文句を言わないように精一杯頑張らないといけない。そんな経験が、楽しいわけはない。援助者も『精一杯、父親に応えようと、娘さんは頑張りに頑張りを重ねていますよ』という。つまりは面会交流という舞台で、『子ども』を演じることを求められているわけです。援助者という観客付きで。それはプレッシャーでないわけはないよなぁと。子どもが可哀想です。

　性的な虐待もあり、父親の行動は許せないと思います。しかしもともと、子どもを会わせるつもりではいました。しかしこちらが申し立てた離婚調停で、調停委員や調査官がしつこく面会交流を申し立てるように父親にいい、面会交流を使えば嫌がらせができる、離婚を回避できると気がついて『泊まりがけの年間140日の面会交流を間接強制の罰金付きで』などと主張されたことによって、ただでさえ離婚するような関係が、ぼろぼろに傷ついてしまいました。もう今は、感情を押し殺して娘も私も面会交流という『責務』を果たそうとはしていますが、子どもは将来、夫を許さないでしょう。私も夫に対する感情は、今は『無関心』しかありません。前は子どもの父親だとは思っていましたが、もうどうでもいい人。

　なぜ元夫ではないかって？　離婚は不可避、親権も私ですぐに合意が取れたにもかかわらず、面会交流で４年間も争われて、面会交流実施後

は娘の問題が多発して、離婚すらできていないからです。裁判所が面会交流ににわかに熱心になった時期に重なったため、争いがエスカレートさせられてしまい、6年以上たっても離婚すらできていません。弁護士費用、費やした時間と労力——そんなものがあるのなら、全部娘のために使いたかった。これからまた離婚裁判に向けて、お金と気力を貯めなければなりません。この面会交流が、いったい誰の利益になっているのでしょう。将来、娘にも憎まれるであろう夫（そして私もかもしれません）も、ある意味、面会交流をめぐる制度改革の犠牲者かもしれないと思います。時期を繊細に見れば、笑いあって再会できたかもしれない。

　離婚は家族の終わりです。そのことをまず受け入れなければ。そして裁判所は、誰も求めてもいなかった面会交流を押しつけるのを、やめて欲しいです。争いを激化させるだけだと思います。私たちのようなケースまで、『面会交流の申立て数』に入れられていると思うと、冷ややかな気持ちになります。専門家もいる裁判所でもこうなのに、親子断絶防止法にあるような行政窓口での判断なんて、恐ろしいことになるんじゃないかと思います」。

　Aさんのいうように、離婚時の面会交流の取り決めはとても困難であり、そのことが夫婦間の緊張をいっそう高めてしまう可能性がある。またBさんは、当初は「自由に会わせる」とまでいっていたにもかかわらず、裁判所が介入し、離婚の条件闘争の一つになってしまったせいで、むしろ面会交流が困難になってしまったケースである。教条的に面会交流を取り決めることが、繊細な人間関係をめちゃくちゃに壊してしまったのである。支援機関を利用することによって、例え物理的な暴力は防止できていたように見えても、心理的な暴力、辛かった記憶を再現させられること、緊張感に満ちた心理状態を作り出されることは、必ずしも回避できるものではない。

　インタビュー調査をしたなかで、支援機関を利用している人は多かった。そして支援機関の必要性を主張する側が払うべきだと、1回、数万円もの支援機関への支払いを、母親が一人で負担しているケースも多くあった。面会交流の支援機関を利用したCさんは、1回27000円の費用を自分一人で負担

していた。しかし、家を出てから長時間が経過しているだろうから、着いたらすぐにおむつ交換と水分補給をして欲しいという妻の要求を夫は拒否し、「まだ大丈夫」と7時間もおむつ交換もしなかったという。持たせた離乳食を「レトルトなどをもたせた。そんなものは食べさせられない」と怒りをあらわにして拒否、ほぼ飲まず食わずの状態で、1歳にもならない子どもを泣かせ続けたという。支援機関はずっと、子どもをあやしながらも、子どもが泣いているというメールを延々とCさんに報告しただけだった。その結果、子どもはひどいおむつかぶれになり、また泣き続けたせいで中耳炎になった。

　Cさんは、その後、この状態では面会交流を続けられないと面会交流の中止を求めて裁判所で争っている。しかし夫の振る舞いは虐待に当たるとは認定されず、裁判官に「いい？　経済的に弱い立場に女性がいる日本では、離婚の半分は、モラハラが原因であるといっても過言ではない。でもみんなお母さんは我慢して、（モラハラをする夫との）面会交流をさせているの。あなたも頑張りなさい」といわれ、「子どもにかんして、過剰な心配をしすぎている」と心理調査を受けることを約束させられたという。

　おそらくCさんの夫は、Cさんに指示を受けることが嫌だったのではないだろうか。Bさんの場合もまた、やっと子どもが面会交流に行けそうになったときに、子どもの行きたい場所を妻が伝えると、「行きたくない」といってガッカリさせて、元の木阿弥になったという。子ども自身にも「ダメだ」といい張った。協力もできない状態で、共同の子育てをすることには、かなりの無理が感じられる。

　このような状況で行われている面会交流にいったいどのような意味があるのか。その意味は次第に明らかになっていくだろう。将来の危険を、完全に予測することは不可能である。その状態で、「虐待の証拠がない」と多くの監護親の心配を無視しつつ「原則面会交流」を実施し続けることで、欧米でそうであるように殺人事件はまた次々と起こる可能性があるだろう。当事者の子どもたちが大きくなって、裁判所に強いられた面会交流がどのようなものであったのか、語ることもできるようになるだろう[49]。私たちはどのときまで、待つべきなのだろうか。今大人が、大人の責任として、できることはないのか、考えてみるべきではないか[50]。

49) Wallerstein Judith S., Lewis Julia M., Blakeslee Sandra, "The Unexpected Legacy of Divorce: A 25 Year Landmark Study", Hyperion (2000). ＝ウォラースタイン、平野依子訳『それでも僕らは生きていく――離婚・親の愛を失った25年間の軌跡』(PHP研究所、2001年)。
50) この文章は、Ⅰは、Yahoo! ニュース個人「親子断絶防止法案の問題点――夫婦の破たんは何を意味するのか」https://news.yahoo.co.jp/byline/sendayuki/20161018-00063335/、Ⅱは、離婚した親に求められる覚悟――親子断絶防止法の問題点 (2) https://news.yahoo.co.jp/byline/sendayuki/20161020-00063454/、Ⅲは、長崎ストーカー殺人、元妻はなぜ夫に子どもを会わせに行ったのか？ https://news.yahoo.co.jp/byline/sendayuki/20170201-00067216/、長崎のストーカーの元夫をもつ元妻が殺害された「面会交流」殺人事件、警察は何ができたのか https://news.yahoo.co.jp/byline/sendayuki/20170203-00067296/、面会交流によって、アメリカでは年間何十人もの子どもが殺されている https://news.yahoo.co.jp/byline/sendayuki/20170228-00068182/、Ⅳは、「別居のときに子どもの親権や面会交流について話し合うのは無理でした」――親子断絶防止法の困難 https://news.yahoo.co.jp/byline/sendayuki/20170308-00068467/、支援があっても、「危険」は回避できない――監視付き面会交流は、子どもの利益か？ https://news.yahoo.co.jp/byline/sendayuki/20170324-00069061/ をベースにしている部分があります。ほか、誰もがTOKIOの山口達也さんにはなれない――親子断絶防止法案の問題点 (3) https://news.yahoo.co.jp/byline/sendayuki/20161028-00063785/、裁判所の現状と虚偽DVや片親疎外論――親子断絶防止法案の問題点 (4) https://news.yahoo.co.jp/byline/sendayuki/20161106-00064137/、親に会いたくない子を更生施設に入れるアメリカ、離婚に何年もかかるヨーロッパ https://news.yahoo.co.jp/byline/sendayuki/20161108-00064192/、オーストラリアの親子断絶防止法は失敗した――小川富之教授（福岡大法科大学院）に聞く https://news.yahoo.co.jp/byline/sendayuki/20161212-00065383/、また起こってしまった伊丹市の面会交流殺人事件――離婚直後の面会交流のリスク https://news.yahoo.co.jp/byline/sendayuki/20170424-00070247/ などの記事がある。

第2章 子どもの発達と監護の裁判
―― 科学的検討・外部臨床家との連携・検証

渡辺久子　世界乳幼児精神保健学会理事　渡邊醫院

I　はじめに

　戦後の高度経済成長、バブル経済とその崩壊、そして長期の慢性的不況と急激な超高齢少子社会の進展という社会変動を、日本の大人も子どもも、ストレスを抱えながら生き延びている。日本の子どもの出生数は2017年に94.1万人に落ち込んだが、問題は数の少なさだけではない。ひとりひとりの子どもたちが安心、安全に子どもらしく発達することができていないことに最大の問題がある。子どもの権利条約の批准国でありながら、日本は子どもの苦しみに対して無策を続けてきた。司法も、子どもの発達やトラウマが及ぼす深刻な影響を理解せず、家族紛争を大人の都合で処理することにより、子どもの安心、安全という最も基本的な利益を損ねることに加担している。本稿では、子どもの立場にたって子どもを守る社会作りの視点から、両親の離婚後の子どもの監護の争いで子どもの良好な発達を守る裁判を実現するための課題について述べたい。

　日本の家庭裁判所は未だ子どもを親の所有物として扱い、子どもの意見は結果にほとんど反映されない。例えば、面前でドメスティック・バイオレンス（DV）を目撃し外傷性トラウマストレス障害（PTSD）の治療を受けている子どもが、裁判所の容赦ない命令により、恐怖と憎悪を抱きながら加害者である別居親と面会させられることがある。また、別居親から面会交流の度に性的虐待を受けながら、話せば殺すぞと脅され被害を訴えられない子どももいる。面会交流の機会にそういう子どもがどれだけの恐怖におののくかを知らない周囲は、子どもが思いつめて自殺か父親殺しかを企てたときでも、

ただ困惑し、事件の背景をつぶさに調べもせずに、その子を異常視したり犯罪者扱いして終わる。子どもが命がけで勇気をふるい、つたない言葉で訴えるとき、裁判所はともかく耳を傾けてほしい。人間の子どもの発達を知り、子どもの声を理解する力をつけ、その声を子どもに関する裁判に反映して欲しい。それが、子どもを一人の人格を持った主体として尊重するということである。

Ⅱ 人間の子どもの発達

1 人間の関係性と子どもの発達

「子どもは大人の親である　Child is the father of the man」と英国詩人ワズワースはその詩「虹」の中で詠う。子どもは大人の想像を超えた鋭くて深い対人アンテナを持つ。人間の子は極めて未熟な状態で生まれ、直ちにひとときの間隙もなく誰か大人の手厚い保護と養育を受けなければならないゆえに、誕生の瞬間から、「間主観性」という、親や相手の意図や情動を見抜く能力を備えている。3歳未満の、言葉をもたない乳幼児でも、「間主観性」というアンテナを張り巡らせて、自分が身を置く外界の状況を感じ取り、反応し、記憶して生きている。

人の子は人間の関係性の世界に育つ。異なる個性をもつ人々の集まりである家庭、地域や学校は、異なるこころの音色を調和的に奏でるオーケストラに似ている。その調和的メロディーを織りなす対人関係につかりながら、子どもの脳と心と体が育つ。反対に、親子、家族、親戚、その他の自分をとりまく関係性が調和を喪うとき、子どもは苦しみ傷つく。だから、両親の喧嘩を目撃すれば、子どもは強烈な不安、緊張と恐怖を体験し、その防御反応が生じるのを体験し、その出来事は体に刻まれ、いやでも記憶される。後年、ごく幼いころの鮮明な記憶が蘇り、正確に再現できるのは、こういう身体記憶があるからである。

昨今、人間のこころの発達の解明が脳科学研究そして遺伝子と環境因子の相互作用に関する研究により飛躍的に進歩している。心の発達は今日、誕生からではなく、胎生期から始まることが世界の常識になっている。胎児期に

脳は、母体をとりまく環境刺激を受けて、胎内での多様な体験を身体感覚記憶として記憶系にとりこみ刻む[1]。

2 過剰なストレスが脳に与える影響
——近年の脳科学の知見から

　人の脳には誕生直後に約 115 億の神経細胞があるが、最初はばらばらに存在する。それが周囲の環境刺激を受けて、神経細胞は毎秒約 180 万個の接合を刻刻と作っていく。周囲の世界の関係性に問題や葛藤があるとき、この接合は障害され、発達途上の脳は有害な影響を受ける。その影響は、その子の個体の資質と環境などの多様な要因の絡み合いや相互作用をうけて、抑制されたり修飾されたりしながら、子どもの人格の基部を形成していく。このとき重要なことは、その子自身がその体験をどのように感じ考えるかということである。この主観的な快・不快体験が実際の脳と心を創る。その子にとりストレスが過剰なら、分子レベルで脳の神経細胞の DNA メチル化は阻害され、脳は形成不全に陥る。ストレスが持続し累積すれば、脳にはやがて機能的脳画像 f-MRI 上に非可逆性の構造の歪みとして異常が現れる[2]。脳画像研究によって、罵詈雑言を聞きながら育った人の脳の聴覚野シナプスの刈込みが遅れること、身体的虐待を受けて育った人の前頭前野に委縮が生じることが明らかになっている。このように、トラウマにより歪んだ脳は、衝動コントロールが悪く、集団適応力や自己肯定感の低い、社会性のない人格をつくり出し、その人を生涯苦しめる。

　近年、子ども集団にうまく適応できない子どもが増えている。その中にはもちろん生まれつきの発達障害の子どももいるが、大半は「発達性トラウマ障害」である。衝動的で、ささいなことで癇癪を起こしたり、引きこもり、気分の上下の激しい子どもらの症状は、多くその背景に乳幼児期から両親の葛藤にさらされた経験があり、「発達性トラウマ障害」という愛着障害に陥

---

1) Lyon-Ruth, K., Manly, T., Klitzing et al (2017) The Worldwide Burden of Infant Mental and Emotional Disorder. Infant Mental Health Journal (in press).
2) タイチャー，M. H. 監修、友田明美訳『癒されない傷』(診断と治療社、2006 年)。

っているケースである[3]。

3 「最初の1000日間」'The First 1000 Days of Life'

　人生早期の脳は0.1秒単位の敏速さで活動しており、周囲の環境を多次元的にモニターし、対人関係の時間的推移までモニターしている。人の心は睦まじい関係の中で、安全安心に楽しい体験を積み重ねるときに、安定した発達を遂げるから、子どもの成育環境は調和的な関係性の世界であることが望ましい。特に、受胎から最初の1000日間は脳が飛躍的に発達し、その影響は生涯にわたる。つまり心の核が作られるのがこの1000日間であるという。そこで、今、WHOと国連が主唱して、受胎から「最初の1000日間」'The First 1000 Days of Life'（胎生期とおよそ生後2歳までにあたる）を、人の生涯の心身両面の健康を基礎づける大切な時期として焦点を当てている。WHOのSustainable Developmental Goals: SDGsに関連するものである。「最初の1000日間　The first 1000 days」の掛け声は今世界をめぐり、UNICEFの発達途上国への支援内容も従来の物資から母子の幸せな早期関係の実現の優先に変遷している。

4　愛着対象は子どもが自ら選ぶ信頼できる人

　J.ボウルビィは、子どもが養育者（多くの場合母親）との情動的な相互作用の結果、その養育者に対して特別な情緒的結びつき＝愛着（Attachment）を形成すると提唱した。愛着関係は、生後、子どもが無力の自分を生き延びるための命綱である。どこに命綱を張れば生存の確率が高いかを決めるのと同様、愛着を誰に寄せるかは、子どもが自らの経験に基づき選び、形成するものである。自分にとり一番安心できる人が第一愛着対象になる。子どもは第一愛着対象と一緒のとき、一番幸せで、生き生きし、脳が活性化して、安心しておおらかに発達できる。両親の仲が良ければ、子どもは父母どちらにも愛着をむけ、さらにそのどちらかを第一愛着対象とする。愛着対象は母親

---

[3]　リーバマン, Aほか、渡辺久子監訳『虐待・DV・トラウマにさらされた親子への支援――子ども－親心理療法』（日本評論社、2016年）。

とは限らない。血のつながりとも関係はない。子どもが自ら信頼できると実感した人を、愛着対象として子どもは選ぶのである。

反対に、子どもが怖いと思っている人に近づくことは、子どもにとり危険な恐怖体験になる。親であっても同じである。親に怖い思いをしていれば、子どもは自分の経験に基づきその人を避ける。子どもは生き延びるために、自分や自分にとり大切な人に危害を加える人は、仮にそれが親であっても拒否するのである。

Ⅲ　父母の葛藤及びDVにさらされることによるトラウマ

1　トラウマの類型

トラウマ学の研究者で国際的な精神科医精神分析医のチューターズは以下の2つのトラウマの分類を提案している[4]。

(1) 不意打ち大トラウマ

これは不意打ちの圧倒的強度をもつ深刻な大トラウマをさす。大トラウマは「ゼロプロセス　Zero Process」を引き起こす。ゼロプロセスとは、精神機能の停止を意味する。つまり精神は「凍結」する。感じたり考えたりができなくなる。ゼロプロセスに陥るとトラウマ体験を心理的に咀嚼し、過去の記憶に整理し処理し克服していくことができない。トラウマはそのまま恐怖体験として残り、過去にならない。今のできごとであるかのような生々しさを備えたまま心に居座り続ける。するとその人はトラウマを抱え続け、トラウマ状況の色眼鏡から被害妄想的に周囲の世界を見ることしかできなくなる。自分の経験を肥やしにし、自らの人格の成熟を遂げながら次の人生の段階に進むことができなくなる。

(2) ゆっくり連続する弱いトラウマ

これは傍目に気づかれにくいトラウマである。しかし、当事者にとり耐え

---

[4] Tuters, K The long-term effects from childhood trauma and how this impacts adult behavior and relationships later in life. 第20回日本乳幼児精神保健学会 FOUR WINDS 大会（2017.11.25）。

がたい不安恐怖が、日々人知れず続くストレス体験である。ここから累積トラウマ（Cumulative trauma）が形成される。累積トラウマを抱える人は、沈下していく軟弱な地盤のような人格をもつことになる。

(2)①の「不意打ち大トラウマ」は、不意におきた自然災害（地震、津波、台風、洪水、火事）と人災（戦争、虐殺、核爆発、人質、テロの襲撃）とに分かれる。人災は自然災害とは異なる複雑でドロドロした恐怖に満ちた特異的なダメージを心に引き起こす。

また「不意打ち大トラウマ」は、次のような心理反応と生体反応を引き起こす。すなわち、パニック、抹殺や死の恐怖、混乱、思考力の崩壊、判断力の喪失、不信、恐怖、怒りに基づく被害妄想的感情反応といった心理的反応や、頻脈、発汗、過呼吸、失禁などの生理的反応である。

2　DVは深刻な児童虐待
　　　――見逃してはならない

父母の葛藤は発達途上の乳幼児―学童の脳形成に有害で、父母葛藤にさらされるストレス体験は乳幼児期から子どもの累積トラウマになり得る。父母葛藤にさらされて生活する体験は「累積トラウマ」となり、その子の人格形成の基盤である「基本的信頼」の形成を損なうことが明らかにされている。離婚や別居により父母の葛藤から物理的に離れることは、子どもにはほっとすることである。しかし離婚や別居後に面会交流という機会を得て父母の葛藤が再開すれば、子どもは再びそのストレスを体験させられ、さらなるトラウマを累積させられる。もし、面会交流が子どもにとって恐怖に満ちたものであれば、「不意打ち大トラウマ」によるゼロプロセスが加わり、子どもは複雑トラウマを被る。

父母葛藤で関係者が一番見逃してはならないのは、隠れたドメスティック・バイオレンス（DV）である。もちろんDVを伴わない両親葛藤の場合も、同じ屋根の下で両親の険悪な関係や喧嘩にさらされることで、どの子も不安と緊張をかきたてられる。しかし父母の葛藤にDVの要素が絡むときに、子どもの受ける被害の深刻さはその比ではない。

DVは深刻な児童虐待であり、性虐待と並ぶ「魂の殺人」といえる。性虐

待に似て、DVはまず世間的には外面のよい大人により行われる。そして世間の目にふれない密室で行われ、必ず被害者には口封じの脅しがあるため、外部には通告されず、傍目には気づかれず、何年も継続することが多い。

　DVの恐怖体験は深刻であり、自分を守ってくれる親とは違う両親の姿に子どもは深い衝撃を受ける。DVは加害親の被害親への支配と抑圧、サディズムの渦巻く異様な世界をうみだす。DV場面の父母は、子どもにとり別人に豹変する。ホラー映画の野獣と餌食の光景であろう。攻撃者に豹変した加害親の姿に子どもは衝撃を受け、心は凍結しゼロプロセスに陥る。虐げられる被害親の姿も子どもにはショックである。被害親が子の愛着対象であれば、DVは子どもの目の前で、子どもの保護と安全のニーズを打ち砕くからである。DVは単なる暴力行為ではない。異常な執拗さと病的不安という精神病理を隠し持つ加害親が、家庭という密室で引き起こす被害妄想的世界である。DV要素の含まれる父母葛藤のもとで、加害親と子どものあいだに良好な交流が継続することはまずあり得ない。

3　DVストレスの生体への刻印

　DVによる恐怖体験は、身体記憶に刻みこまれ多様な症状を引き起こす。世界的医学雑誌 The New England Journal of Medicine は、以下のように、一般医に向けて、DVに曝される子どもの受ける有害な影響を述べた。そして医師には子どもをDVから救いだす役割があることを警告した[5]。

　「DVの有害作用は近年、その被害者となる妻や母だけでなく、母が暴力を受けるのを面前で目撃する子どもに特に有害な作用を及ぼすことが明らかにされている。DVに曝されて育つ子どもには、様々な症状が出現する。その発症メカニズムは有害刺激に対する子どもの神経内分泌学的ストレス反応である。強いストレス下におかれた子どもは、生物としての基本的な『戦うか逃げるか　fight or flight』の防衛反応を示す。それは目前で繰り広げられ

---

[5]　Bair-Meritt.M., Zukerman,B., Augustyn,M., Cronholm,P. 'Silent Victims — An Epidemic of Childhood Exposure to Domestic Violence' The New England Journal of Medicine Perspective (2013) 1673-1675.

るストレス状況への反応である。このストレス状況が解決せずに長引く場合、その子の自律神経と視床下部―下垂体―副腎（HPA）軸には、くりかえされるストレス刺激により広範な内臓組織の病的変化がもたらされる。この現象を『ストレスの生体への刻印　biological embedding of stress』と呼ぶ専門家もいる。その一例は喘息である。喘息は慢性的にストレスを受け続ける結果、HPA軸が慢性的に活性化され、気管支収縮がおきやすくなるために起こる。さらにストレス時に増加するコルチゾールの分泌をおさようとして白血球がグルココルチコイド受容体を抑え込む結果、炎症が生じやすくなる。

　世界中の研究論文のメタ分析の結果では、DVにさらされた子どもの63％が、普通の子どもに比べてより多くのメンタルヘルス上の問題を示している。特に3歳までの乳幼児は、急激に脳が発達する時期にあたるから、悪影響を被りやすい。例えば脳の神経細胞の間引き（pruning）がうまくいかなくなり、その結果辺縁系が肥大し、恐怖に対し過剰反応を示す回路が形成される。その反面、大脳皮質や前大脳皮質が未発達となる。

　また面前でDVに曝される子には、コルチゾールが常時高レベルで分泌され続ける。その結果、記憶をつかさどる脳の海馬の神経細胞の消失や損傷が生じ、学習能力低下を含む精神発達の支障をきたす。

　このように乳幼児においては、DVに曝される体験そのものにより、ストレス反応が体に刻みこまれる。臨床家は子どもが有害なストレス反応が刻み込まれることを防止せねばならない。それにはDVに曝される子どもを一般医が見逃さず、早期に発見することが必要である。面前でDVに曝されて育つ子どもは、傍目にふつうに見え、何も訴えないからといって、その子が大丈夫であると思うのは間違いである。」[6]

　この警告は医師以外にも当てはまる。日本では、小児科医、一般医や精神科医のみならず、警察、家庭裁判所、弁護士もしばしばDVを見逃す。日本ではDVがいかに被害者と子どもに危険かつ有害であるかの認識がまだない。

---

[6]　前掲注5)。

IV 子どもの発達からみた離婚後の子どもの監護者・面会交流の決定

以上のような子どもの発達に関わる基礎的な事実からは、父母が離婚又は別居する場合の、以後の子どもの監護について決める際には、次のようなことを考慮すべきである。

1 子どもと同居して監護する者

まずは、子どもの第一愛着対象が考慮されるべきである。愛着対象は子どもの知的・情緒的発達の拠点になる最重要な関係である。子どもはサバイブのためにより「安全基地」として機能する愛着対象を選ぶ傾向があるから、第一愛着の対象は子どもの「安全基地」として機能する「安定型愛着」であることが多い。それは子どもが生まれて以来、最も頼れる世話を受けてきた経験に基づき、子どもが選択している相手であるから、監護の実績もある人である。

このような意味で、父母が別れた後、だれが子どもと同居して監護するかを決める際には、子どもの第一愛着がだれに向けられているかを重視する。特に子どもが5歳未満であれば、安定的な第一愛着対象から切り離すべきではない。思春期の子どもは、第一愛着対象におおいに反抗しながら甘える。それは、第一愛着対象に安心と信頼を寄せているからである。しかし、時に、その反抗が正常な甘えによらず、本当に嫌っている場合もある。このような愛着対象や関係の質は、子どもの精神保健の専門家の観察等により吟味するべきである。

子どもの意思、心情は、幼い子どもの場合、言葉よりも行動系で見る必要がある。1～2歳の子どもであれば、愛着評価ツールであるストレンジ・シチュエーション・テスト（SST）[7]などを通じて評価する。5歳以上になれば、子どもが十分リラックスし信頼を寄せる状況のもとで、子どもにわかる言葉で質問し、その表情や声の調子、返答までの時間の早さや呼吸・脈拍などすべての生体反応とともにその返答を受けることで、聴取することができる。

2 面会交流

面会交流は、あくまで子どもの自発的な意思に合致した場合にのみ行い、子どもに強制することがないよう配慮するべきである。

とはいえ子どもの自発的な意思に合致するように見える場合でも、過去に、子どもへの虐待やDVがあった親との面会交流は、子どもの十分な回復を見極めるまでは行うべきではない。トラウマを引き起こした加害者との接触は、子どもに極めて有害だからである。

DVや虐待がなかった場合でも、父母の葛藤が今なお続いていて、面会交流が葛藤や衝突の機会になり得るような場合は、子どもと父母の全員が実施を望み、だれからでも中止を言い出せば中止することに全員が納得している場合に限るなど、よほど慎重なやり方を工夫するべきである。上記のとおり、子どもは相手の関係性を見抜く間主観性の力を生まれもつ。そのため葛藤的な父母関係は人格形成に深刻な悪影響をもたらす。フライバーグやウィニコットらは1970年代に、言葉をもたない乳児が父母葛藤を察知して緊張ストレスから発達が停滞し、「偽りの自己」とよばれる明るそうな外面の内側で不安恐怖を抱えて生きる精神状態を詳述している。これは思春期以降の精神障害のリスクとなる。面会交流は急いで実施すればいいというものではない。父母葛藤の沈静を待つべきである。

V 司法と別居後の面会交流

1 苦しむ子どもたち
　　　——司法の現場でおきていること

離婚又は別居後に別居親が面会交流などで子どもと接点を持つことが、子どもの意思や心情を聞くまでもなく子どもの健全な発達に資するという考え

---

7) ストレンジ・シチュエーション・テストとは、Ainsworth, M. D. S.（エインズワース）が考案し、乳幼児を対象とし、実験室で母子分離（母親は部屋から出て子どもだけ残す）と再会、他人の入室などの状況を設定し、子どもがどのような反応を示すかを観察することで、愛着の発達や類型を調べる実験観察法である。

方が、日本で蔓延している。しかし、その考え方には客観的な根拠があるのであろうか？

　筆者は、実際の臨床で、子どもたちが、子どもの意思を無視した面会を強いられる結果、面会のたびに心に傷を受け、明らかな急性トラウマ反応を含む否定的な感情反応に苦しむケースに頻繁に遭遇している。例えば「鬼パパ」「鬼ママ」という言葉を口にして、別れた父親、別れた母親との面会を断固拒絶した小学生の男子と女子がいる。その男子と面接した家庭裁判所調査官は、「鬼パパ」という言葉のきつさに眉をひそめ、母親が言わせていると責めた。しかしそうではなく、これは子どもが独自に命がけで発言した言葉であった。筆者がこの2人の子どもを個別に診察すると、2人はいずれも極限状態に追いやられていて、別居親への憎悪と恐怖はすさまじく、精神病レベルであった。子どもがこのような言葉を使うときには、まず子どもが極限状態にあるのではないかと考える必要がある。家庭裁判所調査官は同居親が吹き込んだと決めつけ、面会交流の強行を支持したが、その結果、2人の子どもは、いずれも半狂乱となり、死のうとしたり解離状態に陥り、精神的危機に瀕した。

　チューターズのトラウマ分類に照らせば、この2人の子は、親子関係の葛藤による累積トラウマに加えて、面会の強要による不意打ち大トラウマを受けゼロプロセスに陥ったといえる。対応が悪ければ精神病か自殺に至った危機である。筆者はすぐに意見書に緊急危機事態であることを書き、家庭裁判所に伝えた。その結果危機を回避することができた。しかし家庭裁判所の理解と協力を得られずに子どもを苦しめたケースもあり、その子らのゼロプロセスの苦しみは今も続いている。

　別の例では、理不尽な裁判所の面会命令から、兄弟が互いを守り合った子たちがいる。DVにさらされた兄弟は小児科に助けを求めてやってきた。父親と会いたくないのに、裁判所から命令が出たという。児童精神科医の目の前で2人は夢中で語りあう。兄「母さんがあいつに首を絞められるのを見た。あいつを殺してやりたい！」弟「あいつの家に行かされる。朝に油断している間に逃げようよ。」兄「え、どこに？」弟「学校の職員室だ。」兄「できるかな？」。結局2人はいやいや父宅に泊まった朝、兄弟で学校の職員室に逃げ、

校長に父親の暴力を訴えた。父親は兄弟が失踪してあわてて探し、学校にいるとわかり安堵した。校長が父親を呼んで校長室で話し合った。子どもから父親が暴力をふるうという訴えがあったが、それ（暴力）は社会では通用しない、と。校長は児童相談所に通告し、兄弟は保護された。父親面会は最終的に中止され、子どもたちは解放された。

　離別した親にその後交流することにより、父母の紛争で傷ついた子どもとの関係が改善する保証はどこにもない。また夫婦親子の親密な関係は、相互に敏感にかつ動的に影響しあう。子どもは父母が自分を守る存在であることを、サバイバル本能に基づき期待し信じようとする。その期待を裏切られ、父母が連携のかわりに衝突すること自体が子どもに消し難いトラウマをもたらし、それは身体感覚記憶となって刻印されその子の否定的自己像・人間像を形成する。膨大な心理学的研究は、父母間の紛争性が高く、DVや虐待など暴力的な関係がある場合には、面会交流は子の葛藤を増悪させ新しい生活への適応を害することを明らかにしている。

　DVを受け子連れで逃げた親の多くは、子どもが怯えて泣きわめき、退行を来す姿を見てこれ以上この環境においてはいけないと思ったとその動機を語っている。自分だけ我慢しても子どもに有害なので逃げたという。しかし、逃れた先に加害者がやってきて面会交流を強いて、子どもと同居親の生活に干渉し割り込んだら、元の木阿弥となり、恐怖体験は延々と繰り返される。子どもも同居親が自分を恐怖対象から守れないことに絶望し苛立ち不信感を抱き、親として頼らなくなる。安全な生活のよりどころとなる親を喪い、一人で頑張るしかない。その子は早熟な自我の発達した偽りの自己をもつ人として成長し、後年の精神障害リスクとなる。つまり加害者の執拗さ、子どもへの有害な影響を家庭裁判所が理解せずに親子の面会交流を強いることは、司法による加害への加担にあたるのではないか。

　別居親が理不尽な怨恨に燃え、監護親や子どもに執拗な執着を向ける場合もある。DV型ストーカーにみられるように、DV加害者にはその傾向が強い。激しい面会交流の紛争自体が、実は法的手段を用い、執着に根差す追及を遂行するためであることも珍しくない。DVの要素の含まれる父母葛藤には良好な交流継続はあり得ない。それにもかかわらず面会を命じたら、裁判所は

面会交流の裏に隠されたDV加害者の意図に加担することになる。司法によるDVの継続である。

父母間の協議ができず家庭裁判所に持ち込まれる面会事件は、いずれも丁寧に父母葛藤の関係性の問題が吟味されねばならない。そして父母葛藤に巻き込まれた子どもの安全に対するリスク評価を行う必要がある。つまり裁判所は、司法の名において、子どもに有害な処分を下してしまう可能性を認識し、高度にデリケートな配慮を払うべきである。子どもの声はしっかり受け止めるべきである。

2　面会至上主義の害
――親像の破壊、二次的大トラウマ

子どもの気持ちに反する面会を強要することは、単に子の心を傷つけるだけでなく、その子の心の中にそれまであったはずの、別居親への良いイメージを壊し、憎悪、嫌悪を深め、その子の親像を取り返しがつかないほど否定的なものに変化させてしまう。その究極は別居親に対する殺意にも及ぶ憎悪、有害な面会から自分を守れなかった同居親への失望と不信、自分に危害を加える親の望みをかなえて面会を命じた裁判所、そしてこれをはじめとする社会的権威に対する敵意と破壊衝動に取りつかれる。これは親子にとっての不幸だけでなく、社会にとっての危険にもつながる。

家庭裁判所の判断が、子どもに有害な場合、子どもの受ける被害は計り知れない。子どもが、大人社会の圧倒的に強大な権力から、自分が拒絶する有害な体験を強制されるストレスは、子どもに自己存在を否定される底知れない恐怖と孤立無援感を刻印する。それは、どの子にも、ゼロプロセスの精神機能の凍結をもたらす二次トラウマとなる。裁判所の判断によってこういう体験を強いられた子どもは、別居親を恨むだけでなく大人全体を恨むことにもなる。家庭裁判所が加害親に加担するという不信感は、父母葛藤により受けた累積トラウマに、新たな不意打ちの大トラウマを与え、ゼロプロセスを引き起こす。自分の辛さを理解しようとしない人に、子どもは心を開くことはない。そういう子どもは自力で辛うじて生き延びるために怒りのゼロプロセスに陥り、その不信による凍結状態を溶かす魔法を治療者といえどももた

ない。その子の人生観、人間観を著しく歪める。このような状況ではトラウマが複雑化しこじれて、児童精神科医や心理臨床家は診察室での治療が著しく困難になる。例えば、ある子は家庭裁判所の調査官面接の後、怒り狂って治療者に訴えた。「あんなうそつきの大人は許せない」「僕にいやなことをしたから会いたくないとはっきり言ったのに、その人は、でもいい人になったなんて、嘘をいう」と。

この激しい大人不信に陥った子どもに、治療者がへたに、司法や加害親について話せば、それは自分の痛みが理解できない大人であるという誤解につながる。信頼する治療者まで自分を裏切るのかと絶望し、治療から外れてしまったり解離状態に陥ったりする。

父母の葛藤に巻き込まれながら生きてきた子どもを救い得るのは、その子が親不信、大人不信に陥っている苦しみを理解し、その子の声に耳を傾け、その子を守り支えて再び世界への信頼を育てられるよう支援することである。その子の意思を無視して別居している親と会えと強制するなど、的外れも甚だしい。

子どもの健全な精神発達を阻害する実例の多いことがこれほど明らかなのに、なぜ面会交流至上主義が科学的根拠も検討されずに採用され、その結果と影響が検討もされずに拡大適用されて、子どもを苦しめ続けるのか？　この点を家庭裁判所は真剣に考える必要がある。裁判を下した後の家族の経過を追い、判断の正当性、妥当性を確認しないまま、特定の方針で処理し続けるのは、人の福祉や家族関係を扱う専門機関としては疑問ではないか？

最低限、客観的科学的視点で、自己点検、自己検証できない機関では、専門性を担保することはできない。人間の下す判断であるから失敗はつきものであるが、それに気づき、振り返り、そこから教訓を学ぶことができなければ、裁判所の判断の質は保てず、司法の介入によって、子どもの福祉と人権を守るどころか、侵害に加担する結果になる。

3　子どもを権利の主体として尊重する

父母の離婚又は別居後、父母が共同で子どもを監護するのが子どもの利益になるという根拠は乏しい。紛争が収束しない別居親に会うことは、子ども

にとっては父母葛藤に再びひきずりこまれることであり、子どもに有害である。

　また、今日の司法には、根拠なく、子どもが述べた拒否的意見を母親に洗脳されたものであると決めつける風潮が蔓延している。そんな偏見がある限り、子どもの声は裁判所に好都合なものしか聞き入れられず、子どもの主体性は否定される。

　離婚後の子どもの監護のことを、子どもの権利に基づいて決めるためには、社会一般が、乳幼児を含めた子どもの気持ち、願い、意思を理解し尊重するよう改善されなければならない。そこでは、どの子にも、父母の葛藤と離婚・別居が自分のせいではないことが伝えられること。離婚しても両親が自分を生んだ父母であることには変わりないことを確信できること。親に見捨てられたわけではないことが確信できることが、まず保障されなければならない。そして、どの子どもも、こうあってほしいと心の中で願うよい父親像、よい母親像を保ち、思い描く自由がある。その自由を守るために、子ども自身が本当に望むときにのみ、その子の望む形で親に会うことができることが保障されるべきである。そのために、面会交流について定めるときには、必ず適切な方法でその子の気持ちと意見を聞かなければならない。子どもは、身体は小さく、社会経済的に自立できず、大人に依存しているが、しかし既に生後7か月でプライドをもち、1歳半までには、自分の心身の発達に良好な愛着対象を自分からみつけ、2歳にははっきりと自己主張をし、3歳には自分で気持ちや願いをきちんと言葉で語ることができる。

　司法が子どもに関わる決定をするときには、偏見を排し、子どものニーズや能力を理解するために、こうした誕生以後の一般的な心身の発達についての、最新の科学的知識をアップデートするべきである。そして、子どもが信頼してこの人なら自分の気持ちや意見を話してもよいと思える大人になるための努力をするべきである。

　子どもが誕生直後からもつ「間主観性」は、相手の意図を鋭敏に見抜く能力である。子どもは乳児のときからそれをアンテナにして身の回りの世界を感じ取り、なごやかな雰囲気の関係性の世界には心を開き、身をのりだして参加しようとする。反対に緊張した雰囲気の関係性に対しては心を閉ざす。

自分をいいかげんにあしらい、はけ口にする相手には心を閉ざす。だから子どもの内面の声を聴くためには、子どもを一人の人間として尊重している信頼に足る大人であることを子どもから認められなければならない。司法は子どもにわかるよう説明するだけでなく、子どもに信頼される大人になって、子どもの意見に耳を傾けてほしい。

2017（平成29）年12月23日に開催された第23回日本子ども虐待防止学会において、外国招聘講師のスペンサー（Yvonne Spencer）氏が、英国で児童の権利を推進した裁判官クライトン氏（Crichton, N）について述べている。彼は、子どもが自発的に望むとき、適切な大人の同席のもと、その子が安全で安心できる面接場面において、その子の気持ちと意見をつぶさに直接聞いたという。すると報告書には記載されていない事実が新たにわかり、より公正な裁判を行うことにつながったという。

VI　提案
―― 子どもを守るために司法を改善するポイント

子どもに有害な関係性を改善し、悪影響を最小限にしていくシステムが急務である。児童精神科診療の経験から筆者は、司法に次の改善点を提案したい。

1　子どもの心の発達に関わる諸科学の習得

子どもに関わる紛争に介入する専門家として、子どもの心の発達論など関連する周辺諸科学が現在到達した科学的基礎を、きちんと習得してほしい。それにより、裁判官が、トラウマ被害の甚大さとそれを避けることの重要性を理解し、片親引き離し症候群などの似非科学に惑わされることなく、子どもの声を理解し、子どもの最善の利益を科学的に思考することが重要である。この諸科学には、集団力動に焦点を当てる集団精神医学、トラウマ等の世代間連鎖のインパクトを扱う家族精神医学、個人の行動を時代的社会的な背景と文脈で捉えようとする社会精神医学の基礎も含める必要がある。子どもの心は関係性の中で発達するから、家族、社会など所属する集団内の文脈から子どもが影響を受けて成長することも、併せて理解し科学的な態度でそれを

評価できる必要がある。

2　外部の専門知識経験をリスク査定と子どもの発達環境の検討に生かす

　DVや虐待など事案のリスクを査定し、子どもの真意を聴取・評価し、子どもの健やかな発達を促す監護体制の整備を中心に据えた判断を行うために、裁判所は、外部機関特に児童の精神保健の専門家の分析と専門意見を活用するべきである。

　まず、離婚後の親子面会にひそむ危険リスクを査定するには、精神科医、児童精神科医、臨床心理士による丁寧な聴取と専門的な観察評価が不可欠である。子どもの声の聴取についても、多層的・重層的な人間感情は一端葛藤がこじれて裁判紛争になるときは、親といえども、冷静客観的に子どもの心情を聴取したり、それに従って子どもの監護の問題を考えることは難しい。子どもの非言語的な表情、しぐさ、視線、筋緊張、脈拍、血圧、内臓体温などの身体的表現やコミュニケーションを全面的に捉えて判断する児童臨床家の心理査定を活用すべきである。訓練を経た専門家が、詳細な観察と実証的に確立した分析理論に基づき、乳幼児を含む心の内面を探り、親との関係の質を評価すれば、子どもを中心に据えた判断が可能になる。子どもに治療担当者がいれば、子どもの意見を治療担当者から聞くなどし、その子にとり何がベストなのかを検討する。「子の最善の利益」はこのように科学的根拠に基づいて追求するべきである。実践的な児童精神科医は、診察に訪れる親子のやり取りに傾聴することで、親子関係は理解できる。多面的に親子を捉えるため、フィンランドのタンペレ大学では、大学病院に家族病棟が設置され、司法の要請で特定の家族を受け入れ、3週間終日専門評定家が家族と過ごし、その様子を専門スタッフが観察し、その所見を査定することで家族関係の質を把握している。

3　裁判所の処分のフォローアップと検証

　子どもの監護に関する裁判は、子どものより良い発達を目指してなされる。その結果は、裁判時にはまだ明白ではなく、裁判終了後に次第にはっきり現れていく。毎年多数行われている子どもの監護の裁判が、子どものより良い

生育環境の整備に本当に役立っているのだろうか。それをフォローアップし、検証するシステムが今の日本にはない。しかし、裁判が子どもに与える影響の圧倒的な大きさに照らせば、裁判後の子どもの生活状況と心理適応をフォローする体制、そして裁判の子どもの適応への影響を検証する体制の構築は急務ではないだろうか。

　つまり、離婚後の子どもの監護の体制を裁判所が決めても、その体制での子どもの監護は裁判後に始まるのであるから、実施して不都合が出ないかは実際に実施してみないとわからない。裁判所が介入して決めた設計図に従って、監護を実践していく過程で不都合があれば、設計図を書いた裁判所は実情に応じて設計図を修正しなければならず、そのために当事者と子どもに対するフォローアップは、子どもの監護が終わるまで継続するべきではないだろうか。

　他方で、そのようなフォローアップを集約することで、裁判が果たして子どもの利益に適っているのか否か、個々の事案への裁判所の介入・判断が正しかったのかを検証することができる。裁判所の判断が、個々のケースにおいて、果たしてその子の最善の利益にかなったものであったかどうかを検証し、判断の枠組み等を改善することは、子どもが安心安全に生活する権利を保障する上で急務である。このような検証は、数年といった短期的な結果だけではなく、10年以上の長期的な結果も検証するべきである。確実に子どもの最善の利益であったといえる事例以外については、むしろ5年、10年とフォローを続けるべきであろう。事案の予後調査にあたっては、子どもの生活状況と心理適応を、子どもが成人していれば子ども自身の意見を得て評価するべきである。子どもはすぐには言葉で自らの体験を語ることができなくても、まず身体感覚記憶として保持している。やがて子どもは大人になり、内省的に司法の判断が自分の人生にもたらした影響を物語ることができる。成人した当事者の子どもの意見をしっかり聞き、客観的なふりかえりができなければ説得力はない。縦断的なフォローシステムは世界の児童福祉の領域では当然のことである。裁判所の文化が自己検証に馴染みがないとすれば、科学的な根拠に基づき子どもを総合的に守れる司法の体制を整えるために、児童精神保健の第三者機関と連携しその協力を得てこのシステムの構築を進め

たらどうであろうか。

Ⅶ　おわりに
―「司法は臨床家と連携して子どもを守るべきである」

　スペンサーは前述の日本子ども虐待防止学会で基調講演を行い、司法は臨床家と連携して子どもを守るべきであり、そのために安全有害リスクのスクリーニングは必須であると述べた[8]。

　英国の「児童法　The Children Act 1989」は、「子どもの最善の利益」のために強制的な法的介入ができる「重大な危害　Significant Harm」を次のように定義している。

　「危害の種別には身体的虐待、性的虐待、心理的虐待とネグレクトが含まれる。危害とは他人への不適切な扱いを見ることや聞くことも含めた不適切な扱いや健康と発達における障害である。」

　そして裁判所は子どもが重大な危害を被る危険があるときには、子どもの最善の利益として児童法１条で定めた以下のような［福祉チェックリスト（The Welfare Checklist）］を考慮する。

1. 子どもの確かな希望や気持ちを確認すること
（その子の年齢や理解に応じて）
2. その子の身体的、心理的、教育的ニーズ
3. 環境の変化によってその子へ生じうる影響
4. その子の年齢、性別や背景など裁判所が考慮すべきだと考えるすべての特徴
5. その子が苦しむ、あるいは苦しむと予想される危害
6. その子の両親やその他の関係者がどの程度その子のニーズを満たすことができるか
7. 児童法に基づき裁判所に付与された権限

8）　Spencer, Y「子どもの最善の利益を保障するために司法が果たす役割とは――イギリスの児童福祉における司法関与から学ぶ」第25回日本子ども虐待防止学会基調講演（2017.12.3）。

これらチェックリストは子どもの発達理論に沿って、具体的で、常識的に作られている。先進国では、既に、司法が外部の児童精神保健の専門家とともに、子どもを守る取り組みを重ねてきた。子ども虐待は、福祉機関が介入して保護する場合もあるが、特に日本では、まだ多くが離婚で虐待親と離れることにより解決が図られている。したがって、子どもが重大な危害を被る危険は、子どもの監護裁判でも、丁寧にスクリーニングし、子どもを救い出す解決につなげなければならない。そのために、日本の家庭裁判所も、安全リスクを含み得る紛争の解決にあたって、外部の児童の精神保健等の専門家と連携して、調査を委託し、専門的観察と科学的解釈に基づき事案を把握できるようにするべきである。

　一向に減ることのない児童虐待、子どの性被害、心身症、自殺は、私たちの社会に子どもを大切な未来として尊重する姿勢があるのかという厳しい問いを突きつけている。今超高齢化少子化社会となった日本で、社会の未来を担う子どもを守るためには、大人が職域を越えて連携し、子どもを育てる家族を適切に多面的に支えなければならない。父母の関係が破綻し子どもを巡る争いが続くとき、家庭裁判所は子どもの最善の利益を守る社会の活動の中で、中心的役割を果たさなければならない。子どもという未来を守る取り組みは、科学的な根拠に基づいてこそ、現実の妥当性を持ち得るし、社会的合意も得られる。裁判所はその中心に立つ者として、最新の科学的知見に基づいて子どもを理解し、その利益を守る大きな役割を担っている。

新たな課題
裁判の争点から

第3章 「松戸100日面会裁判」が投げかける問い

安田まり子　弁護士

I　はじめに

　第3章では、第1章の社会学の立場、第2章の児童精神科医の立場からの序論的問題提起を受けて、家事事件に携わる実務家及び学者が強い関心を寄せる「松戸100日面会裁判」の一審及び控訴審の判決内容に従い、裁判で主たる争点となった①子の親権者指定、及び②離婚後の面会交流、に関する理論的・実務的諸問題について論点を絞って検討する。これは、第4章以下の諸論稿への導入的役割を果たすものである。筆者としては、本裁判の控訴審の控訴人代理人の一翼を担った立場から、以下において具体的ケースに即して問題点を論じるものである。

　「松戸100日面会裁判」とは、小学校3年生（離婚裁判確定時）の子がいる夫婦の離婚訴訟において、一審の千葉家庭裁判所松戸支部が平成28年3月、父親（夫）からの「年間100日に及ぶ面会交流」（以下、「100日面会」という）の申出を重視し、父親を子の親権者と指定した上で、実際に100日面会を許すよう命じた（千葉家松戸支判平成28・3・29判時2309号121頁）ため、「フレンドリー・ペアレント・ルール（友好的な親ルール、寛容性の原則ともいう）」を採用した裁判として関心を集めたものである。控訴審の東京高等裁判所は平成29年1月、この考え方を採用せず、従前の判例の傾向である継続性の原則に従い、原判決を変更して母親（妻）を親権者と指定した（東京高判平成29・1・26判時2325号78頁）。この控訴審判決は、最高裁判所の平成29年7月12日付の上告不受理決定により確定した。

一審判決が、家庭裁判所が近時、強力に進めている、面会交流の原則的実施を前提とした審理方法（明白基準説＝抗弁説）に親和的であったのに対し、控訴審判決が双方の事情を比較考量して丁寧に審理判断する従来の審理方法（比較基準説＝請求原因説）に立ち返ったものとして極めて注目された[1]（審理方法の名称等に関しては注1）を参照）。これが最高裁でも維持されたことの意義は大きい。

　なお、棚村政行教授の家族〈社会と法〉33号の巻頭論文「親権者・監護者の決定とフレンドリー・ペアレント（寛容性）原則」[2]も、本裁判の一審・控訴審判決を手掛かりとしながら、子の監護をめぐる事件における判例や学説の動向を分析し、共同監護（共同養育）の可能性やフレンドリー・ペアレント・ルールの位置づけ等について論じている。本書の各論稿とは相反する見解が示されている点も多く、本書と同論文を比較しながらお読みいただけると問題点が鮮明に浮かび上がってくると思われる。

　以下においては、子の親権者指定をめぐる諸問題と、面会交流の実施をめぐる諸問題についての個別的論点ごとに、一審判決と控訴審判決の内容を紹介しながら、その問題点を明らかにするとともに、本書の第4章以下の各論稿との関連を摘示していく。

II　一審判決までの経過

以下、後述の事実関係の理解に必要な限度で略記する。
平成18年8月　結婚、平成19年12月子が出生。
平成22年5月　妻が子を連れ別居。
平成22年5月〜9月　子と父の面会交流（5月3回、6月2回、7月2回、9月1回）

---

1) 梶村太市『裁判例から見た面会交流調停・審判の実務』（日本加除出版、2013年）4頁以下に、原則的実施論は明白基準説＝抗弁説、最高裁決定・実務の主流は比較基準説＝請求原因説と分類して、両者の違いを詳細に比較検討している。
2) 棚村政行「親権者・監護者の決定とフレンドリー・ペアレント（寛容性）原則」家族〈社会と法〉33号（日本家族〈社会と法〉学会）1頁以下。

平成22年9月　妻が離婚調停申立て、平成23年6月　調停不成立。
同年10月～平成23年3月　子と父の電話による交流（週1回）。
平成24年2月　子の監護者を母親と指定する審判（千葉家裁松戸支部）。
平成24年3月　妻が離婚訴訟を提起（千葉家裁松戸支部）。
　　（父親が申し立てた子の監護者の変更、子の引渡却下審判）
　　（夫が申し立てた裁判官忌避申立てによる1年間の中断）

III　親権者の指定に関する諸問題

　一審が「フレンドリー・ペアレント・ルール」を採用したのに対し、控訴審がこれを変更し「継続性の原則」を採用した点がここでのポイントである。

1　子の監護の継続性（継続性の原則）

　継続性の原則とは、親権者の指定にあたり、子の監護の継続性を重視し、現監護者の下で、子の生活環境が安定している場合には、その環境を変えないことが子の利益になるとして、現監護者を優先する考え方である。ただし、現監護者を常に優先するという単純なものではなく、監護の継続性は、現在の監護状況と同時に、子の出生から別居までの監護状況や現監護が開始した事情（子を連れて別居した経緯等）が総合的に考慮されることに注意を要する。本事案では、控訴審が継続性の原則を採用したものと評されている。

(1)　一審の判断

　一審は、後述のとおり「フレンドリー・ペアレント・ルール」に従い、子の出生から現在までの監護状況、子の現状には言及せず、監護の継続性は考慮しなかった。また、母親による現在の監護については、「父親の了解を得ることなく長女を連れ出し、監護している」と述べ、むしろ母親に不利な事情として考慮した。その一方で、父親の事情については、「平成22年3月以降、それまでの仕事一辺倒の生活を改め、家事や育児の分担を大幅に増やした」、「長女が連れ出された直後から、長女を取り戻すべく、数々の法的手段に訴えたが、いずれも奏功せず、長女との生活を切望しながら果たせずいる」

と認定した。また、子の養育環境や監護の意欲についても、父親についてのみ、「長女を整った環境で、周到に監護する計画と意欲を持っている」と認定した。

(2) 控訴審の判断

控訴審は、以下の具体的な事実を認定し、「継続性の原則」に従い、母親を親権者に指定した。

(ア) 子の出生から別居に至るまでの監護養育状況
① 長女の出生時、母親は専業主婦であり、平成20年10月に母親が大学院に通い始めてからも、父親は仕事が忙しく、長女の主たる監護者は母親であった。平成22年3月頃までは、大阪から千葉への通学時も長女を同行し、キャンパス内の保育所や母親の実家に預けていた。
② 平成22年3月頃から同年5月6日までは、母親の通学時、父親が長女を監護養育し、保育園の送迎やベビーシッターの利用などをしたが、短期間であった。

(イ) 別居後の母親の養育状況(子の現状)
長女は、母親の下で安定した生活をしており、健康で順調に生育し、母子関係に特段の問題はなく、通学している小学校での学校生活にも適応している。

(ウ) 現監護開始の事情(子連れ別居の経緯)
① 満2歳4か月の長女の監護を業務で多忙な父親に委ねることは困難であった。
② 険悪で破綻に瀕した婚姻関係の下で、長女の今後の監護についてあらかじめ協議することも困難であった。
③ 母親が幼い長女を放置せずに連れて行ったことに問題はない。

(3) 判断内容の検討

(ア) 一審の問題点(監護の継続性が子の利益に適うこと)
一審は、監護の継続性を考慮せずに、監護の実績が乏しい父親を親権者に指定した。しかし、本事案では、子の愛着対象は父親ではなく、出生以来、

主に監護を受けてきた母親であった。また、子は、学校生活、習い事、塾という社会生活の場を持ち、近所や学校で友人関係を築いていた。そのような安定した子の生活環境を一変させることは、子の心身に大きな影響を与えることから、できるだけ避けることが望ましい。一審の判断は、子を愛着対象である母親から引き離し、子の生活環境を一変させるものであって、子の利益を害するものであった。なお、一審のいう奏功しなかった法的手段とは、母親を監護者と指定し、父親の監護者の指定、監護者の変更、子の引渡しを却下した各審判であり、一審は、同じ裁判所支部の判断を検証することもなく批判したことになる。

(イ) 控訴審の判断と継続性の原則について

控訴審は、親権者の指定にあたり、「これまでの子の監護養育状況、子の現状や父母との関係、父母それぞれの監護能力や監護環境、監護に対する意欲、子の意思その他の子の健全な成育に関する事情を総合的に考慮して、子の利益の観点から定めるべきものである」とした。この内、監護能力、監護環境、監護意欲については、父母間に決定的な違いはないとし、また、父子関係に問題はないとしたことから、実際には、「これまでの子の監護養育状況」「子の現状」「子の意思」によって、母親を子の親権者に指定したことになる。また、母親が別居の際に子を連れて行った点も問題はなかったとしている。これらの点から、控訴審は、監護の継続性及び子の意思をもとに親権者を母親と指定したものと評価できる。

監護の継続性や監護実績を重視する継続性の原則は、子と愛着対象との心理的結びつきを保護し、子の生活環境を維持する点で、子の利益に適うものと考えられることを根拠とする。

(ウ) 子連れ別居について

本事案では、別居に際し、母親が父親の了解を得ずに長女を連れて行った点について、一審は、「長女を連れ出し」と述べ、親権者としてふさわしくない要素として考慮した。しかし、父親の了解がない限り長女を連れて行くことが許されないとすれば、母親は、別居や離婚を断念せざるを得ず、高葛藤の両親との生活を続けることになる長女の心身への影響が心配される。また、仮に、母親がやむなく長女を置いて行ったとすれば、愛着対象から捨て

られたことが長女の心身に与える影響、別居直後の長女の養育環境の悪化が心配される。一審は、それらの事情を考慮せずに、別居時に他方の親の同意なく子を連れて行くことは、理由如何にかかわらず許されないとしたものである。これに対し、控訴審は、母親が別居時に他方の親の同意なく長女を連れて行った行為を「幼い長女を放置せずに連れて行った」と肯定的に評価し、親権者の適格性に問題はないと判断した[3]。実務家・学者・マスコミ関係者の中には、控訴審の判断に対し、子どもの違法な連れ去りを助長するとの批判的意見も散見され、また、父親側からは、「自分が先に連れて行けばよかった」というような声もあった。しかし、控訴審は、その表現から、あくまで、子どもを連れて行ったのが主たる監護者であったことを前提にしており、単に「先に連れて行けばよい」という問題ではない。控訴審は、仮に、主たる監護者であった母親が、幼い長女を連れて行かなかったとすれば、それは「放置」であって許されないとの判断をも示したものとして、肯定的な評価をする実務家・学者・マスコミ関係者も多い。

2　子の意思について

　家事事件手続法は、家事調停・家事審判の判断結果に子どもが影響を受ける場合には、子の年齢及び発達の程度に応じて子の意思を尊重しなければならないとしている。親権者指定の場合、判断結果に最も大きな影響を受けるのは子である。控訴審は、親権者の指定にあたって、9歳の子の意思を尊重する判断を示した。

(1) 一審の判断

　一審は、子の意思について言及せず、親権者指定の考慮要素ともしなかった。

---

[3]　東京家事事件研究会編『家事事件・人事訴訟事件の実務——家事事件手続法の趣旨を踏まえて』（法曹会、2015年）は、監護の開始が相手方の承諾を得ていなくても、その具体的経緯、子の年齢や意思等によっては、それだけでは直ちに法律や社会規範を無視するような態様で監護が開始されたとまではいえない場合がある、としている。

(2) 控訴審の判断

控訴審は、監護の継続性のほか、「子の意思」も親権者指定の考慮要素に挙げるとともに、本事案についても、①長女は平成28年（当時小学校3年生）、母親と一緒に暮らしたいとの意向を示した、②長女の意向には共に暮らしている母親の影響が及んでいるものと推認されるが、長女の意思に反するものであることをうかがわせる事情はない、とした。控訴審は、独自の調査官調査を実施せず、母親が提出した証拠（子と面接した児童精神科医の意見書及び子が質問に対し自筆で回答を記載した書面）に依拠し、「子の意思」を認定した。

(3) 判断内容の検討

親権者の指定で最も大きな影響を受けるのは子であり、子の意思に反する親を親権者とすることは避けなければならない。意思を尊重すべき子の年齢については定説といえるものはなく、10歳前後とされることが多いが、控訴審は、9歳（小学校3年生）の子の意思を尊重する姿勢を示した。

また、子の意思を把握するのは必ずしも容易ではなく、調査官調査によるのが一般的であるが、控訴審は、調査官調査を実施しないまま、母親が提出した証拠の信用性を認めて子の意思を認定した。控訴審は、当事者の提出資料であっても、科学的に信頼性が認められる調査資料であれば、調査官調査に代わりうるとの認識を示したことになる。しかし、公平を期すためには、控訴審においても、調査官調査を実施することが望ましかったであろう。

また、控訴審は、母親との暮らしを望む子の意向には、監護親の影響が及んでいるとしたが、長女の意思には反しないとして、子の意向を尊重した。子が愛着対象である監護親の監護の継続を望むのは、監護の継続性からの当然の結果であって、その意向を保護しない理由はないと思われる。

3 「フレンドリー・ペアレント・ルール」について

「フレンドリー・ペアレント・ルール」とは、離婚後も、子と非監護親が継続的に交流することが子の成長に有益であって、子の利益に合致するという命題が正しいことを前提として、親子の交流に寛容な親ほど親権者にふさ

わしく、交流に積極的でない親は、親権者としてふさわしくないとする考え方である。一審は、この考え方を採用したものと評されている。

(1) 一審の判断
　一審は、父親が提出した証拠資料（「片親疎外症候群」「寛容性の原則」に関する論考各1通）に依拠し、100日面会が「面会交流に関する最近の研究結果からみても適切」であるとした上、「緊密な親子関係の継続を重視して、100日面会の計画を提示している」父親と、「別居後、長女と父親との面会交流に合計で6回程度しか応じず、今後も一定の条件の下での面会交流を月1回程度と希望している」母親の意向を比較し、父親の提案した100日面会が子の利益に適うものとして、この点を最優先の要素として、父親を親権者に指定した。

(2) 控訴審の判断
　控訴審は、「一般に、父母の離婚後も非監護親と子との間に円満な親子関係を形成・維持することは子の利益に合致し、面会交流はその有力な手段である」とした上で、「父母の面会交流についての意向は、総合的に考慮すべき事情の一つである」とした。しかし、一方で、「非監護親との面会交流だけで子の健全な成育や子の利益が確保されるわけではない」、「面会交流の意向だけで親権者を定めることは相当でなく、他の諸事情より重要性が高いともいえない」と述べ、本事案については、100日面会が長女の利益に適うとは限らないとした。また、母親の意向についても考慮し、母親も長女と父親の面会交流自体は否定しておらず、母親が希望していた月1回程度が長女の育成にとって妥当と判断し、母親を親権者に指定した。

(3) 判断内容の検討
(ｱ) 一審の問題点（フレンドリー・ペアレント・ルール適用の当否）
　一審は、父母の離婚後の面会交流の意向を比較し、より頻度の高い100日面会の申出をした父親を親権者として指定し、明確に「フレンドリー・ペアレント・ルール」を採用した。

フレンドリー・ペアレント・ルールが前提とする、「子と非監護親との継続的交流が子の成長に有益であって、子の利益に合致する」という命題は、父母の間の葛藤が少なく、離婚後も子の養育について父母が円満に協議し、協力していける場合であればあてはまることもあり得る。しかし、離婚に至った夫婦において、そのような事例はむしろ例外である。特に、離婚原因としての配偶者暴力の有無や子の親権に争いがあり、その紛争が裁判所に持ち込まれるような事案は、紛争性が高く、父母間で円満な協議ができないことを意味している。離婚が成立したからといって、関係が良好になるはずもなく、子と非監護親との継続的な交流は、父母間の葛藤に子を再びさらすことになるおそれが大きい。特に、配偶者暴力があった場合や夫婦間に力の不均衡があった場合には、面会交流にもその力関係が影響し、一方の都合のみが優先され、他方に不本意な心情が募るなど、婚姻時と同様の父母間の紛争が繰り返され、葛藤が続くことになる。子がこのような父母の葛藤に関わることなく非監護親との面会交流を続けることは困難であり、むしろ子の健全な成長に害をもたらすおそれが大きい。そして、このような事態を心配し、交流に慎重な姿勢を示す親が、親権者としてふさわしくないということはできず、交流に寛容な親ほど親権者にふさわしいともいえない。したがって、裁判所が、親権者の指定に際し、離婚後の面会交流についての寛容な意向の有無を親権者としてふさわしいかどうかの要素とすることは許されず、その意向を最優先した一審の判断は不当であると思われる。

　この課題については、本書第４章「非監護親との接触は子の適応に必要か有益か」、第５章「『片親引き離し／症候群』批判」、第６章「フレンドリー・ペアレント・ルールは子どもを害する」、第７章「司法は面会殺人から子どもと監護者を守れるか」、第10章「離別後の子の監護に関する考え方」等で詳しく検討される。

　一審は、母親が、別居後、面会交流に６回程度しか応じなかったことも、面会交流に不寛容な姿勢として考慮したが、他方で、「父親が長女をメディアに露出させたことに強いショックを受けた」ことは認定している。一審は、長女のプライバシーが侵害されるのを防ぐための配慮さえ親権者としてふさわしくないとしたもので不当である。

もちろん、離婚後、第三者機関を利用し、子を父母の葛藤から守りながら面会交流を実施する方法も考えられ、面会交流に慎重な親が親権者に指定されたからといって、面会交流の実施が不可能となるわけでもない。
　しかし、第三者機関の面会交流支援に関しては、その方法や限界をめぐって最近議論が深まっており、本書においても第8章「面会交流支援の実情と限界」等で詳しく検討される。
(イ) 控訴審の評価と課題
　控訴審は、「離婚後の子と非監護親との円満な親子関係の形成・維持が子の利益に合致し、面会交流はその有力な手段である」として、離婚後の面会交流に関する意向についても、親権者指定にあたって考慮すべき要素の一つに含めた。そして、母親が月に1回の面会交流の意向を示していることにも言及した。前述の通り、控訴審は、主として監護の継続性と子の意思から母親を親権者と指定したが、従来の裁判実務の傾向と同様に「継続性の原則」と「フレンドリー・ペアレント・ルール」は必ずしも二者択一ではなく、総合的判断基準の一要素に過ぎないとしたものである。
　しかし、本事案では、別居後の4か月間に父と子の面会交流が合計8回行われた後、母親が面会を拒否し、その後も面会交流の実施方法の対立から、控訴審の口頭弁論終結時まで6年以上、面会交流は実現しておらず、今後の協議の見通しもたっていない状況にあった。それでも控訴審は、その点は全く問題視せず、むしろ、子の現在の状況について、「母親の下で安定した生活をしており、健康で順調に生育し、母子関係に特段の問題はなく、小学校での学校生活にも適応している」と認定した。また、控訴審は、別居後、母親が面会交流を拒否した理由についても、「父親がマスメディアに提供した面会交流時の長女の映像が放映され、母親がこれに衝撃を受けたことによる」と認定し、親権者としての適格性に問題はないと判断した。このような判示内容からすれば、控訴審ははっきり明言したわけではないが、子と非監護親との面会交流が子の生育にとって不可欠なものとまでは考えておらず、その背景には、父母間に高度な葛藤がある場合には、離婚後の子と非監護親との交流が子の利益に合致するとは限らないこと、さらには、離婚後の面会交流に関する意向を親権者指定の考慮要素とはしないという判断があったものと

いえる。

　前述の通り、この課題については、本書第4～7章及び10章で詳しく検討される。

IV　離婚後の面会交流について

　離婚後の子と非監護親との面会交流については、「面会交流の頻度及び時期」と「実施方法」が問題となるが、父母間に高度な葛藤がある場合には、深刻な紛争となることが多い。本事案では、父親が100日面会を申し出たのに対し、母親は、第三者機関の面会交流援助を利用することを前提に月1回程度の面会交流を希望していたものであって、双方の主張には、大きな隔たりがあった。

1　面会交流の頻度及び時期
(1) **一審の判断**
　一審は、父親が提出した「共同養育計画案」添付の別紙（面会交流に関する詳細を定めたもの、本稿では省略）の100日面会の頻度及び時期について、「当事者双方が面会交流の意義を理解している限り、面会交流に関する最近の研究結果からみても適切」と述べ、「面会要領」を以下のとおり定めた。
(ア) 定期的な面会交流
　実施日時は隔週の金曜日の19時から日曜日の19時まで。
(イ) 不定期の面会交流
　① 祝日、春の連休（4月29日から5月5日）及び長女の誕生日は、隔年
　② 母親の誕生日と年末（12月23日から12月30日）は、毎年
　③ 夏に2週間、それ以外に1週間
(ウ) 電話での交流
　1日に1回、1時間を限度とする。

(2) 控訴審

　控訴審は、離婚後の面会交流の具体的な内容は、「母親と父親との協議が整わないときは、家庭裁判所で定められるべきもの」と述べるに留まった。しかし、親権者指定の判断部分において、100日面会の当否についても言及し、「小学校3年生の長女が年間100日の面会交流のたびに片道2時間半程度離れている父親宅と母親宅とを往復するのは、身体への負担のほか、学校行事への参加、学校や近所の友達との交流等にも支障が生じ、必ずしも長女の健全な成育にとって利益にならない」とした。また、当初は、月1回程度の頻度で面会交流を再開することが長女の健全な成育にとって十分であるとの認識を示した。

(3) 判断内容の検討

(ア) 一審の問題点

　100日面会は、一般に行われている面会交流の頻度をはるかに超えるが、一審は、頻回な面会交流による長女の心身への負担や長女の社会生活への影響は全く検討しなかった。また、父母間に高度な葛藤が存在することを認めながら、長女が父母の葛藤にさらされる危険性については考慮しなかった。

　また、一審は、父親が100日面会を提案したのは、「共同養育計画案」の一環であったにもかかわらず、「緊密な親子関係の継続を重視した100日面会の計画」と評価し、単なる面会交流の提案として扱った。

　一審が100日面会を適切と判断した根拠は、前述の通り、「片親疎外症候群」「寛容性の原則」に関する論考各1通であるが、裁判所が対立する一方の立場からの論考のみを無批判に受け入れたこと自体不相当である。また、「当事者双方が面会交流の意義を理解している限り」とながら、当事者間の主張に隔たりが大きい本事案にまで100日面会を認めたのは矛盾ともいえる。

(イ) 控訴審の評価と課題

　控訴審は、離婚後の面会交流については、家庭裁判所で定めるものとし、具体的な面会交流の内容は定めなかった。面会交流は、父親の予備的請求の附帯請求として申し立てられたものであるから、母親を親権者と指定した控訴審が、具体的な面会交流の要領を定めなかったのは当然である。

一方、控訴審は、親権者の指定に関する判断の中で、100日面会の当否について検討し、子の健全な生育に必ずしも利益にならないとし、母親が希望している月1回程度から始めるのが相当とした。本事案では、母親が面会交流に前向きだったことから、面会交流実施自体の適否までは判断されなかった。

　頻回な面会についての課題は、本書第4章「非監護親との接触は子の適応に必要か有益か」で詳しく検討される。

2　面会交流の実施方法
(1) 一審の判断
　一審が面会要領で定めた面会交流の実施方法は、以下のとおりであった。
(ア) 定期的な面会交流
　① 　場所は、原則として千葉県、埼玉県、東京都内に限る。
　② 　開始時及び終了時の長女の引渡しは、父親の住居で行う。
　なお、本条項について、一審は、「母親の抵抗感を考慮すれば、問題がないとはいえないが、待ち時間や悪天候等の場合を考えれば、できるだけ長女の負担を減らす方策として合理的」とした。
(イ) 不定期の面会交流
　具体的日時、場所、方法等は長女の福祉に配慮し、事前に当事者双方が協議して定める。

(2) 控訴審の判断
　控訴審は、実施方法についての具体的指針は示さなかった。

(3) 判断内容の検討
(ア) 第三者機関の面会交流援助の必要性
　本事案は、父母間に高度の葛藤があり、面会交流の考え方の隔たりも大きく、父母が直接協議することは、極めて困難であった。また、仮に面会交流の際、父母が直接子の授受に関わることになれば、子を父母間の紛争に再び巻き込み、子の利益を害するのは目に見えていた。したがって、本事案にお

いては、子を父母の葛藤から守るためには、第三者機関の面会交流援助が必要不可欠であった。

　一審の面会要領は、子の引渡場所を父親の住居としたり、不定期の面会交流の具体的内容を父母の協議で定めるとするなど、父母の直接の関与を前提としており、子の利益を害するものであった。

(イ) 父親が設けた前提条件（「監視付面会」の用語について）

　父親は、母親が第三者機関による面会交流援助の利用を主張したことに強く反発し、第三者機関を利用した面会を「監視付面会」と称し、100日面会の前提条件として、「母親とその両親が、監視のつかない面会交流が長女の利益に適うことを認め、その旨の書面を父親に提出しない限り、面会交流は、父親が指定した機関の監視下で行う」との条項を設け、その理由を、「監視付面会交流が非人道的で屈辱的なものであることを母親に理解させるため」とした。一審は、この条項は不要とし、「監視付面会交流が子の利益に適わないことは自明のこと」であると述べた。

　両親の間に配偶者暴力や高度の葛藤が存在する場合、子を父母の紛争や葛藤から守るため、第三者機関の面会交流支援を利用することは、現在、裁判所の運用でも広く認められ、多くの親子が利用している有用な仕組みである。一審は、父親の主張を排斥する内容とはいえ、父親が使用した「監視付面会」の文言を使用し、「監視付面会は子の利益に反する」と述べ、第三者機関の面会交流支援の有用性を否定し、現在の裁判所の運用をも否定したもので不当である。

　第三者機関の活用に関しては、本書第8章「面会交流支援の実情と限界」、第9章Ⅱ「第三者支援の理論的破綻と限界」で詳しく検討される。

(ウ) 控訴審の判断における課題

　控訴審は、面会交流の実施方法には言及していないが、母親が「第三者機関の利用を前提として月1回程度」と主張しているにもかかわらず、第三者機関の利用について全く触れずに、「月1回程度から始めるのが相当」とした。控訴審も、父母の間に高度な葛藤が存在する場合には、面会交流によって子の利益が害されるおそれが大きいという認識を欠いているといわざるを得ず、課題が残った。

㈨ 離婚後の父母の関係改善への言及の当否

控訴審は、「長女にとっては、非監護親との面会交流だけではなく、離婚後の父母の関係改善も、その心の安定や健全な成育のために重要なことであると推認される」と言及した。しかし、一般論であれば、裁判所があえて述べる必要性はないし、実現の可能性を考えて両親に関係改善を促しているとすれば、本事案における夫婦の葛藤の根深さに対する認識が余りにも薄いといわざるを得ない。

V 松戸 100 日面会裁判の歴史的意義

本裁判の一審は、年間 100 日面会させるという申し出をした非監護親が、1 か月に 1 回程度という申し出をした監護親よりも、主としてフレンドリー・ペアレント・ルールに照らし親権者として適格であるという判断から、非監護親を親権者として指定したのに対し、控訴審は、出生以来主たる監護者として監護を担当してきた監護親が、主として継続性の原則に照らし親権者として適格であるという判断から、監護親を親権者として指定したものである。一審判決は、近時台頭してきた面会交流原則的実施論に親和的であることから、その論者にはおおむね歓迎された。一方、控訴審判決は、従来の親権者指定の主流的傾向である継続性の原則を判断の基礎とし、面会交流が長期間実施されていないことを、親権者指定にあたって不利な要素として考慮しなかったことから、面会交流原則的実施論に批判的な論者からおおむね支持されている（なお、前記棚村論文は、面会交流原則的実施論の立場に立ちつつ、一審が採用したフレンドリー・ペアレント・ルールをそのまま本件に適用することに対しては批判的であり、むしろ控訴審判決の考え方を支持していると思われる[4]）。そして、本裁判のもう一つの重要な論点として、婚姻中の共同親権下において、主たる監護者が相手方配偶者の同意なしに子どもを連れて自宅から別居した行為の評価について、一審は違法（否定的評価）とし、控訴審は適法（肯定的評価）としたことが挙げられる。この点については、2014 年 4 月にわが国でも発効した「国際的な子の奪取の民事上の側面に関する条約（ハーグ条約）」及びその実施法（平成 25 年法律 48 号）の趣旨が、

国内における夫婦間の子の奪い合い紛争にもあてはまり、共同親権・共同監護中の無断連れ去り・無断別居は違法であるとする学説もあるが、本件控訴審判決はその考え方を否定したことになる。最近検討されているといわれる親子断絶防止法案においても同様の議論がされているが、同法案については本書第11章の「『親子断絶防止法』の立法化がもたらす危惧はなにか」で詳しく検討される。

　以上のとおり、松戸100日面会裁判は、家庭裁判所が強力に推進している面会交流原則的実施の流れに対し、大きな反省を迫る契機となったものであり、今後の実務に対し、大きな影響力を持つであろうことが予想される。本書の第4章以下の各論稿では、本裁判の検討を通じて明らかになった親権者指定及び面会交流をめぐる課題を踏まえ、離婚後の子の監護のあり方について、様々な角度からの詳細な検討が行われる。

---

4) 棚村・前記注2) 15頁では、「日本は、離婚後の単独親権の原則が採られており、あくまでも面会交流の許容性や他方の親に対する有効性は、親権者・監護者の決定に際しての親としての適格性の判断の一要素にとどまり、主要な判断基準とするのではなく、優劣がつかないときの子の利益や子の福祉の総合判断の事情とされるべきであろう。この点で、本件一審判決は、面会交流の実現可能性や高葛藤の事案で共同養育を重く見たもので、見直しが必要であった。」としており、控訴審判決を支持していると思われる。

課題の検証と対策
あるべき監護法制のために

第4章 非監護親との接触は子の適応に必要か有益か

長谷川京子　弁護士

I　問題の所在

「離別後、非監護親が面会交流等で積極的に関わることは子どもの健全な発達に資する」という信仰が広まっている。家庭裁判所の実務でも、離婚・別居により、子どもと別居した親（多くは父親）が、面会交流を求めたときは、監護親の抵抗を抑えてそれを容れることがよいという判断の枠組み（面会交流原則実施政策）が強化されている。その結果、調停は抵抗する監護親を面会合意にむけ圧迫する手続になり、そこでまとまった無理な面会合意は監護親と子どもの生活を脅かし、深刻な被害を抱えて小児発達・精神保健の臨床に駆け込む親子が増えている[1]。

そもそも非監護親との面会交流は、子どもや監護親が反対する場合にも、子どもの福祉に適うといえるのだろうか。本章では、日本の家庭裁判所の原則的実施政策の理論的拠りどころとされる代表的な論文、細矢郁＝進藤千絵＝野田裕子＝宮崎裕子「面会交流が争点となる調停事件の実情及び審理の在り方――民法766条の改正を踏まえて」家月64巻7号（2012年、以下、細矢論文という）を取り上げて、そこに引用された心理学的研究を検証し、それらがどれも、子どもの適応のために非監護親の面会交流等接触が「必要で

---

[1] 渡辺久子「子どもの本音・声を歪めない面会交流とは？――乳幼児精神保健学からの警鐘」、田中究「DVと離婚、子どものトラウマへの配慮と面会交流」梶村太市＝長谷川京子編著『子ども中心の面会交流――こころの発達臨床・裁判実務・法学研究・面会支援の領域から考える』（日本加除出版、2015年）、可児康則「面会交流に関する家裁実務の批判的考察――「司法が関与する面会交流の実情に関する調査」を踏まえて」判例時報2299号13頁。

ある」とも、「有益である」とも、実証していないことを明らかにする。

そして、父母の紛争に子どもをさらすことが何より子どもの適応を害するのに、紛争性の高い事案では面会交流等接触は紛争をいっそう激化させること、それゆえ、裁判所に係属するほど紛争性の高い事案で、原則的実施政策を採ることが、組織的に子の福祉を害する結果を生み出すことを明らかにする。

II 細矢論文の論旨と構成

1 細矢論文の科学的前提

細矢論文は、米国と日本での心理学的研究知見を紹介して、心理学の諸研究からは、A「離婚は、子どもに短期的・長期的に重大な影響を及ぼす事態で」「一方の親との離別が子にとって最も否定的な感情体験の一つであり」、B「非監護親との交流を継続することは子が精神的な健康を保ち、心理的・社会的な適応を改善するために重要であるとの基本的な認識が認められる」など、C「子の福祉の観点から面会交流を有益なものととらえる意識が社会の中に定着しつつある」と総括している。

そしてこれを前提に、裁判所の実務では「非監護親との面会交流は基本的に子の健全な育成に有益なものであるとの認識の下、」「その実施によりかえって子の福祉が害されるおそれがあるといえる特段の事情がある場合を除き、面会交流を認めるべきであるとの考え方（原則的実施の考え方――筆者挿入）が定着している」とし、面会交流の実施の裁判を最大化するための調停進行のノウハウを詳細に論じている。

2 面会等接触の必要性・有益性

このように細矢論文は、科学的研究知見の前記「総括」に基づいて、面会交流の原則的実施政策を正当化している。

ただし、Bの「基本的な認識が認められる」とか、C「子の福祉の観点から面会交流を有益なものととらえる意識が社会の中に定着しつつある」という現象は、研究により得られた知見ではなく、特定の政策を正当化する根拠にはならない。およそ、発達や養育についての認識や意識は、人により時代

により変化するのであって、そのうち特定の認識・意識がある時期多数によって支持され「定着しつつある」からといって、それが子どもの福祉に適うとは、科学的にも論理的にも帰結できないからである。

　総括Aは、離婚による一方親との離別が子にとって大きな否定的感情体験であって、子の適応を損なわないために非監護親の関わりを要するという、面会等接触の必要性に関わる命題、総括Bは、非監護親の面会等接触が子の健康と適応を改善するという、接触の有益性に関わる命題である。そこで、次項以下では、細矢論文が挙げる研究調査がこれら命題を支持しているのか否かを検討する。

3　研究知見として扱える基準

　検討に入る前に、何を「科学的知見」と呼べるかを断っておきたい。

　科学的な研究知見として扱えるのは、研究の結果から得られた知識である。そして、研究とは、①その過程が誰でも利用可能で検証可能な経験に基づき、②計画に基づき組織的に行われ、③コントロール（制御）——その結果についての唯一の説明を除いて、他のあらゆる可能性を排除できるように計画——されていて、④数量化され、⑤公的な——研究成果だけでなくその方法も含めて、調査研究のあらゆる側面について、他者の吟味が可能であるものでなければならない——ものである[2]。こうした条件を備えてこそ、研究は批判と検証に耐え、知見と呼ばれる知識の源泉になり得る。

　子の適応の条件についての知識の源として、単なる意見と研究とは区別するべきである[3]。研究は客観的に実行され、組織的に進められ、誰もが利用可能な手続から結論に到達するが、意見は主に主観的な要因（個人的な信念、仮定、先入観）に基づき、その過程を他者が検証できないものである。そのような意見は、たとえ権威者の意見でも、「個人的な意見、当て推量、臨床経験、自らの育児体験といったもの」が混入していることを排除できないか

---

[2]　H. R. シャファー『子どもの養育に心理学がいえること——発達と家族環境』（新曜社、2001年）5頁。
[3]　H. R. シャファー・前掲注2）3頁。

ら、研究と同視して論拠にすることはできないのである。

　ところが細矢論文は、後述のように、科学的研究としての客観性を備えない報告書、アンケートや意見を紹介して、これらを「科学的知見」に混入させている。それらは、どれも非監護親との接触が子どもの福祉を増進するという趣旨のものだが、科学研究と呼べないものは「知見」の源泉にはなし得ない。

III　面会等接触の必要性に関する検討
――「離婚の子どもへの影響」調査から「一方の親との離別が子に重大な否定的影響をもたらす」とはいえない

1　離婚の短期的影響

　細矢論文は、調査官による、調査方法に関する研究報告書[4]や調査のあり方を考察した論文[5]の記載を引用して、「両親の離婚事件が家庭裁判所に係属するような紛争性の高い場合、子どもは感情的な混乱を経験する」とか、「年齢や発達段階に応じて、両親の不和の受け止め方は異なるものの、混乱が長引くと、深刻な事態になることもある」と結んでいる。

　しかし、まず上記の報告等は、家裁実務での心理的調査の方法を報告・考察したもので、離婚が子どもに及ぼす心理学的影響を扱った研究ではない。ゆえに、ここから離婚の子どもへの影響の記述部分を書き出しても、それは心理学的知見ではない。

　また、そもそも上記引用部分でさえ認めるように、両親が離婚するすべての子どもが感情的に混乱するというわけではない。後述IV 3の家庭問題情報センターの調査に現れたように、親の離婚に積極的に賛成する子ども、離婚後は家庭が明るくなったと感じている子どももいる。

　そして、ここで挙げられた「感情的な混乱」は、離婚という、家族解体か

---

[4]　岡本吉生ほか「家事事件における子どもの調査方法に関する研究」家庭裁判所調査官実務研究（指定研究）報告書第 7 号（1997 年）。

[5]　小澤真嗣「家庭裁判所調査官による『子の福祉』に関する調査――司法心理学の視点から」家庭裁判月報 61 巻 11 号 14 頁（2009 年）。

ら新生活への移行・確立というプロセスで子どもが種々の体験をして起こることである。その体験には、「一方親との離別」以外に、離別に至る父母家族の紛争、なじみの家・幼稚園・学校・友達・遊び場等の喪失、きょうだいとの離別、生活環境と生活水準の激変、離別後の新生活への順応のストレスなど、多種多様のものがある。これら激変の経験は互いに関連し合うとはいえ、異なる経験であって、まとめて「一方親との離別」と呼べるものではない。

さらに、親の離婚に「子どもが感情的に混乱することがある」というのは、多数の子どもは混乱しないという意味である。

ゆえにこれらの記述から一方親との離別が「子に重大な否定的影響をもたらす」と一般化することはできない。

2 離婚の長期的な影響

では、長期的にはどうだろうか。

まず、細矢論文は、米国の研究として、長期的な影響を否定する研究[6]と長期的な影響としてむしろポジティブな影響があるとした研究[7]を挙げている。これらの研究の結論は、「一方の親との離別が子に重大な否定的影響をもたらす」という命題を否定しているのに、細矢論文は何の検討も批判もしていない。

次に、細矢論文は、米国での著名な研究としてウォラースタインらの研究とアメイトの研究を挙げ、ケリーらのレビュー論文を紹介している。

(1) ウォラースタインらの研究

まず、ウォラースタインらの研究は、離婚を経験した60家族131人の子どもを1971年の離別から、18か月後、5年後、10年後、25年後にインタビューした調査で、2000年に最終報告書がまとめられている[8]。細矢論文は、

---

[6] Hetherington, E. M. Stress and coping in children and families. New Directions for Child and Adolescent Development, 24 (1984) pp.6-33.

[7] Gately, D. & Schwebel, A. I. Favorable outcomes in children after parental divorce. Journal of Divorce & Remarriage, 18 (3-4) (1992), pp.57-78.

[8] 2000年の報告は、J. ウォラースタインほか、早野依子訳『それでも僕らは生きていく』(PHP研究所、2001年) に翻訳されている。

離別から5年後の調査に基づく1980年研究報告[9]を紹介した1989（昭和63）年の文献[10]から、「離婚後長期間が経過した後の心理的適応は、主として離婚後の生活の質にも影響されるが、離婚を取り巻く出来事の記憶や、親密な関係性を築くことへの不安やおそれなどの影響が長期・累積的に続く場合も少なくない」という指摘を紹介している。しかしこれはウォラースタイン研究のうち、都合のよい部分を恣意的に選択し紹介したものである。

ウォラースタインら[11]は1988年に出した研究報告[12]で、離別時の子どもの年齢を就学の前後で分けて離婚後の影響を調査している。離婚時学齢期以降だった子どもについては、細矢論文引用のように指摘するものの、就学前であった子どもについては、離婚後10年が経つと、もともとの家族や夫婦の決裂をほとんど覚えていなかったこと、学校では子どものほとんどが十分な成績を上げていたこと、概して、幼い時期に離婚を経験した子どもは、年齢が高くなってから離婚を経験した子どもよりも、何年か経った後の苦しみはかなり少なくて済んだことを指摘している。つまり、ウォラースタインの1988年研究報告に従えば、就学前に離婚を経験した子どもの多くは離婚後長期的な影響を受けないということになる。未就学児について「子に重大な否定的影響をもたらす」とはいえない。

また、学齢期以降の子どもについても、ウォラースタインの同調査では、「夫婦の決裂を目の当たりにして自分の無力さ、親の一方あるいは両方にたいする怒りを感じ、ひどい落ち込み、社会的引きこもり、学校での成績の深刻な下降があった」と不適応のプロセスを整理している。すなわち、子どもの不適応は、離婚に至る父母の争いにさらされる経験により起こることとされ、「一方の親との離別」を子の不適応の原因とする見方は斥けられている。

---

9) Wallerstein, J. S and Kelly, Surviving The Breakup, J. B, (Basic Books 1980).
10) 佐藤千裕「子の監護事件における面接交渉」家庭裁判月報41巻8号203頁。
11) H. R. シャファー・前掲注2) 148頁は、次注12) の報告書を心理学研究の立場で紹介している。
12) J. S. Wallerstein, S. B. Corbin and Lewis J. M 'Children of Divorce: A 10-year Study.' in E. M. Hetherington and J. D. Arasteh (Ed), Impact of divorce, single parenting, and stepparenting on children. (Hillsdale, NJ: Erlbaum) (1988) pp.197-214.

よって、ウォラースタインらによる調査でも「一方の親との離別が子に重大な否定的影響をもたらす」という命題は支持されない。

(2) アメイトらの研究

細矢論文が紹介するアメイトらの研究は、メタ分析として知られる統計的なテクニックを用いて、92の既発表研究を結びつけ、全部で13,000人以上の子どもについて調べた調査である[13]。学業成績・品行・心理的適応・自己概念・社会的適応・母子関係・父子関係等８つのカテゴリーに分類された指標を用いて、親の離婚を経験した子どもと経験しなかった子どもの違いを調べている。

細矢論文は、この調査の結果、①「離婚家庭の子どもは、そうでない子どもより、幸福感の指標において得点が低いことが示された」、②「年齢による違いとして、中間の年齢群（就学後から10代前半まで）では離婚の影響が大きいことなどが指摘された」と紹介している。しかし、これも恣意的な抜粋で、結論を歪めている。

アメイトらは、①の指摘に続けて、「しかし、さまざまな反応カテゴリーに見られた効果の程度は弱い傾向があった。もっとも特徴的だったのが品行（攻撃性、非行、不品行）と父子関係だったが、それでも相対的にそれほど高いというわけではなかった。他のカテゴリーについては全般に目立った差異はなかった」と指摘している。すなわち、離婚を経験した子どもと経験していない子どもを８つのカテゴリーで比較したら、差異はあるけれど、大きな差はなかったというのである。だから、結論として、「離婚は子ども達に深刻で有害な影響を及ぼすという見方も、この分析からは支持されなかった」というのである。

また、アメイトらは、離婚に対する子どもの反応の要因として年齢の違い

---

13) P. R. Amato and B. Keith, 'Parental divorce and the wellbeing of children: a meta-analysis' Psychological Bulletin, 110 (1991), pp.26-46. このアメイトらの研究も、H. R. シャファー・前掲注2) 147頁で、心理学研究の立場から紹介されている。本文では、前掲注2)の文献に沿ってアメイトらの研究を紹介する。

を挙げて②の指摘を行い、「同じように、調査の前2年のあいだに両親の離別を経験した子どもたちにも害が出やすいようだった」と離婚直後の反応が相対的に大きいことを指摘した上で、「しかし、効果の程度は、時間とともにあまり大きくなくなってきている」と指摘し、離婚の影響が長期的に強く持続するという見方を否定している。

　加えて、アメイトらの研究も、親の離婚という経験の影響を調査したもので、「一方親との離別」の影響を調査したものではない。親の離婚という経験は「一方親との離別」以外の多種多様の経験を含んでいるから、この調査が「一方親との離別」の影響を明らかにするわけではない。

　結局、「一方親との離別による」影響を調べていないという意味でも、離婚の経験の有無で大差がないという意味でも、「影響が長期的に持続しない」という意味でも、アメイトらの研究は「一方の親との離別が子に重大な否定的影響をもたらす」という命題を支持しない。

(3) ケリーらの研究[14]

　細矢論文は次に、ケリーらによるレビュー論文から、離婚しない家庭の子どもと比較して、離婚家庭の子どもに行動化、内在化、社会適応・学業上の問題が多い、深刻な心理学的・社会的問題を生じる割合が高い、学業の達成度が低い、親密な関係性において困難を抱えやすいという調査結果を紹介している。

　しかし、ケリーらの研究も、親が離婚した家庭の子と離婚しない家庭の子を比較したに過ぎず、両群の差が「一方親との離別」によるとはいえない。前述のとおり、離婚というプロセスで子どもが体験するものには、実に多くの異種の激変が含まれており、これらを「一方親との離別」と一括することはできないから、「離婚の影響」を「一方親との離別の影響」と同視することはできない。

　そしてケリーらの論文では、離婚家庭の子どもが体験するネガティブな体験のうち、「一方親との離別」が他を制して「最も否定的な感情体験である」

---

[14] Kelly, J. B. & Emery, R. E. 'Children's Adjustment Following Divorce: Risk and Resilience Perspectives' Family Relations, 52 (4) (2003), pp.352-362.

という調査結果は示されていない。

ゆえに、ケリーらの論文によっても「一方の親との離別が子に重大な否定的影響をもたらす」という命題は論証されない。

(4) 日本における研究

細矢論文は、日本での実証的研究として、野口康彦・櫻井しのぶ「親の離婚を経験した子どもの精神発達に関する質的研究——親密性への怖れを中心に」三重看護学誌11号9-17頁を紹介し、「親の離婚が、長期的に『親密性への怖れ』としてその影響を顕在化させる可能性がある」という指摘を紹介している。

しかし、これは質的研究ゆえに、指摘される影響の出現割合も深刻さも数値化されず、離婚しなかった家庭の子との比較もない。調査しているのは、離婚という経験が「親密性への怖れ」を生じる可能性であって、「一方親との離別」経験に由来する子どもへの影響をはかっているわけでもない。ゆえに、この調査は「一方の親との離別が子に重大な否定的影響をもたらす」という命題を実証するものではない。

3 著名な調査・研究知見との矛盾

逆に、著名な調査と研究知見は、「一方の親との離別が子にとって最も否定的な感情体験である」という細矢論文の総括を否定する。

例えば、先述のアメイトは、学業・行動・心理学的適応・自己評価において、片親と死別した子は、両親が揃った家庭の子より悪いが、離別の子より良いという調査結果を踏まえて「我々の分析は、死別の子より離別の子の方が健康等福利が悪いということを明らかにした。このことは、離婚家庭では単なる親不在(一方親との離別——筆者挿入)以上に、子の健康等福利を低める追加的な仕組みが働いていることを示している」「結局、非監護親との継続的な接触が子の健康等福利を増進するといえる強いエビデンスはない」[15]と述べている。

---

15) Amato, P. R. & Keith, B. 前掲注13)。

また、心理学者のR. E. エマリーは「身体的な別居は離婚におけるもっとも辛い出来事かもしれないが、それは、子どもに最も心理的に重要で長期的な影響をもたらすものではない。リスクと復元力に関しては親どうしの争いに加え、それぞれの親と子どもが継続してきた関係の変化が注目すべきでより有力な予測因子である」と述べる[16]。

　さらに、シャファーは、「父親不在の家庭で育てられた子どもに関する最近の研究から得られたもっとも重要な示唆は、おそらく、こうした子どもたちが、まさに父親不在のゆえに、…心理学的に『劣っている』だろうという予想を捨てなければならないということだろう」、「研究結果が一貫して、ひとり親家族の方が、両親揃っていてもけんかの絶えない家庭よりも適切に機能していることを明らかにしている」と明言する。そして、離婚後の子どもの適応に関する研究で「明らかになったもっとも重要な成果は、離婚の前も後も含めた、家族関係の質」が「何より大きな影響」をもたらしていることであり、わけても「家庭内の争いが、子ども達の適応にもっとも強く影響すると明確に指摘されている」、「離婚についての研究も、…家族生活における子どもの経験の広い文脈のなかで考えなければならないし、家族生活の質は、…親の離婚といった出来事の結果を和らげもするし、悪化もさせる」というのである。

4　まとめ

　以上のように、細矢論文の紹介するどの調査も、「一方の親との離別が子に重大な否定的影響をもたらす」という命題を支持しない。科学的に実証されないのであるから、「一方の親との離別が子に重大な否定的影響をもたらす」という命題は虚構（フィクション）である。重大な否定的影響がないのに、その「改善策」として非監護親との面会等接触を推進する必要はない。必要性がないのだから、虚構（フィクション）に基づいて面会交流を原則実施する政策は正当性を欠く。むしろ、父母の紛争など家族関係の質が悪ければ子の適応を悪くするから、離別して

---

[16]　Emery R. E 'Marriage, Divorce, and Children's Adjustment' (1999, 2nd Ed.) Sage Publications, Inc.

婚姻共同生活を解消するなり、離別後、子どもの家族生活に非監護親との紛争が悪影響をもたらすことを防ぐべきだということになる。

IV 面会等接触の有益性に関する検討
——面会交流に関する調査は「非監護親の接触が子の適応改善に有益である」という命題を支持しない

1 子の適応の保護要因としての面会交流

細矢論文は、前記ケリー論文から、離婚家庭の子どもの適応をよくする保護要因の研究を紹介し、その要因として、監護親の心理的な適応のよさ、監護親の提供する養育の質（特に情緒的に温かいサポート、適切な監督やしつけ、年齢相応の期待）、子どもの気質、社会的なサポート、父母間の紛争の低減等に加えて、非監護親の関与を挙げた上、非監護親である父の接触に関する知見として、以下の3点を紹介している。

① 父と定期的に交流して父母双方とよい関係を維持していた子の適応がよかった。

② 離婚した父と子の接触は、頻度より質が重要で、父母間の紛争性が低い（紛争がない、ほとんどない）場合は父子の頻繁な接触は子どもの適応の良さと関連したが、親どうしの紛争が激しい場合には、頻繁な接触は逆に適応の悪さに結びついた。

③ 父が、適切な養育態度をとり、かつ子どもに相応の期待を持って宿題等を手伝えば、父の関与の少ない子より適応がよかった。

上記の②は、端的に、父母の紛争性の高低によって、父の接触が子の適用に悪くもなるしよくもなることを示している。父母の関係がよければ、①定期的な交流が進んだり、③学習支援も受け入れられたりして、父の接触は子の適応を促す。反対に、父母の紛争性が高ければ、子どもが父母双方とよい関係を維持することはできないから父子関係も悪くなり、①父が定期的に交流しようとしても子の適応は悪くなるし、③父が宿題等を手伝っても、子の適応や学業成績がよくはならない。

つまり、非監護親の接触が子の適応改善に有益であるという命題は、ケリ

一らの論文から引用した研究知見のうち、「父母の関係がよい場合」に当てはまるが、あとの半分、「父母間の紛争性が高い場合」には当てはまらない。それなのに、細矢論文は後半部分の調査結果を無視している。家裁に係属する事案は紛争性が高い事案であるから、家裁実務に向けては、この後半部分すなわち「父母間の紛争性が高ければ、非監護親との交流継続が子の不適応を悪化させる」という研究知見をこそきちんと紹介するべきである。それなのに、細矢論文がこれを無視して、非監護親の接触が子の適応改善に有益であると一般化することは、研究知見を書き換えるに等しい歪曲である。

なお、父の関与が、「父母の関係が良い／悪い場合には、子の適応によい／悪い」という知見からは、父母の関係が悪い場合には、子の健康を守るために、父の接触の悪影響を顧慮すべきことになる。実際、父母の関係が悪ければ、父の接触は父母間の葛藤を激化させる機会になる[17]。「面会交流は、紛争発生に機会を与える」(アメイト) のである。

そして、父母の関係が悪い場合、非監護親の接触は、子どもの適応保護要因であるところの、監護親の心理的な適応のよさ、監護親の提供する養育の質 (特に情緒的に温かいサポート、適切な監督やしつけ、年齢相応の期待)、父母間の紛争の低減といった要因を傷つけもする。紛争事案での面会等接触はこうして、子どもの適応を幾重にも害することに留意しなければならない。

2　日本における調査研究

細矢論文は、日本における心理学的観点からの実証研究として、青木聡の調査研究[18]を取り上げている。これは、大学生510人 (うち親が離別した者53人、うち面会交流した者30人) に対する質問紙調査で、「面会交流を実施していない子どもは、実施している子どもに比して自己肯定感の得点が低い一方で親和不全の得点が高く」また「面会交流を実施している子どもは、

---

17) Amato, P. R. 'Contact with Non-Custodial Fathers and Children's Wellbeing' Family Matters no.36, (1993), pp.32-34.「接触は明らかに親どうしの紛争に関係している。面会交流は、紛争発生に機会を与える。」
18) 青木聡「面会交流の有無と自己肯定感／親和不全の関連について」大正大学カウンセリング研究所紀要 34 号 5-14 頁。

両親の揃っている家庭の子どもと比して、自己肯定感及び親和不全の得点に差がない」ことが判明したと紹介している。

しかし、青木の調査では、子どもの適応のよさ／悪さを、面会交流実施／不実施の効果であると特定するために必要な条件の制御——面会交流実施以外の要因を排除すること——がされていない。だから、面会交流を実施したから子の適応がよかったのか、適応がよくなる環境にいた子が面会交流を実施していたのかが、わからない。

そもそも任意の面会交流が実施できるか否かは、父母の関係のよし悪しに大きく左右されるから、面会交流を実施した／実施しなかった子どもは、父母の関係がよい／悪い子どもであった可能性が高い。そして、後記のとおり、家族関係の質、わけても父母の争いの有無は、子どもの心理適応に何より大きな影響を与えるから、青木の調査結果は、この知見を、"面会が実施できる程度に父母の関係がよい子の適応"が、"面会が実施できない程度に父母の関係が悪い子の適応"より良好であるという形で確認したものとして理解することができる。その限りでは、面会交流の実施は、父母の関係の質の指標に過ぎず、子の適応の増進要因ではない。青木が見出した子ども適応のよさ／悪さは、面会交流を実施した／しなかった結果ではなく、父母の関係がよかった／悪かった結果なのである。結局、青木の調査結果は、「争いのない、良好な家族関係にある子どもの適応はよい」という研究知見を再確認したに過ぎず、反面の「親の紛争が激しい場合には、子どもの適応は悪く、非監護親との頻繁な接触は子の適応の悪さに結びつく」という知見を覆すものではない。したがって、ここでも「非監護親の接触が子の適応改善に有効である」という命題は実証されない。

細矢論文は、このあと、家庭問題情報センターの面会交流に関する「意見」を紹介するが、冒頭に断ったとおり、意見は、心理学的命題を実証しない。

3　面会交流の子どもにとっての意味
〈小田切論稿〉

細矢論文は、小田切紀子の論稿[19]から、そのインタビュー調査等を通じて得た知見として、面会交流が子どもにとって、①親から愛されていることの

確認、②親離れの促進、③アイデンティティの確立をもたらす意義がある、と紹介している。しかし、この小田切の論稿は、「離婚家庭の子どもたちとの日常的なかかわりとインタビュー調査をもとに述べる」というものの、調査対象者の人数と年齢幅以外の属性も、調査方法も結果の報告もない。調査が計画に基づいて組織的に行われた様子はなく、調査から特定の結論を引き出すための適切な条件制御が行われた様子もない。すなわち小田切論稿は、同人の「個人的な信念や仮定、意見」というべきものであって、他者の批判と検証に耐える調査研究ではなく[20]、よって研究知見と呼べるものではない。内容的にも、いい面会交流ができれば上記3点の効用が期待できると述べるだけで、悪い交流が子どもにもたらす影響には触れていない。「いい場合にはいい」というだけの意見で、「非監護親の接触が子の適応改善に有効である」という命題は実証されない。

〈家庭問題情報センター調査〉

次に細矢論文は、家庭問題情報センターの調査[21]で、面会交流を実施した子ども41人中31人（75％）が面会交流を肯定的に受け止めていたこと、「考

---

19) 小田切紀子「子どもから見た面会交流――離婚家庭の子どもたちの声」自由と正義60巻12号28頁。

20) 小田切は、前掲注19)の論稿の中で、同人による『離婚を乗り越える――離婚家庭への支援をめざして』（ブレーン出版、2004年）と「離婚家庭の子どもの自立と自立支援」（平成18-19年度科学研究費補助金基盤研究（C）研究成果報告書）を挙げる。しかし、前者の文献にある、離婚家庭の子ども11人に対するインタビュー調査は、面会交流に関して、8人が「なし」、1人が「中断」、2人が一人暮らしをして父母共に面会をしたという実施状況を聞いた以外、面会交流の子どもへの影響は聴取していないし、自助グループの合宿に参加した子どもの発言としてまとめられた部分には、面会交流の実施結果に関する言及はない。後者の報告書は、親が離婚した高校生以上30歳までの14人への調査を含み、5人が「面会交流あり」、8人が「なし」、1人が「不明」だったところ、非監護親たる父親について、面会交流をしなかった人が父親との接点を求めていない状況、面会交流をした5人中、1人が幼いころから「お父さん子」で良好な父子関係が窺われるものの、他の4人は父との関わりについて、嫌悪・不安、諦観など微妙な感情を表出していることを紹介している。小田切の報告書で、面会交流すれば子どもの適応を改善できるといえる結果は出ていない。

察」において、子どもの多くが非監護親との面会交流を望んでいると指摘されたこと等を紹介している。

　しかし、細矢らによる引用部分に限っても、面会交流を実施した子どもの4人に1人は、面会交流を肯定的に受け止めていなかったことがわかる。この調査について家庭問題情報センターは、「親の離婚に積極的に賛成した子どもは12人（13％）で…いずれも父母の著しい不和、アルコール依存、暴力、借金等に子ども自身も悩んでいた」こと、また、離婚への評価として「多くの子どもたちは、離婚後は『家庭が明るくなった』、『母が殴られたりするのを見なくてすみ、安心して家に帰ることができるようになった』というように、家庭が安全で、安心な場所になったことを挙げ」たと報告している[22]。すなわち、この調査の対象者にも、父母間の紛争や暴力等により父との婚姻中安全・安心が得られず、それゆえ、離婚に積極的に賛成したり、離婚後は家庭が明るくなったと積極的に評価した子どもがいる。そういう子どもにとって、面会交流は、安全・安心への脅威をもたらすなど子どもの利益を害するリスクがあるから、肯定的に評価できないのはもとより当然である。ほかの子どもが非監護親との面会交流を望んだからといって、その子にとって、面会交流が利益をもたらすわけではない。4分の3が「肯定的に受け止めていたから」といって、すべての子どもについて、面会交流という非監護親の接触が子の適応改善に有益であるとはいえない。

4　著名な調査結果・研究知見との矛盾

　逆に、非監護親の接触が子の適応改善に有効であるという命題と両立しない調査研究は、前記Ⅳ1で挙げた以外にも多数存在する。

　例えば、30年以上にわたり2500人の子どもを心理学的に調査した心理学者のヘザリントンは、「もっとも重要なことは、非監護親と子の関係の質で

---

21)　家庭問題情報センター「――離婚した子どもの声を聴け――『養育環境の変化と子どもの成長に関する調査研究』の報告書より」2005年3月。http://www1.odn.ne.jp/fpic/enquete/report.html
22)　家庭問題情報センターのウェブサイト http://www1.odn.ne.jp/fpic/familio/familio035.html

あって、面会の頻度ではない。…さらに、アルコール依存、虐待的、うつ的、紛争傾向の強い親との面会は問題のある子に何の利益ももたらさないばかりか、その子の問題をもっと悪化させる」と指摘している[23]。

また、1990年以降公刊された38の研究をレビューした研究では、「調査者は別居する父との関係が子どもの健康幸福度にどうつながるかを調査した。一般的に、これらの調査は、別居父の面会が子どもに利益をもたらすと信ずべき所見を見いだせなかった」[24]。

もとより「共同監護法制を支援する調査研究は乏しく、その多くは自発的に共同監護を選択した少数の家庭を調査したものである」。そのうえで、「共同監護と単独監護のいずれが子の適応によりよく作用するという明確なエビデンスはないが、共同監護はより頻繁な面会に強く親和し、一貫したエビデンスはより頻繁な面会が子どもにいっそうの情緒的混乱と行動面での障害をもたらすことを示している[25]」とされる。

さらに、オランダの中学生9816事例の調査からは「母の単独監護で生活する子の健康状態は、高葛藤の両親と暮らす生徒のそれより良好である。…離婚後の両親間の葛藤の程度は、別居する父との交流の程度よりも、子の健康にとって重要である」として、紛争家族では、面会・共同監護といった非監護親の接触が子の健康を阻害することを明らかにした[26]。

このように、膨大な調査研究が、「非監護親の接触が子の適応改善に有益である」という命題を一概に支持しない結果を公表している。

---

23) Heatherington, E. M & Kelly. J. 'For Better or for Worse; Divorce Reconsidered' (W. W. Norton & Company 2003) pp.134.
24) William Marsiglio, Paul Amato, Randal D Day, Michael E Lamb (2000) 'Scholarship on Fatherhood in the 1990s and Beyond Journal of Marriage and the Family, 62, pp.1173-1191.
25) Johnston, J. R. et al. (1989) 'Ongoing Postdivorce Conflict: Effect on Children of Joint Custody and Frequent Access.' American Journal of Orthopsychiatry, 59, pp.576-592.
26) Working Document, 'The Effects of Divorce on Children, A Selected Literature Review', (1997), WD1998-2e, unedited. Department of Justice Ministère de la Justice Canada; http://www.canada.justice.gc.ca/eng/rp-pr/fl-lf/divorce/wd98?2-dt98_2/wd98_2.pdf

5 まとめ

　結局、「一方の親との離別が子に重大な否定的影響をもたらす」という命題も、「非監護親の接触が子の適応改善に有効である」という命題も、科学的な実証研究で支持されていない。すなわち、非監護親の面会等接触は、子どもの適応改善に一概に必要でもなければ、有効でもない。かえって、研究知見は、父母の争いなど家族関係が悪ければ面会等接触が子の適応を害する事実を明らかにしている。子どもの適応改善に必要性も有効性もないのに、紛争事案で子の適応に有害な面会交流を推進する方針の、いったいどこに「子の最善の利益」があるだろうか。

V　面会裁判における子の福祉の確保

1　父母の争いと子どもの適応

　細矢論文も、心理学研究者であるシャファーの著書から、「離婚の影響に関する心理学的な諸研究のレビューでは、分離それ自体よりも親の争いの方が、子どもに広汎で破壊的な影響を持つことに留意すべきであることが指摘されている」ことを紹介している。シャファーは、離婚が子に与える影響に関する心理学的研究で「明らかになったもっとも重要な成果は、離婚の前も後も含めた、家族関係の質の何より大きな影響に関係している。離婚経験全体のさまざまな構成要素（争いの雰囲気、一方親からの分離、生活スタイルの変化等——筆者挿入）による子どもたちへの影響をえり分けるのは決して容易ではない。…しかし、いくつかの研究で、家庭内の争いが、子どもたちの適応にもっとも強く影響すると明確に指摘されている」と述べている[27]。

　累積された心理学研究は、親の紛争にさらすことが、子の適応を害する事実を明らかにしている。子どもは非常に幼くても、年齢が高くなっても、親の争いを目の当たりにする頻度に連れて動揺の量が増える。親が争いを繰り返すほど、子どもたちは敏感になり、情動的に混乱する可能性も高くなる[28]。親どうしの争いが頻繁になるほど、多くの子どもに心理的困難が現れるほか、

---

27)　H. R. シャファー・前掲注2) 156頁。

子どもの養育がおろそかになり、親の子どもに対する攻撃性が増す等により親子関係の質が低下し、子どもの不適応を引き起こす[29]。なかでも、暴力への曝露は破局的である。ドメスティック・バイオレンス（DV）の目撃も直接の虐待被害もそれぞれが子どもの心身の発達を顕著に害する[30]が、これらは併発することが多いから、子どもは暴力と恐怖が支配する家庭生活で幾重もの虐待を受け、心理発達に重畳的な障害を被る[31]。こうした研究結果に基づき、シャファーは、上記の指摘をしている。

アメイトは、親の紛争が子どもの適応を悪くする過程を、以下のように、かみ砕いて説明する。「子どもたちは両親間の敵意にさらされると、怖れや怒りなどネガティブな感情で反応するようになる。そして、子どもたちはしばしば両親間の争いに巻き込まれ、どちらかに付かされるが、そういうことはストレスフルなだけでなく、親子関係を悪くする。そのうえ、言葉や身体的な攻撃の手本を示すことで、親は、意見の違いに対処するのに争いが適切な方法なのだという考え方を伝え、子どもの攻撃性を高めることになる。しまいに子どもたちは両親の争いを自分のせいだと自分を責める。これは、自己中心に世界を認識する幼児にとっては特に起こりやすいことだ」[32]。

2　紛争事案での面会交流と子どもの適応

父母間の紛争は、そこに潜むDVや虐待も含めて、離別しても当然には終

---

28)　H. R. シャファー・前掲注2)〔トピック13〕カミングズほか「家族の怒りと愛情の表現への幼児の反応」。
29)　H. R. シャファー・前掲注2)〔トピック13〕ジェンキンズ＝スミス「夫婦の不和と子どもの行動問題——不仲な結婚生活のどういう側面が子どもに悪影響を及ぼすか」。
30)　H. R. シャファー・前掲注2)〔トピック13〕ジャッフェ他「家庭内暴力の犠牲者と目撃者になった子どもの行動的、社会的不適応の類似性」。ここでは、家庭内で暴力を目の当たりにした男児と自身が虐待を受けた男児は、その間ではほとんど差異なく、かつ対象群の男児とは有意に異なり、顕著な行動問題——不幸感、嫉妬など内向性の問題と反抗、うそ、破壊など外向性の問題——を示したことが報告されている。
31)　H. R. シャファー・前掲注2)〔トピック13〕マクロスキーほか「組織的家庭内暴力の子どもたちの心の健康への影響」。
32)　Amato, P. R. 前掲注18)。

わらない[33]。「心理学的調査研究は、一貫して、元配偶者間での監護、養育費、面会交流などの問題をめぐる紛争が子どもの適応の悪さに関連していることを示してきた。紛争と面会交流は正の相関関係にあり、面会交流が紛争の発生に機会を与えている」[34]、「頻繁な子と非監護親との交流は、高い葛藤状態におかれた子どもに不利益な結果をもたらす。…頻繁な非監護親との交流が、両親の共同を促すことはない」[35]。

すなわち、争いに満ちた家庭生活を終わらせるために離別しても、父母の争いが冷めない時期に面会交流を実施すれば、面会交流をめぐって紛争が起こり、面会交流を繰り返すことで紛争が過熱し、父母の関係はさらに悪化する。そういう面会交流は子どもを離別後も親の紛争にさらし、その適応を害する。

DVや虐待のある家族では、その弊害は一層深刻である。前記家庭問題情報センターの調査に「離婚後は『家庭が明るくなった』、『母が殴られたりするのを見なくてすみ、安心して家に帰ることができるようになった』、家庭が安全で、安心な場所になった」と回答した子どものように、離別によってようやく安堵した子どもがいる。そういう子どもを、加害親の要求に応じて面会交流に引き出して、再び恐怖と無力感を味わわせ、支配される関係を強いることは、子どものトラウマからの回復を妨げ、再びDV曝露や虐待被害を甘受させることになる。同時に、加害親との面会交流は、その実施に関わる被害親の心身の健康回復と情緒の安定を害し、親として提供する養育の質を下げ、両親間の紛争発生に機会を与えることで、子どもの適応の保護要因をも著しく損ない、子どもの福祉を害する[36]。

---

33) ランディ・バンクロフトほか『DVにさらされる子どもたち——加害者としての親が家族機能に及ぼす影響』（金剛出版、2004年）76頁。「加害者の目的は復縁を迫ることか相手への仕返しだが、いずれの場合も子どもは効果的な手段となる。」「別居後の加害者にとって、親権や面接交渉の裁判…は、自らの支配権を維持するための極めて重要な手段となる」。
34) Amato, P.R. 前掲注18)。
35) LyeD. N, Ph. D. 'What the experts say: scholarly research on post-divorce parenting and child well being' Report to the Washington State Gender and Justice Commission and Domestic Relations Commission (1999).

3 家庭裁判所は原則的実施政策を撤回するべきである

離婚しても父母間の紛争性が低ければ、子どもの福祉のために面会交流について協議し、実施することができる。紛争性の低い事案は裁判にはかからない。裁判所に係属する面会交流事件は、非監護親による面会交流の要求を監護親が争い、それに承服しない非監護親が裁判で決着しようと申し立てた、紛争性の高い事案である。

しかも紛争事案には、しばしばDVや子どもへの虐待といった深刻な被害が潜んでいる[37]。DVや虐待は、被害が深刻でもすべてが客観的証拠により立証できるわけではないから、裁判所からみて紛争性の高い事案と映る事案には少なからず混入している。

前記のとおり、子の適応に非監護親の面会等接触は一概に必要でも有益でもない上、逆に、DVや虐待のある事案、そしてこれを含んだ紛争性の高い事案での面会等接触は子の心身の安全と適応を害するリスクの方が高い。いやしくも裁判所が、面会紛争を子の福祉を守るために裁くというのなら、申立人の「会いたい」欲求より、父母間の激しい紛争の背後にある「子の心身の安全と適応が害される懸念」を優先して扱うべきである。面会紛争を原則実施の方針で処理することは、司法作用を通じて組織的に子どもの適応を阻害する結果を引き起こす。紛争家庭に育つ子の困難を積み増すような裁判に、正義はない。面会交流の原則的実施政策は撤回するべきである。

---

36) DV虐待事案での面会交流の影響については、拙稿「面会交流原則実施により、DV虐待の被害親子に起こること」戸籍時報733号16頁参照。
37) 平成27年司法統計年報家事編第19表「婚姻関係事件数——申立動機別 申立人別」によれば、妻申立事件中、身体的暴力は22.7％、精神的虐待は25.6％にも及ぶ。離婚裁判でDVは特殊ではない。

第5章 「片親引離し／症候群」批判

長谷川京子　弁護士

I　はじめに

　第4章で明らかにしたように、非監護親の面会等接触[1]が子の健康や発達に有益であるという命題に科学的な裏付はない。逆に、科学的な研究は、ドメスティック・バイオレンス（DV）や虐待、父母間の激しい紛争にさらされる経験が子どもの健康と発達を顕著に害すること、加害親との接触が子どものトラウマを重症化させること、紛争渦中の非監護親との面会が監護親との紛争を激化させ子どもの養育環境を害することで、幾重にも、子どもの健康と発達を害することを告げている。有害な面会を強いられれば、子どもは苦しみ、嫌がり、拒絶する。それを見ている監護親は面会に抵抗する。これは当然の帰結である。子どもの嫌悪や拒絶、監護親の抵抗の後ろには、子どもの福祉を害する重大なリスクが控えているかもしれない。それに注意を払い、有害な接触を制限することが子どもを守るための基本である。
　ところが、非監護親の関わりを推進しようとする勢力は、ちょうど、非監護親の面会について、心理学的調査の結果を歪めて「子どもの健全な発達に必要かつ有益である」と一括したように、子どもが面会を苦しみ嫌がって拒絶する声を無効化し、接触強制を正当化するための言説を練り上げた。それは米国の家庭裁判所で用いられ、子どもが非監護親を拒絶すればDV・虐待のリスクを棚上げして加害親かも知れない非監護親に面会や、日本の親権に

---

[1]　本稿では、非監護親が面会交流や監護に関わる何らかの権限を認められて、子どもに関わることを「面会等接触」と呼ぶ。

あたる監護権を認める[2]というふうに、「子の最善利益」より「非監護親の最善利益」を帰結する裁判を生み出してきた[3]。それが「片親引離し症候群（Parental Alienation Syndrome/PAS）」であり、「片親引離し（Parental Alienation/PA）」である。

日本の家裁実務では、面会交流原則実施政策を推進する代表的な論文、細矢郁・進藤千恵・野田裕子・宮崎裕子「面会交流が争点となる調停事件の実情及び審理の在り方——民法766条の改正を踏まえて」家庭裁判月報64巻7号1頁（以下、細矢論文という）が「心理学的見地から重要な論点：片親疎外」として紹介したり、最高裁判所家庭局の調査員の論文、小澤真嗣「子どもを巡る紛争の解決に向けたアメリカの研究と実践——紛争性の高い事例を中心に」ケース研究272号149頁（以下、小澤論文という）が、米国の監護紛争で主張される「片親引離し」言説を日本の実務での活用をにらんで紹介したのを受け、「片親引離し」は、決着困難な監護紛争で、非監護親と家裁関係者が子どもの拒絶を無効化し、監護親からの主にDV・虐待の主張を無力化し面会を強制する"魔法の杖"として使われている。

「片親引離し」とはどういう概念で、科学的な根拠があるのか、監護裁判で子どもの拒絶を処理するツールとして使用してよいものか、それにより子どもの福祉はどうなるのか。本稿では、「片親引離し」をその主要な論者の主張を紹介してその信頼性を吟味し、監護紛争でそれを取り上げる意義と隠された被害を明らかにする。

II 片親引離し症候群／PAS

1 R. ガードナーによる「片親引離し症候群」の言説[4]

米国では、1980年代初頭から、精神科医であったR. ガードナーが、監護紛争で子どもが非監護親との面会等接触を拒否する言動を「片親引離し症候

---

2) 本稿では、子の親権・監護、面会交流をめぐる争い／裁判を監護紛争／裁判と呼ぶ。
3) Lenore E. A. Walker et al. 'A Critical Analysis of Parental Alienation Syndrome and Its Admissibility in the Family Court' Journal of Child Custody, Vol.1 (2) (2004), p.52.

群 Parental Alienation Syndrome/PAS」と名付け、大きな反響を集めた。ガードナーによれば、PASとは、復讐心に燃える監護母が別居する父親を罰し子どもの監護権を確保する強力な武器として、子ども虐待があったと主張する症候群である。ガードナーはまた、PASを、子どもによる別居父に対する中傷キャンペーンであるとも言い、監護母が子どもを「洗脳」もしくは「プログラミング」することにより、子どもが監護母を援護しようと、父親からのありもしない虐待を罪悪感もなく訴えるようになる、と主張した。そして、本当に虐待があった場合はPASではないが、監護裁判で主張される虐待はほとんどが虚偽である、本当の虐待か虚偽主張によるPASかは、PAS自身が診断基準になる、とも主張し、PASは病的な言動であるから、治療のためには母子関係を遮断し、父子の接触を強化して「逆プログラミング」させる必要がある、重い場合は監護者を「拒絶される親」に変更して子どもを引き渡したり、少年院や精神病院に入れたり、監護母を拘束したり罰金を支払わせるべきであるなどと説いた。

2 ガードナーへの批判

このようなガードナーの主張には多数の批判が行われたが、後述するPAの主導者であるJ. B. ケリーとJ. R. ジョンストンも、次の①〜⑤のように批判している[5)6)]。

---

4) R. Gardner 'The Parental Alienation Syndrome: A Guide for Mental Health and Legal Proffesionals' (1992).; 'True and False Accusations of Child Sex Abuse'; R. Gardner (2002). 'Parental Alenation Syndrome vs. Parental Alienation: Which Diagnosis Should Evatuators Use in Child Custody Disputes?' The American Journal of Family Therapy, 30; J. S. マイヤー「片親引離し症候群PASと片親引離しPA──研究レビュー」『子ども中心の面会交流』(日本加除出版、2015年) 59頁。
5) Joan B. Kelly and Janet R. Johnston 'The Alienated Child A Reformulation of Parental Alienation Syndrome' Family Court Review, Vol. 39 (2001), 249-266.
6) J. R. Johnston 'Children of Divorce Who Reject a Parent and Refuse Visitation: Recent Research and Social Policy Implications for The Alienated Child'. Family Law Quarterly, Vol. 38, No4.

(1) J. R. ジョンストン
① 引離しの原因＝監護親ではない
　PASは、片親から子どもが引き離される原因を、もっぱら監護親とみていたが、これは相当量の臨床的調査でも裏づけられていない。
　高葛藤の離婚で、親が熱心に子どもを引き離そうと相手の親の悪口を吹き込んでも、それによって実際に引き離される子どもは、ごくわずかである。すなわち、ジョンストンらの研究によれば、「研究に参加した家族の大多数において両方の親による引離しの言動があっても、子どもが本当に「引き離されていた」のは20％にとどまり、「顕著な引離し」は6％に過ぎなかった」[7]。
　ゆえに、親の引離し行為は、子が引き離されるのに必要条件でも十分条件でもない。
② 循環論である
　ガードナーのPASの定義は、引き離そうとする親とそれを受けて他方親を拒絶する子どもの二者を原因と仮定して練り上げている。そのために、「引き離された子には洗脳する監護親がいる、だからもし子どもが引き離されていたら、洗脳する親が存在しそれが引離しの原因だ」ということになり、PASの原因に関するガードナーの説は循環論に陥っている。
③ 症候群とは捉えられない
　PASは「症候群」として診断できない。ガードナーはPASを疾患であるとするが、発病原因、経過、予後、治療の選択肢がないため、「症候群」としては診断できない。PASがよく一緒に起こる徴候や症状の集合だというだけでは、発病原因や予後、治療法を明らかにしない。
④ PASの存在を示す実証的な根拠がない
　PASの存在を示す実証的な調査研究が皆無であること。PASの根拠とされているのはガードナーの臨床経験だけであり、だれもそれを検証できていない。しかも、彼の出版物は自費出版であるため、専門家集団の査読を受けていない。

---

[7] J.S.マイヤー前掲注4) 66頁。

⑤　PASの威嚇療法は暴虐の許可証である[8)9)]

　ガードナーの推奨に従って、子どもの監護を「同盟する親」（子が好んでいる親——筆者注）から「拒絶される親」へ移すことは、誤った解決法である。そんなことは問題を激化させるから、効果的でないばかりか現実には過酷で有害である[10)]。

(2)　デマと偏見を下敷きにしていること

　加えて、ガードナーの次の主張の前提には、見過ごせない誤りがある。

⑥　「虐待主張の大半は虚偽である」というデマゴギー

　ガードナーは、「子どもの敵意を説明する虐待が存在する場合はPASではない」とする一方で、同人の関わった事案の9割で子どもの性虐待についての虚偽があったとし、性虐待の主張が監護裁判で蔓延している、監護裁判での子ども性虐待の主張の大半は虚偽であると主張した[11)12)]。これにより、面会を拒絶する子どもの虐待主張は「虚偽」と片づけられ、拒絶は「病的な言動」と"診断"されることになる。

　しかし、現実には、子どもの性虐待の主張は監護裁判においても極めて少ない。すなわち、カナダの全国的な大規模調査研究[13)14)]で、監護裁判で主張された子ども性虐待を調べたところ、ねつ造されたものは12％に過ぎなかった。しかも虐待をねつ造した者の割合は、非監護親（一般に父親）が43％と最大で、監護親（一般に母親）は14％、子どもは2％に過ぎなかった。監護裁判で監護親側から主張される子ども性虐待の大半が虚偽であるという

---

8)　J. S. マイヤー前掲注4) 65頁。

9)　Johnston, J. R & Kelly, J. B. 'A Critical Analysis of Parental Alienation Syndrome and Its Admissibility in the Family Court.' Journal of Child Custody, 1 (4) (2004), 77-89, p.85.

10)　J. R. Johnston, 'hildren Who Refuse Visits' "Nonresidential Parenting" (1993), 109-135, p.132.

11)　J. S. マイヤー・前掲注4) 59頁。

12)　R. Gardner 'Sex Abuse Hysteria' "Salem Witch Trials Revised" (1991).

13)　J. S. マイヤー・前掲注4) 62頁。「主要な研究者たちは、『子どもへの性的虐待の評価における最大の問題は虚偽の主張ではなく、虐待やネグレクトが起こったであろう状況下で立証できない虐待が発生している確率が高いことだ』と指摘している。」

14)　Trocme & Bala, 'False allegations of abuse and neglect when parents separate' (2005) http://cwrp.ca/sites/default/files/publications/en/cis1998.pdf

主張は実証的な根拠を欠いている。

　離婚に続く監護裁判では、子どもはやっと別居できた加害親との接触を嫌悪・恐怖するからそれとの接触を拒絶するし、監護親は子どもをさらなる虐待から守るため別居前の虐待の事実を主張する。虐待被害を受けた子どもや監護親は、別居まで虐待の支配下で抑圧されてきた被害の訴えを、今後の安全を得るために監護裁判で精いっぱい主張する。監護裁判は、閉ざされた家庭の虐待被害がにわかに顕在化する「割れ目」なのである。そこで噴出する子どもや監護親からの虐待主張を「大概虚偽」と斥けるPAS言説は、虐待加害を継続させるための抑圧装置である。

　⑦　「復讐心に燃えるのはいつも監護する母親である」は偏見

　PASでは、復讐心に燃えて引離す親は母親、拒絶される親は父親であるとされるが、そのような概念の立て方やジェンダーへの割り付けは、ジェンダーバイアスによる疑いがある[15]。いったいなぜ監護者になれた母親だけが復讐心に燃えて引離し行動に出るといえるのだろうか。

　実際の監護紛争では、父親・非監護親が相手の親への復讐心に燃えて執拗なストーキングやハラスメントを繰り返す事例が少なくない。監護裁判そのものがハラスメントの手段として行われることも稀ではない。子どもはそれを恐怖・嫌悪して接触を拒絶しているのかもしれない。父親・非監護親の攻撃を視野外に置いた子どもの拒絶の説明は合理性を欠く。機械的に監護母を「引離し」原因と決めつけるPAS言説に従えば、非監護親の復讐や危険性[16]から目を逸らし、反射的に、虐待加害者だと訴えられている父親に子どもの監護や面会を付与する結果になる。非監護親の危険性が見落とされ、子どもには恐ろしい結論が正当化されてしまう。

---

15)　Lenore E. A. 前掲注3) 49頁は引離し親は母に、対象親は父という概念が明確なジェンダー分析なしに適用されていると指摘する。

16)　面会等接触時の殺害は 'revenge' killings（報復殺人）とも呼ばれる。不慮の事故ではない。L. Radford 'Domestic Violence, Safety and Child Contact in England' p.56 "Violence Against Women" Research Highlight 56 を参照のこと。

III 片親引離し／PA

1 PASの仕立て直し
PASには、「症候群」として認められないという以上に、上記のような数々の問題があることから理論的にも実証科学的にも大いに批判された。そこで、PASの欠陥を修正する議論が行われ、修正版が出てきた。ジョンストンらの「片親引離し／PA」はその代表的な概念である。しかし、この概念もPASの欠陥を克服できていない。

2 「引き離された子／AC」の定義とその破たん
(1) 「引き離された子」の定義
ジョンストンらは、PASが子どもの拒否を監護親の洗脳又はプログラミングによると限定していたことを批判し、「子どもが親を拒否する原因は複数ある」として、子どもが非監護親に敵意や恐怖を抱く点に焦点を当て「引き離された子（Alienated Child/AC）」という概念を立てて次のように定義した[17]。

「一方の親に対し、わけもなく執拗に、不合理で否定的な感情や考え（怒り、嫌悪、拒否、恐怖など）を表明するが、それはその子どもがその親と実際に経験したこととはひどく不釣り合いである。」

ジョンストンらは、この視点に立てば、『プログラミングするような』親の有害な言動はもはや起点にはならない。むしろ、引き離された子の問題をまず子どもに見られる言動や親子の関係に焦点を合わせて始める。この客観的で中立的な焦点は専門家が監護論争においてその子が引き離された子に該当するかを考え、もしそうならその子がなぜ一方の親を拒絶し接触を拒むのかを判断するのにより包括的な枠組みを用いることを可能とする」と自賛している。

ところが「引き離された子」の定義は、一方の親に対する拒絶という現象

---

17) Joan B. Kelly ほか・前掲注5) 251頁。

面に、その拒絶について「わけもなく」とか「それはその子どもがその親と実際に経験したこととはひどく不釣り合いである」という評価的要素が接続されている。そこで、子どもの拒絶が上記定義に入るのか否かは、ジョンストンらが定義についてさらに説明するところを追わなければわからない。筆者はここで、DV・虐待にさらされた子どもが加害親との接触を拒絶する場合がどう扱われるかに注目して見ていくことにする。

(2) 「引き離された子」に含まれないもの

ジョンストンらは、「離婚時には頻繁に非監護親との面会交流を渋る子どもが、不適切にも『引き離された子』とラベリングされる」と述べ、まず、以下の①〜⑤の場合は非監護親との接触を子どもが渋っても「引き離された子」には含まれないと説明している。

① 正常な発達の過程による場合(例. 乳幼児の正常な分離不安)
② 主に高葛藤の婚姻と離婚に由来する場合(例. 高葛藤な両親の間を行き来する不安やうまくできそうにないこと)
③ 親の養育態度による場合(例. ひどく厳格、怒り、子どもへの無神経)
④ 親の不安定さへの懸念(例. その親を一人でおいて外出する不安)
⑤ 親の再婚(例. 面会交流への気持ちに影響するような親と再婚相手の言動)

①〜⑤には、DV・虐待など安全に関わる事態は含まれていない。つまり、ジョンストンらは、①〜⑤のように安全に関わらないような事情で非監護親を拒絶するものは「引き離された子」の問題としては扱わないのである。

(3) DV・虐待にさらされた子ども

次に、ジョンストンらは、離別後の親子関係に関して、DV虐待にあった子ども、すなわち「婚姻中もしくは離別後、その親の暴力や感情の爆発を累積的に経験したり、その攻撃対象にされた結果として」加害親に親しまない子どもについて、「おとなの見方では特別深刻でなく怪我もしていないとしても、子どもはおとなの暴力行為により心的外傷を受け得る」と説き、「PTSDの治療を優先すべきである」から「引き離された子」とは区別しなければならない、「子どもが、虐待的な親の有害な影響を理解し、選択し、自分で距離をとるのは健康な反応である」と指摘している[18]。

この指摘を見る限り、ジョンストンらはDV・虐待にさらされて加害親との接触を拒絶する子どもを「引き離された子」から除外していると理解される。DV虐待にさらされた子どもの拒絶が「引き離された子」の定義に入らないなら、その子どもを守るための監護親の言動は「引離し」にはあたらないというのが論理的な帰結である。おとなの見方では特別深刻な暴力行為でなくても、子どもにはトラウマになり得るというのであるから、子どもの受け止め方を基準に安全を確保しトラウマケアを優先しなければならないはずである。

(4)　「引離し親」

　ところが、次項3に述べるように、ジョンストンらは、監護親が、DV・虐待があったと主張して子どもを必死に守ろうとする言動を、「引離し親 Aligned Parent/AP」に共通の言動であると力説している。子どもの拒絶という現象に焦点を当てて「引き離された子」を定義すると宣言し、その定義から上記(3)のとおりDV虐待にさらされた子を除外しておきながら、その子を守ろうとする親を「引離し親」であるというのは論理的に整合しない。親の言動から「引離し」を認定するなら、ガードナーがPASを「引き離そうとする親とそれを受けて拒絶する子どもの二者を原因と仮定して」練り上げたのと同じである。ジョンストンらが掲げた「引離し」概念の骨格と「引き離された子」の定義は、DV・虐待による拒絶をめぐって破たんしている。

　しかし、子どもを守ろうとしてDV・虐待主張をする監護親を「引離し親」とすれば、DV・虐待にさらされたと加害親を拒絶する子は、DV・虐待の事実を調べるまでもなく「引き離された子」だということになる。こうして、ジョンストンらの「引離し」概念は、DV・虐待による拒絶を「わけもない」「経験したこととはひどく不釣り合いな」拒絶現象の中に飲み込んでいくのである。

　果たして、細矢論文は、「引き離された子ども」を「非現実的なほどに否定的な見方や感情によって非監護親との接触を拒絶する子ども」と要約し、これを鑑別する際の除外事項として、上記(2)の①～⑤の安全に関わらない事情を挙げている。こうして、細矢論文は、上記(3)(4)の検討を経るまでもなく、

---

18)　Joan B. Kelly ほか・前掲注5) 253～254頁。

DV・虐待を理由にした子どもの拒絶を「引き離された子ども」に含めて紹介している。

3 「引き離された子」を生み出す要因についてのジョンストンらの仮説

ジョンストンらは、「引き離された子」を生み出す要因を家族の複合的な要因としたが、そこで挙げる要因は次のようなものである。

(1) 「引離し親」に共通の言動と信条

ジョンストンらは「引き離された子」を監護する親を「引離し親 Aligned Parent/AP」と呼び、「引き離された子」を生じる要因として「もっとも多いのは、『引離し親』の、意識的でなくとも執念深く復讐心に燃えて、潜在的には子どもと他方親の関係を大きく傷つけるいくつかの信条に基づく言動である。『引離し親』は自身の心理的問題から元配偶者への深い不信と恐怖を抱き、元配偶者が子どもには、よくて不適切、悪ければ致命的な悪影響をもたらすと思い込んでいる」として、以下の①〜③を引離しをする監護親に共通の信条や言動として挙げている。

① 「子どもに他方親は必要ないという信条」
② 「『拒絶される親』が暴力、身体的性的虐待、ネグレクトなどをする、子どもにとって危険だという熱烈な思い込み」
　——これに基づいて、「引離し親」は「子どもへの接触をブロックする言動をする、推認される危険から子どもを守るためのキャンペーンを多数展開する、つまり弁護士や教諭などを巻き込んだり、保護命令や監視付面会を求めたりするほか、裁判所で面会を命じられたら理由を見つけてキャンセルしたりもする」と述べる。
③ 「『拒絶される親』は子どもを愛したことはなく世話もしない」という思い込み

そして、他方親を完全に拒絶させるようなことは親として正常なことではなく、たとえ子ども虐待の既往や、他方親の心の病があり、子どもの安全が危うくなるときでも、普通の親は子どもを守るのにほかの方法、もっと合理的なやり方を探す、と述べている。

(2) 「拒絶される親」の要因

　一方、ジョンストンらは、「拒絶される親」の言動は正常であるとした上、「引き離された子」の状態が続く要因として、次のことを挙げている。
　① 高葛藤に対して、受け身で引き下がること
　② 子どもの拒絶への応酬
　③ うるさくて厳しい養育姿勢
　④ 自己中心的で未熟なこと

(3) 子どもの要因
　① 子どもの年齢・成熟度
　② 子どもの「嫌われる親」に「捨てられた感じ」
　③ 子どもの気質や性格上の脆弱性
　④ 「引離し親」と子どもの関係
　　――「引離し」を受けた子どもが脆弱性を抱え「引離し親」へ結合する傾向
　⑤ 子どもへの外部支援の欠如

(4) 「引き離された子」を生み出す要因論への批判
　① 引離しの原因＝監護親ではない

　ジョンストンらは「引離し」の原因を、監護親の引離し行動としたガードナーを批判し、双方の親・子どもなど複合的な要因によって起こると論じたにもかかわらず、複合的な要因を具体化したはずの上記リストでは、監護親の引離し行動なしに「引き離された子」は生じないと説明している。すなわち「拒絶される親」（非監護親）の行動は「正常」で、(2)①～④のことが起こるが、その程度では引離しの継続要因にはなっても発生要因にはならないとされる。子どもの要因(3)①～⑤はいずれも監護親への依存ゆえに監護親に結合しがちなことが数えあげられているから、やはり監護親なしで「引離し」の発生は説明できない。つまり、ジョンストンは、「親の引離しは、子が引離される必要条件でも十分条件でもない」と批判したはずのガードナーの「監護親原因説」を上書きしている。

　② 虐待主張の大半は虚偽という前提

　ジョンストンは、監護親が保護命令を求めるなど人身の安全を守るための

法的権利を行使したり、子どもを守るため面会を制限することを、引離し行為であるという。監護紛争でDV・虐待の主張が出ることは多いが、ジョンストンはそれを現実に起こった事実ではなく、監護親が「自身の心理的な問題から元配偶者へ（抱く）深い不信と恐怖」による妄想とみなす。そればかりか、ジョンストンは、「他方親を完全に拒絶させるようなことは親として正常なことではなく、たとえ子ども虐待の既往や、他方親の心の病があり、・子・ど・も・の・安・全・が・危・う・く・な・る・と・き・で・も（傍点筆者）、普通の親は子どもを守るのにほかの方法、もっと合理的なやり方を探す」と述べている[19]。虐待があろうが子どもを危険にさらそうが、子どもを非監護親と接触させない親は正常でないというのである。

これは、「子の性虐待の主張は大半が虚偽だ」というガードナーの暴論Ⅱ2⑥に匹敵する。ガードナーは、小児性愛を子どもにも社会にも有益だと支持し、虐待報告を抑圧するために子ども虐待の主張を否定したといわれる[20]が、ジョンストンらは、非監護親の接触推進のために、子ども虐待の主張を否定もするし、子ども虐待の危険を容認もしている。

③　復讐心に燃えるのは監護親であるというデマゴギー

前記ガードナーへの批判で述べたとおり、離別に至る紛争に由来して相手に怒りを抱くのは、監護親だけではない。非監護親も同じである。監護をめぐっては、子どもを監護する親がその生活再建に粉骨砕身するのに比べ、非監護親が喪失感からより感情的に監護親を恨む場合も少なくない。それなのに、なぜジョンストンらの引離し要因論では、監護親の「執念深く復讐心に燃えた」言動にだけ注目するのだろうか。なぜ非監護親が「執念深く復讐心に燃えて」子どもと監護親との関係を大きく傷つける言動を問題にしないのだろうか。それは、引離し論者のゴールが、「男性の言葉は信用するが、女性の言葉は信用しない」という陰湿なジェンダー・バイアスの影響も利用して、監護する母親の反対をねじ伏せ、非監護親の要求を通すことにあるから

---

19)　しかし、ジョンストンらの本論文には「子どもを守るのにもっと合理的なやり方」については何の記述もない。
20)　J. S. マイヤー・前掲注4) 60〜61頁。

ではないか。ジョンストンらの引離し要因論は、ガードナー説の問題点Ⅱ2⑦をそのまま引き継いでいる。

Ⅳ 子どもへのネガティブな影響

1 科学的根拠はあるのか

細矢論文は、「片親引離し」を「心理学的見地から重要な論点」と紹介するが、そもそも「片親引離し」なる異常は存在するのだろうか。それは子どもの心理学発達に長期的になにかネガティブな影響をもたらすのだろうか。そして、その不利益が非監護親と接触することによって改善・解消するということは実証されているのだろうか。

2 「引き離された子」は病気か

ガードナーは、「引き離された子」は「症候群」と呼べる病気であると主張したが、米国精神医学会は、その診断基準マニュアルであるDSM-Ⅳの編纂にあたり、PASを医学的な「症候群」とは認めなかった。ジョンストンらも、前記のとおり「子どもを非監護親と接触させない親は正常でない」と述べ、細矢論文もこれを受けて、「正常、現実的又は発達論的観点から予見できる理由によって親との面会を拒否する子とは、区別して取り扱われる必要がある」と「引き離された子」の「鑑別」を論じている[21]。このように「片親引離し」論者も「引離し」を正常でないものとみなしている。そこで2013年のDSMの改定時には、「症候群」を外し、「片親引離し／PA」をDSM-Ⅴの診断基準に取り入れるよう政治的に大きな運動を展開した。しかし、DSM-Ⅴ編纂特別委員会は、全体の診断基準作成に先立ち、2012年に「片親引離し／PA」をDSM-Ⅴに取り上げないことを決め公表した。その際、同委員会の副議長であったD.レイジャー博士は「少なくとも、あれは一人の中に収まる病気ではない」、「あれは親子あるいは親と親の関係の問題である。そして関係の問題は本質的に心の病気ではない」とコメントした[22]。つまり

---

21) 細矢論文50頁。

PASもPAも病気ではないと医学界から言い渡されている。

3　長期的に子どもにネガティブな影響があるか

では、「片親引離し」は、長期的には子に何かネガティブな影響があるのだろうか。

(1) 小澤論文

米国の「片親引離し」を調査した小澤調査官は、「親を拒絶することによる子どもへの影響」として、

① 非監護親との関係が失われる結果、監護親の非監護親に対する認識を内面化して現実を見ることができなくなり、偏った見方をするようになる

② 監護親が役割モデルになるので、子どもも他人を操作するようになる

③ 完全に正しい監護親と完全に悪い非監護親とから来た自分という極端な2つのアイデンティティを抱え、自己イメージが混乱したり低下する

④ 監護親に怒り、非監護親に罪悪感を抱き、抑うつ・退行・混乱等の「悪影響が生じるという」と述べている。

だが、①については、監護紛争中非監護親を拒絶した子どもが、「非監護親との関係を失う」とは限らない。そして人間の子どもは監護親だけを見て成長するのではないから、「監護親の価値観」だけを内面化するわけではなく、監護親の影響を受けたからといって、直ちに「現実を見ない」とか「偏った見方をするようになる」わけではない。

また、②について、監護紛争時に「引離し」行動が見られたとしても、それが永続するわけではないし、監護親が操作的な人物とは限らないし、子どもが監護親の姿から「他人を操作すること」を学習すると決めつけることはできない。

③についても、自己アイデンティティの要素は小澤がまとめるほど単純ではないし、アンバランスな要素を抱えたからといって「自己イメージが混乱したり低下する」わけではないし、それが長期的に特定の悪影響をもたらす

---

22)　AP, David Crancy September 21, 2012.

というものでもない。

④についても、親との葛藤は、誰にとっても思春期と自立過程の大きなテーマであって、監護親への怒りや非監護親への罪悪感から、抑うつ・退行・混乱が生じるとはにわかに信じられない。

小澤の紹介する長期的な悪影響は、このようにどれも疑問が湧くものであるが、いったい誰がどういう根拠に基づいてこのような悪影響が生じるとい指摘しているのか、小澤はここでは出典を何も示していない。

(2) ジョンストンらの論文

そこで、小澤論文がその大部分をトレースしているケリー＆ジョンストンの論文[23]をみると、同論文の中でジョンストンらは、「引離された子」の反応と行動を述べるのに、「我々の観察によれば」として、ガードナー、ウォラースタインの論文を引用して、次のように述べており、この内容は前記小澤論文と相似している。

例えば以下のとおり。

「引き離された子」は「拒絶される親」を遠慮なく悪者にし中傷する。非監護親との面会を断固拒否する、自分の見方を伝えるためにだけ弁護士と会う、訴える内容が「引離し親」のレプリカである点で、彼らは共通している。予後はといえば、「引き離された子」は白黒の思考で、時に厳しく一面的な考えや感情を仲間との関係に投影するから、外からはきちんとしているように見えても対人関係に困難が生じる。また、「引き離された子」の問題行動は非監護親の家でひどく、物を壊す、不快で奇怪な行動をとり、公衆の面前で非監護親に嫌悪、軽蔑、暴言などを浴びせる。「引き離された子」は監護親と接触したがり、電話などの機会に非監護親の言葉、言動、食事、性格などを悪しざまに囁く、非監護親との接触を渋り断って、非監護親の意思疎通の努力も潰えさせてしまうなどである。

しかし、まず、ガードナーの論文は、すべて彼の臨床経験に根差し、しかも自費出版で客観的な査読も経ていないことから客観性がない、実証的でないと批判されてきた代物である。今さらガードナーの著作を引用してもネガ

---

23) Joan B. Kelly ほか・前掲注5) の2001年論文。

ティブな影響を裏づけることはできない。

　そして、ウォラースタインは、ガードナーより以前に「片方親と同盟する子ども」を発見した研究者であるけれども、その後の追跡調査の結果、離婚後非監護親に向けられる子どもたちの敵意はどれも一時的で、大抵1〜2年のうちにおのずと解消したと報告している[24]。

　つまり、ジョンストンらのこの放逸な記述を裏づける実証的な根拠は何一つ示されていない。むしろ、追跡調査をしたウォラースタインの報告だと、特段のネガティブな影響はない、という結論になる。

　もともとジョンストンは、1993年の論文で「心理専門家が勧め、裁判所が連日数千人の子どもたちの面会交流を命じている事実にもかかわらず、それら決定を正当化しうる知見は未だ不十分だ」と指摘していた[25]。そして、後の2004年にも、「『引き離された子』の適応や健康をそうでない子と比較した体系的な長期データはなく、長期的な予測は推論に過ぎない」と認めている[26]。「片親引離し」の悪影響を大袈裟に書き立てた2001年論文は同人の前後の論文とも整合しない。

(3) 細矢論文

　細矢論文は、それでも、ランペルの論文[27]を挙げて、「引き離された子」がそうでない子に比べて怒りやすく問題解決のスキルに乏しいとか、不安が少ないことを「現実認識が乏しい」などとして、あたかも望ましくない発達を遂げるかのように述べている。しかし、これは調査内容を見ない不実な記述である。

---

24) J.ウォラースタインは25年の長期研究の最終報告書である『それでも僕らは生きていく——離婚・親の愛を失った25年間の軌跡』(PHP研究所、2001年) 194頁で、「こうした同盟関係を何年も見守った結果、大半のものは長続きしないことが分かった。子どもというのは同盟相手としては移り気なものだ。彼らはすぐに、自分の行いの悪さに飽きるか、羞恥心を覚えるようになる。思春期を通して持続したものは一つもなく、大半は1、2年のうちに崩壊した」と述べている。

25) J. R. Johnston・前掲注10)、132頁。

26) J. R. Johnston ほか・前掲注9)、84頁。

27) A. K. Lampel 'Children's Alignment with Parents in Highly Conflicted Custody cases' "Family and Conciliation Courts Review" (1996), 229-239.

ランペルの調査は、監護裁判中の親子から24人の子ども（7～14歳）の参加を得て、それぞれの親との関係を聞く質問——例えば「この人と散歩したいか」「この人にハグされたいか」など——に、肯定的若しくは否定的な文章が書かれたカードを選んで回答させ、肯定的な回答を＋1、否定的な回答を－1として数え、その親に対する回答の合計点が＞0なら肯定的、＜0なら否定的な関係として、一方の親（この研究では全員母）を肯定的、他方の親（この研究では全員父）を否定的に評価した子ども10人を「引き離された子」とし、父母双方を肯定的若しくは否定的に評価した子ども14人（ただし結果を得られたのは10人）を対象群として分け比較したものである。結果は、怒りの反応を出す傾向において「引離された子」と対照群に有意差はなく、「引離された子」は全体に肯定的な感情と自尊感情をより多く表す傾向にあるが、対照群の子の方が問題をより有意に認識し、防御や他者との複雑で動的な相互作用をみる力が高かったというのである[28]。

　まず、細矢論文は、怒りの反応について有意差を否定したランペルの調査を違えて引用している。そしてランペルの調査は、上記のとおりわずかな調査結果しか得られておらず、ここから「引離された子」が望ましくない発達を遂げるとはとても論証されない。しかもこの調査については、「引き離された子」というものが、上記のような集計と基準で選別できるのか、大いに疑問がある。ここで「否定的評価」と扱われた回答の傾向は、ジョンストンの前記「引離された子」の定義でいう「わけもなく」とか「執拗に」といわれる拒絶に匹敵するものであろうか。さらに、何よりこの調査の参加者は現在父母の裁判が進行中の子どもであるから、その回答で示されるのは監護紛争中の子どもの感情や人間関係であって、他方親への拒絶感情がもたらす長期的な影響を示すものではない。すなわち、ランペルの調査は、「引き離された子」の予後が長期的にネガティブであるという事実を実証しない。

　結局、監護親が原因の「引離し」というものは、人々のイメージを離れて、その存在を示す実証的な根拠がない。離婚紛争のとき非監護親と子どもの不

28）　ランペルは「引離された子」と対照群の子を11項目にわたって比較したが、そのほとんどが nonsignificant（有意差なし）であった。

仲が認められたとしても、それは、ウォラースタインが報告するように、一時的なものであり、紛争の収束により消退し、長期に子どもが悪影響を受けることもない。それなのに、子どもが拒絶し監護親が抵抗する非監護親との接触を強いることは、少なくとも紛争に機会を与え、紛争を激化させることになる。すなわち、接触を強行することが引離し論者のいう「引離し」状態を長期化させるのである。

4 まとめ

結局、「片親引離し」は定義、原因論、影響論において「片親引離し症候群」の問題点をそのまま引き継いでいる。それは、「片親引離し症候群」言説と同様、監護裁判において、虐待の主張や子どもの拒絶の背後にあるDV・虐待の危険から目を逸らし、加害者に子どもの監護や面会等接触を付与する誤った結論を導く、危険で欺瞞に満ちた言説である。「症候群」の語を外したからといって、「片親引離し」言説を、監護紛争で使用してよいわけはない。

V DV・虐待のリスクから目を背けてはならないこと

1 DV・虐待は子の健康な発達を害する重大要因

監護紛争は、閉ざされた家庭内の虐待被害がにわかに顕在化する「割れ目」である。ジョンストンらによれば、監護裁判の実に75％にDV・虐待の主張があるという[29]。

家族のプライバシーに覆い隠されたDV・虐待は外から発見されにくい。子どものトラウマになる被害体験は、親のDVにさらされた、暗い部屋に押し込められた、大きな声で怒鳴られ追いかけられたなど、診断書や写真で証明できないものが多い。

子どもは自分が虐待されても親のDVにさらされても安全な生活を奪われ、大きなストレスを受ける。そのストレスは、子どもの健康を損ない、発達を害する。妊娠中のDV（身体的暴力に限らない）が低体重出生児の原因にな

---

29) Johnston, J. & Campbell, L (1988) 'Impasses of divorce'.

る[30])ことをみればわかるとおり、子どもはごく幼い時から、暴言や暴力にさらされ、安全と感じられない環境におかれると、生き延びることを優先するために、発達に支障をきたす。DV・虐待は健康な発達の重大な脅威であり、その懸念は子の環境から払しょくしなければならない。

　第4章では、長年累積された心理学的調査研究が、父母の紛争が子どもの適応を悪くすること、暴力があれば破壊的な害をもたらすことを明らかにしてきたことを紹介した。子ども期逆境体験の研究[31])も、子ども期の逆境によるストレス体験が子ども期のうつ等精神保健上の問題を引き起こすだけでなく、成人後の健康や各種の依存症、DVや虐待など家族機能上の問題、犯罪、貧困等社会的な問題を引き起こすことを明らかにしている。

　これらに加えて、近年、脳の画像診断を用いた実証的研究が、子ども期のDV・虐待が脳と神経の発達に特有の異変をもたらすことを明らかにしている。

2　DV・虐待は脳神経の発達を損なうこと

　その研究の第一人者である友田明美は、小児期にDV・虐待を体験して成人した人でうつ等精神病を患っていない人の群を、虐待のタイプごとに、高解像度の核磁気共鳴画像法・MRIで脳を撮影し、その容積を解析した結果をDV・虐待の体験をせずに成人し精神的な問題を抱えていない人からなる対象群のそれと比較する方法で、小児期のDV・虐待体験が成人後の脳の発達に及ぼす影響を調べた。

　その結果、小児期に厳格な体罰を受けた群では、感情や思考をコントロールし行動抑制力にかかわる「(右)前頭前野(内側部)」の容積が19.1％、「(左)前頭前野(背側部)」の容積が14.5％減少していたこと、集中力や意思決定、共感などに関係する「右前帯状回」が16.9％減少し、うつ病の一種である気

---

30)　世界保健機構「広く流行している世界的健康問題」としての女性に対する暴力のサイト http://www.who.int/mediacentre/news/releases/2013/violence_against_women_20130620/en/ 参照。

31)　子ども期逆境体験の影響については、米国疾病予防管理センターによる研究 https://www.cdc.gov/violenceprevention/acestudy/index.html に続き多数の調査研究が行われている。

分障害や非行を繰り返す素行障害が懸念されることなどが明らかになった[32]。

性的虐待をうけた群では、「視覚野」という、ものを見、映像の記憶形成にかかわる部位の容積が左の「視覚野」で8％減少し、なかでも、顔の認知などにかかわる「紡錘状回」という部分が18％減少していることが明らかになり、ものの細部を見ないよう、苦痛を伴う記憶を脳内にとどめておかないようにしているのではないかと考えられている。

暴言虐待を受けた群では、「聴覚野」の左半球部分である「上側頭回灰白質」の容積が14.1％も大きく、神経伝達の効率を上げるため乳児期以降進行するはずのシナプスの刈り込みが進まなかったことがわかり、人との会話などで脳に余計な負担がかかり、心因性難聴や情緒不安、対人恐怖などの症状が懸念される。

小児期に親のDVにさらされた群では、「視覚野」の容積が6.1％減少し、視覚野の血流が8.1％も多かったこと、特に身体的DVより暴言DVにさらされた時のほうが視覚野の一部である「舌状回」の容積の減少幅が大きく、身体的DVの目撃では3.2％であったのに対し、暴言DVでは19.8％と、実に6倍も大きな影響があることがわかった。

このように、DV・虐待の体験で傷ついた脳は、受けたストレスに応じてその機能に特有の制約を抱え、トラウマの治療を早期にしなければ精神疾患を発症し、被虐待者たちを長く苦しめることになる。

友田は、脳にはレジリエンス（回復力）があるから、DV・虐待被害のトラウマを治療することで回復する可能性があるが、その第一原則は、「その子の安心・安全を確保すること」であると指摘する。これは虐待被害から救出した子どものケアを始めるための、最初の条件として広く共有されている点である[33]。DV・虐待からトラウマを受けた子は、加害親との生活や面会により新たな大きなストレスを受け、過去のトラウマを再体験するフラッシュバックを起こすこともあり、それにより分泌されるストレスホルモンがさ

---

[32] 友田明美『子どもの脳を傷つける親たち』（NHK出版新書、2017年）72頁以下。
[33] ルース・S・ケンプ「虐待された子どもの心理的ケア」メアリー・エドナ・ヘルファほか編、坂井聖二監訳『虐待された子ども』（明石書店、2003年）。

らに脳神経の発達を阻害するという悪循環が続いてしまうからである。

3　離別後加害親との接触の影響調査

　これに焦点を当てた注目すべき調査がある。キタ幸子らは、離別前DVにさらされ離別後加害親と面会した子どもと、離別前DVにさらされたが離別後加害親と面会していない子どもの心理面と行動面を比較し、加害親との面会の影響を調べた[34]。その結果、調査時点でDVにさらされ加害者と離別後平均6.9年を経過していた子どもは、半数以上が臨床域の内向的問題（引きこもり、身体的訴え、不安・抑うつ）、3割近くが外向的問題（非行的行動、攻撃的行動）及び総合的問題で臨床域にあったが、その子どもを加害者と面会した群としなかった群に分けて比較すると、臨床域にある子どもの割合が顕著に増加した。すなわち、内向的問題では面会群73.3％に対し非面会群33.3％（2.2倍）、外向的問題では面会群47.4％に対し16.7％（2.8倍）、総合的問題で面会群57.9％、非面会群13.3％（4.3倍）と、面会群において顕著に高いことが判明した。すなわち、DVにさらされた子どもは、高い割合で情緒・行動的発達に困難を抱えるが、その臨床域の割合は加害親との面会によってさらに2倍から4倍にも増加するというのである。加害親との接触が傷を負った子どもにどれだけ甚大な打撃をもたらすかを突きつける結果である。

　DV・虐待の被害は離別しても終わらない。加害者はさらなる接触を求め、暴言や経済的圧迫など身体的暴力に至らなくても、トラウマに苦しむ被害者を脅かし続けるからである。その機会として加害者が求める面会等接触を司法が認めたら、子どもを再び虐待被害にさらしてしまう。そのリスクと害から目を背け、子どもの拒絶と監護親のDV虐待主張を「片親引離し」と名づけて無視することは司法の正当性を損なう。監護の裁判が子の福祉を守るための裁判ならば、「DV・虐待が立証されたら例外に」ではなく、「疑わしきは子どもの安全に」へと舵を切るべきである。

---

34)　Sachiko Kita et al. "Associations of Mental and Behavioral Problems among Children Exposed to Intimate Partner Violence Previously and Visits with Their Fathers who Perpetrated the Violence." Open Journal of Nursing. (2017), 7, 361-377.

第6章 フレンドリー・ペアレント・ルールは子どもを害する

可児康則　弁護士

I　はじめに

　フレンドリー・ペアレント・ルール（友好的な親ルール）とは、友好的に他方親の面会交流を認める親を監護者として適格であると判断する基準である[1]。アメリカでは裁判実務にある程度浸透しているともいわれる。日本の裁判所も、親権者、監護者の指定にあたり、面会交流への寛容性を子の利益を検討する際に総合的に考慮すべき要素の一つとしているが、フレンドリー・ペアレント・ルールは、面会交流への寛容性、積極性をより重視する判断基準であるといえよう。第3章で紹介する千葉家庭裁判所松戸支部の判決[2]が、フレンドリー・ペアレント・ルールを採用した判決として報道されたことなどから特に注目が集まるようになった。最近では、離婚訴訟などでフレンドリー・ペアレント・ルールを持ち出されることが少しずつ増えている印象がある。

　離婚後も子どもが双方の親と親密な交流が図れるよう友好的な親、フレンドリーな親を親権者にするとするフレンドリー・ペアレント・ルールは、一見、子どもにとっても利益となるかの如くである。また、親の離婚にかかわらず子どもは双方の親との「絆」を持ち続けて欲しいと願う多くの大人達の

---

1) 山口亮子「子を奪取した父に対し母への子の引渡を命じた四事例」民商法雑誌136巻1号154頁。
2) 父親が、親権者となった場合に年間100日の割合で母親と面会させると約束したことを重視し、判決時点で既に5年半以上も母親のもとで暮らしていた長女（判決当時8歳）の親権者を父親とし、母親に長女の引渡しを命じた。

心情にも合致する。

　しかしながら、弁護士として、日々、離婚紛争での子どもをめぐる激しい対立の渦中に身を置く立場からすると、事はさほど単純ではない。

　日本には、協議離婚という非常に簡便な離婚制度が存在する。離婚の9割近くは協議離婚が占めており、裁判所が関与する離婚は全体の1割程度に過ぎない[3]。当事者間で話し合いができる夫婦が、時間と費用を費やし、裁判所の手続を利用することは想定し難い。裁判所に持ち込まれる事案の多くは、夫婦の対立が激しい事案や、ドメスティック・バイオレンス（DV）、虐待が存在する事案など、夫婦間での協議が困難な事案である。フレンドリー・ペアレント・ルールは裁判所での親権者等の決定基準であり、裁判所外の離婚を拘束しない。ゆえに、当事者間で協議可能な多くの夫婦には関係がない。このルールの影響を受けるのは、当事者のみでは離婚紛争を解決できず、裁判所が関与せざるを得ない紛争性の高い事案である。このような事案でのフレンドリー・ペアレント・ルールに基づく親権者等の決定には、様々な弊害があり、紛争下の子どもにとって利益とはならない。

　本稿では、日本における親権、監護権判断の実務の現状を踏まえつつ、フレンドリー・ペアレント・ルールが子どもの利益とはならず、かえって、子どもを害する結果を招来することを論ずる。

II　親権、監護権判断の実務の現状

　フレンドリー・ペアレント・ルールに基づき親権、監護権を決めるべきとの主張は、現在の裁判実務では親権者、監護者（以下、「親権者等」という）になるのが難しい親、すなわち、従来からの親権、監護権の決定の仕方に不満を持つ親の側からなされることが多い。

　民法は、766条1項で「父母が協議上の離婚をするときは、子の監護をすべき者、父又は母と子との面会及びその他の交流、子の監護に要する費用の

---

[3]　平成21年度「離婚に関する統計」の概況（厚生労働省）によれば、協議離婚の割合は平成20年で87.8％である。

分担その他の子の監護について必要な事項は、その協議で定める。この場合においては、子の利益を最も優先して考慮しなければならない」とし、2項で「前項の協議が調わないとき、又は協議することができないときは、家庭裁判所が同項の事項を定める」としている。ゆえに、裁判所は、親権者等を決めるにあたり、「子の利益」を最も優先して考慮し、判断することとなる。具体的には、「出生から別居時までの主たる監護者・監護の実績、監護の継続性」「子の年齢、子の意思、父母との情緒的な結びつき」「監護能力、監護態勢（経済力、居住条件・居住環境、心身の健康・性格、監護補助者の有無・態勢など）」「監護開始における違法性の有無」「面会交流の許容性、兄弟姉妹不分離、異性との交際・DVなど」を総合的に考慮し、どちらの親に監護養育を委ねるのが子の利益になるかの観点から親権者等が決定されている[4)5)]。

　実際の調停、訴訟の場面では、裁判所から、当事者双方に、子どもの監護状況に関する書面の提出を求められることが多い。例えば、名古屋家庭裁判所では、子の監護状況に関する陳述書の作成、提出を求められるが、記載すべき項目は、親の状況（生活歴、就労状況・経済状況、心身の状況、家庭の状況・一日のスケジュール、住居の状況等）、子の状況（生育歴、別居前の監護の実情、心身の状況、性格等、現在の生活・一日の平均的なスケジュール、通園・通学先での状況、監護補助者、監護の実情、別居親との交流状況）、監護方針（予定している監護環境及び態勢、今後の監護方針、相手当事者との面会・交流のあり方）などである[6)]。子の監護状況に関する陳述書の提出後、

---

4) 吉田容子「離婚後の親子——司法実務の動向」小川富之＝髙橋睦子＝立石直子編『離別後の親子関係を問い直す——子どもの福祉と家事実務の架け橋をめざして』（法律文化社、2016年）89頁〜90頁。

5) 松戸事件の控訴審判決も、「当該事案の具体的な事実関係に即して、これまでの子の監護養育状況、子の現状や父母との関係、父母それぞれの監護能力や監護環境、監護に対する意欲、子の意思（家事事件手続法65条、人事訴訟法32条4項参照）その他の子の健全な成育に関する事情を総合的に考慮して、子の利益の観点から父母の一方を親権者と定めるのが相当」であり、「父母の離婚後の非監護親との面会交流だけで子の健全な成育や子の利益が確保されるわけではないから、父母の面会交流についての意向だけで親権者を定めることは相当でなく、また、父母の面会交流についての意向が他の諸事情より重要度が高いともいえない」と判断した（東京高判平成29・1・26判時2325号78頁）。

現在の監護状況、将来の監護態勢、子の意思等につき、家庭裁判所調査官（以下、「調査官」という）による調査が行われる。調査官が父母とそれぞれ面談し、同居中の子どもの監護の状況、現在の生活状況等を聴取した上、子どもの暮らす住居を訪問し、子どもと同居親とが一緒に居る場面の観察などを行う。子どもの年齢によっては、裁判所で、子どもからの直接の意向聴取が行われることもある。調査結果は、調査官の意見も付し、調査報告書として、裁判官に提出される。これを踏まえ、裁判官が、前記の各事情を総合的に考慮し、父母のどちらを親権者等とすべきか判断する。

　子の監護状況に関する陳述書の記載項目に上がっていることからもわかるように、面会交流の状況、今後の交流のあり方への父母の意向も、親権者等の判断につき考慮される要素の一つではある。もっとも、子どもの成長にとっては養育者との結びつき、愛着の程度がより重要であることから、裁判所は、出生から現在まで主としてどちらに監護養育されてきたか、どちらの親とより親密な結びつき、愛着を形成しているかを重視し、親権者等を判断している。前記の千葉家庭裁判所松戸支部判決の控訴審も、主たる監護者による監護の継続性をより重視し、一審の判決を変更し、主たる監護者であった母親を親権者とした。子どもの利益が面会交流だけで確保されるものではない以上、いわば当然の帰結である。

　ところで、従来の裁判所の判断基準によると、出生から別居まで主として子どもを監護養育してこなかった親（多くの場合、父親）が、親権者等になるのは現実的に難しい。事の善し悪しはともかく、育児負担が母親に偏り、多くの家庭で母親が子どもの監護養育を主に担っている実情からすれば、当然、かつ、やむを得ない結果である。ところが、これに納得できない親達は、主として子どもを監護していた親が子どもを連れて家を出たことを「子の連れ去り」と非難する。そして、監護の継続性を重視する従来の基準では「連れ去った者勝ち」となり「子の連れ去りを誘発する」などとし、フレンドリー・ペアレント・ルールに基づく判断、フレンドリー・ペアレントを重視し

---

6)　東京家庭裁判所での子の監護状況に関する陳述書の記載項目も、名古屋家庭裁判所と大きく異ならない（http://www.courts.go.jp/tokyo-f/vcms_lf/Z02-2.pdf）。

た判断を要求する。

　監護の継続性の基準は、本来、別居後の監護の継続性を重視する基準ではない。出生から現在までの監護の継続性を重視する基準である。主たる監護者が子どもを連れて別居し、引き続き監護養育すれば親権者となるが、主たる監護者でなかった親が子どもを連れて別居した場合に親権者となり得るわけではない。主たる監護者でない父親が子どもを連れて別居した事案で、主たる監護者である母親を監護者とし、同人への子どもの引渡しを命じた審判もある[7]。また、父親から暴力を振るわれ、母親が子どもを残して家から追い出された事案で、別居前に形成されていた母親による監護の継続性を尊重することが必要とし、親権者を母親として子どもの引渡しを命じた原審の判断を維持し、父親の控訴を棄却した判決もある[8]。監護の継続性を重視する従来の判断基準でも『連れ去った者勝ち』になるわけではない。親権者等になれなかったのは、監護の継続性基準ゆえではなく、出生から別居まで自らが子どもの主たる監護者ではなかったがゆえである。監護の継続性の重視が『子の連れ去りを誘発する』との批判はあたらない。

III　フレンドリー・ペアレント・ルールの弊害

　子どもの健全な成育や子どもの利益は面会交流だけで確保されるわけではない。さらにいえば、裁判所が関与する紛争性の高い事案での面会交流の有益性は、何ら実証されていない[9]。面会交流への姿勢を過度に重視した親権者等の判断が子どもにとって利益になるとは考え難い。それどころか、フレ

---

7)　東京高決平成 29・2・21 判例集未搭載（http://genderlaw.jp/hanr/oyako/oyako1_1.html）。
8)　筆者が母親の代理人として関与した事案である。親権者を母親とし、母親への子どもの引渡しを命じた名古屋家裁の判決に対し、父親が控訴したが、名古屋高裁は「控訴人及びその監護補助者による現在の監護状態が開始される前に形成されていた、被控訴人による監護の継続性を尊重することが、まだ幼い長男及び二男の心身の安定した成長について、より必要かつ相当」とし、父親の控訴を棄却した（名古屋高判平成 23・3・31 判例集未登載）。
9)　長谷川京子「心理学的研究知見は面会交流原則実施政策を支持しない」法の苑 65 号 5 頁以下。

ンドリー・ペアレント・ルールに基づく判断は、以下に述べるような弊害をもたらす。

1 子どもを危険に曝す

(1) DV、虐待の子どもへの影響

　前記のとおり、簡便な協議離婚の制度が存在する日本では、裁判所が関与する離婚は紛争性の高い事案であることが多い。妻から申し立てられた離婚調停の相当割合がDVの存在する事案である[10]。

　DVは、暴力を振るわれ、暴言を浴びせられた親（多くは母親）だけでなく、これを目撃した子どもにも大きなダメージを与える。DVの目撃は、子どもにとって深刻なトラウマ体験となるのみならず、脳の発達にも悪影響を及ぼす。虐待の子どもの脳への影響につき、ハーバード大学と共同研究を行った福井大学の友田明美は、「子ども時代にDVを目撃して育った人は、脳の後頭葉にある『視覚野』の一部で、単語の認知や、夢を見ることに関係している『舌状回』という部分の容積が、正常な脳と比べ、平均しておよそ6％小さくなっているとの結果が出」たことを報告する。そして、驚くべきことに、その萎縮率は「身体的なDVを目撃した場合は約3％で」あったのに対し「言葉によるDVの場合、20％も小さくなっており、実に6～7倍もの影響を示していた」とし、「身体的な暴力を目撃していた場合よりも、罵倒や脅しなど、言葉による暴力を見聞きしたときのほうが、脳へのダメージが大きかった」ことを指摘する[11]。その上で、虐待被害にあってきた子どもの安心、安全を確保すること、可能な限り早期に虐待の状況から救出し、養育環境を整えることの重要性を説いている[12]。

　DV目撃の子どもへの影響を踏まえ、児童虐待防止法も、DVの目撃を、子どもに対する虐待と定義する（同法2条4号）。

---

10)　平成28年度の司法統計年報によると、妻からの離婚調停の申立て動機のうち「暴力を振るう」が21.6％、「精神的に虐待する」25.6％ある。
11)　友田明美『子どもの脳を傷つける親たち』（NHK出版新書、2017年）63頁～64頁、及び、72頁以下。
12)　友田・前掲注11) 113頁～114頁。

DV、虐待が子どもに与える影響からすれば、親権者等の指定に際し、DV、虐待への配慮は必要不可欠である。しかし、フレンドリー・ペアレント・ルールは、監護親によるDV、虐待の主張を抑制し、封殺する結果をもたらす。

(2) DV虐待事案での監護親の面会交流に対する慎重さ

　父親から子どもへ直接の虐待があった場合、あるいは、母親へのDVがあり子どもが目撃していた場合、子どもを連れて逃げた母親の多くは、子どもと父親との接触、交流に消極的である。父親から子どもとの面会交流を求められた場合、その実施に慎重になることが多い。面会交流を通じて避難先が加害者に知られ、母子の生活が危険にさらされることがある[13]。子どもが父親との接触を拒むことも少なくない。面会交流のために加害者と連絡を取り合うことに母親が強い不安を抱くこともある。DV、虐待事案での面会交流に対する母親の慎重さは、子どもの安心、安全の確保、養育環境を整えることの重要性からすれば望ましい態度とも評価できる。少なくとも、頭ごなしに非難されるものではない。

　ところで、家庭という密室で行われるDV、虐待では、怪我の写真や診断書など、暴力の存在を示す客観的な証拠が存在しないことも多い。特に、DV、虐待が、罵倒、脅し、無視、説教など精神的なものであった場合には客観的証拠など存在しないことがほとんどである。前述のとおり、言葉によるDVの目撃の子どもの脳へのダメージは、身体的なDVの目撃に比して大きい。しかし、言葉によるDVを証明するハードルは非常に高い。

　DV、虐待が存在した場合、現在の実務では、母親は、証拠の有無にかかわらず、その事実を主張し、父親と子どもとの面会交流につき、DV、虐待に配慮した慎重な対応を求めることができる。そのことが、親権者等の決定に大きく影響することはない。出生から別居時までの主たる監護者が誰であったか、どのような監護の分担をしていたか、現在の監護状況、子どもと父母との情緒的な結びつき、子どもの意思、監護の能力と態勢、監護方針等々、

---

13)　筆者の経験でも、面会交流の機会に探偵をつけられたこと、子どもが通園先を話してしまったことにより、母子の避難先が明らかになってしまった事例がある。

過去から現在、将来の様々な事情を調査し、総合的に考慮し、母親がこれから先も監護養育することが適切であれば、母親が親権者として指定される。近年、裁判所が採る面会交流原則実施政策により、DV事案であっても直接交流を命じられることが増えた。そのため、以前に比べ、離婚後の母子の安心、安全な生活が脅かされるリスクは高まっているが、それでも、現状、面会交流に慎重な対応を求めたことで親権者を加害者である父親とされ、子どもを父親に引き渡さなければならない事態までは生じていない。
　しかし、フレンドリー・ペアレント・ルールに基づく判断がなされるようになれば、もはや、母親は慎重さを維持することができず、実務の様相は大きく変容せざるを得ない。

(3) 封殺されるDV、虐待の主張
　フレンドリー・ペアレント・ルールは、今後の他方親と子どもとの交流にどちらがより積極的かに基づき親権者等を判断する基準である。フレンドリー・ペアレント重視の判断では、出生後の監護の実績や内容も、現在の監護状況も、子どもと親との情緒的結びつきも、子どもの意思も、重要度は大きく低下する。現在の実務のように、調査官が過去の監護実績や現在の監護状況、子どもの意向等を丁寧に調査することも必要不可欠ではない。父母のどちらが他方親と子どもとのより親密な面会交流を認め得るかが最重要となる。
　DVや虐待から子どもと共に逃れてきた母親が面会交流に慎重であるのに対し、父親には慎重な態度をとる理由がない。当然、父親側から、より積極的な面会交流を認める意向が示される。父親が母親に比べ「フレンドリー」であり、フレンドリー・ペアレントを重視した判断では、父親が親権者等となる。子どもを虐待した父親、DVで子どもを傷つけた父親が親権者、監護者となり、そのもとで子どもは育つことになる。
　仮に、DVや虐待がある場合にフレンドリー・ペアレント・ルールの適用を除外するとしても、結論は大きく変わらない。
　前述のとおり、DVや虐待については、証拠が存在しない場合が多い。精神的DVの場合、証拠が存在することはほとんどない。証拠がない事案で、加害者が、自らの暴力、暴言を認めることは少ない。特に、親権の獲得や頻

回な面会交流を強く求めている父親が暴力、暴言を認めることは非常に稀である。DVの主張に対し「虚偽」「でっち上げ」などと母親を激しい言葉で攻撃したり、面会交流に消極的な母親の態度を「片親引離し」などと非難する。

　裁判所も、暴力の認定に必ずしも積極的とはいえない。調査官らの論文は「暴力の危険性を過大評価し、親子の関係を制限すれば、子の健全な発達を損ね、子の福祉に反する可能性がある事案もある」[14]などとし、面会交流事件での暴力の過大評価を戒めてさえいる[15]。面会交流事件での母親によるDVの主張を、母親のわがまま程度に捉え、上から目線で「お説教」する調停委員、調査官もいる。最近では、裁判所が「DV」という言葉の使用にさえ過敏になり、消極的になっているようにも感じる。裁判所が、被害者の訴えに耳を傾け、証拠なき暴力にまで目を向け、危険性を適切に判断することへの期待は、過大である。

　結局、フレンドリー・ペアレント・ルールの適用除外は、度重なる身体的暴力が存在し、かつ、その暴力につき多数の証拠が揃っているような非常に希有な事案に限定される。それ以外の圧倒的多数のDV、虐待事案では、適用を除外されない。筆者の経験では、別居親が親権、監護権の取得や、頻繁な子どもとの交流を強く求めるのは、度重なる身体的暴力があって証拠も多数揃っているような事案ではない。暴力につき証拠が存在しない事案や、精神的DV（いわゆるモラル・ハラスメント）の事案であることがほとんどで

---

[14] 宮﨑紀子ほか「配偶者間暴力や児童虐待が問題となる調停事件における子の調査方法の研究」家裁調査官研究紀要19号3-4頁。この研究では、主に米国の議論をもとに、DVを「パワーとコントロールに基づく暴力（CCV, Coercive Controlling Violence）」「暴力による抵抗（VR, Violence Resistance）」「対等な関係性の中で状況的に起こる暴力（SCV, Situational Couple Violence）」「関係を破綻させるような出来事が引き起こす暴力（SIV, Separation-Instigated Violence）」に分類し、危険性評価に差をつけるが、DV理解が進む米国とは異なり、DVの危険が適切に評価されているとは言い難い日本の家裁実務の現場での暴力の類型化はさらなるDV過小評価につながらないか疑問である。なお、引用した文章は、冒頭の研究目的のところに書かれている。

[15] 裁判所が暴力を過小評価していると感じることはあっても、過大評価していると感じた経験は、筆者には一度もない。

ある。これらの事案ではフレンドリー・ペアレント・ルールに基づく判断がなされることになる。

　フレンドリー・ペアレント・ルールに基づく判断がなされる状況のもと、DV、虐待から子どもと避難した母親が親権者になるには、DV、虐待に配慮した慎重な対応など求め得ない。DVや虐待の事実に目を瞑り、その主張を封印し、少なくとも父親と同程度に積極的な面会交流を認める意向を示さなければならない。DVや虐待の渦中にあった子どもにとって最も重要なことは、養育環境を整え、安心、安全を確保することであるが、裁判所で得られる結論は、母親を親権者としつつ加害者である父親と子どもとの頻繁な面会交流を行うか、加害者である父親を親権者として子どもを養育させるかのどちらかである。どちらの結論も、子どもの安心、安全の確保にはつながらない。むしろ、子どもを危険にさらすことになる。

　これは杞憂ではない。フレンドリー・ペアレント・ルールが浸透するアメリカでは、子どもを監護する母親から相談を受けた弁護士が、裁判所の心証を悪くしないためDV、虐待の主張を行わないよう母を説得することがあるという[16]。また、2006年の連邦家族法改正の際に裁判所が用いる子の最善の利益チェックリストにフレンドリー・ペアレント条項を追加したオーストラリアでも、政府の調査でアメリカと同じような出来事が報告されている[17]。なお、オーストラリアは、2011年に連邦家族法を再改正し、フレンドリー・ペアレント条項も削除した。諸外国では、フレンドリー・ペアレント・ルールの採用によりDV、虐待主張の抑制が現実に起こっている。同じことが日本では起こらないと考えるのは、根拠なき楽観主義である。

　フレンドリー・ペアレント・ルールは、DV、虐待に関する主張を封殺する。DV、虐待の事実は無かったことにされ、何らの配慮もなされない。その結果、裁判所が導く結論は、DV、虐待から救出された子どもを、再び危険にさらすものとなる。

---

16) Jennifer L. Hardesty, Grace H. Chung "Intimate Partner Violence, Parental Divorce, and Child Custody: Directions for Intervention and Future Research" Family Relations 55 (April 2006), 200-210, Blackwell Publishing. p.203

2　子どもの貧困促進への懸念

　離婚の際、すべての親が親権者になることを望むわけではない。子どもとの頻繁な交流を望むわけでもない。子どもへの関心が薄い親もいる。フレンドリー・ペアレント・ルールは、このような望まない親にとって、離婚に向けた交渉での非常に有用な武器となる[18]。

　フレンドリー・ペアレント・ルールのもとでは、親権者等の決定にあたり、過去の監護実績も、現在の監護状況も、重要度を低下させる。最も重要なのは、他方親の面会交流を積極的に認める意向であり、友好的な親の「振る舞い」である。

　望まない親は、通常、同居中も子どもの監護に深く関わっていない。そのため、過去及び現在の実績が重視される現在の実務では親権者となる可能性はほとんどない。したがって、望まない親が仮に親権の取得を主張しても、主たる監護者である親は、親権を奪われることを過度に恐れる必要はない。ただ、離婚後の生活の安定を考え、養育費、財産分与など、離婚条件の話し合いに臨むことができる。その結果、大幅な経済的妥協をせず、子どもの親権者となって離婚することができる。

　ところが、フレンドリー・ペアレントが重視される場合、子どもの監護につき実績はなくとも、友好的な親としての「振る舞い」により、望まない親

---

[17]　リサ・ヤング、髙橋睦子・立石直子監訳「オーストラリアの家族法をめぐる近年の動向——日本は何を学べるか」小川富之＝髙橋睦子＝立石直子編『離別後の親子関係を問い直す——子どもの福祉と家事実務の架け橋をめざして』（法律文化社、2016年）163頁以下。オーストラリアは、2006年の連邦家族法改正の際、裁判所が用いる子の最善の利益チェックリストにフレンドリー・ペアレント条項を追加したが、その後の政府の調査で「暴力の被害者は、弁護士から、暴力を訴えると不利になるので、それについては持ち出さないほうがいいと言われることがある。被害者たちは、加害者との関わりを回避しようとすると、逆に接触が増えることになりかねないと感じている。この点でフレンドリー・ペアレント条項と費用負担命令の義務化は、被害者の親にとって脅威とみなされている。」との指摘がなされた。その後、2011年の連邦家族法改正の際、フレンドリー・ペアレント条項は削除された。詳細は第10章小川論稿を参照。

[18]　Margaret K. Dore 'THE "FRIENDLY PARENT" CONCEPT: A FLAWED FACTOR FOR CHILD CUSTODY' Loyola Journal of Public Interest Law Vol.6（2004）p.53-.

にも親権獲得の可能性が生まれる。それが真意でなくともである。その結果、主たる監護者は、確実に親権者となるため、望まない親の希望、例えば、養育費、財産分与などの離婚条件の大幅譲歩に応じざるを得なくなる。

　離婚後の母子の生活は厳しい。政府の調査によると、母子世帯の総所得は児童のいる世帯の総所得の約38％にと留まり、その8割以上が現在の生活が苦しいと回答している[19]。適切な養育費は、母子世帯の生活の底上げし、経済的に安定させ、子どもの貧困を防ぐために必要不可欠である。子どもが健やかに成長し、自らの希望を実現するための大きな糧にもなる。しかしながら、フレンドリー・ペアレント・ルールのもとでは、親権獲得のために養育費の減額さえも受け入れざるを得ない結果となりかねない。

　現在でも、特にDV事案で、「面会交流を避けたいから養育費は請求しない」という母親に出会うことがある。このような母親に対し、今ならば、面会交流と養育費は別であり養育費をもらわなくても面会交流をしなければならないこともあるし、逆に、養育費をもらっても面会交流しない場合もあることを説明し、離婚後の生活の安定のために養育費請求を勧め、実際に適切な養育費が得られるようにすることができる。しかし、フレンドリー・ペアレント・ルールに基づく判断がなされるとなれば、そうはいかない。確実に親権を得るため、弁護士も、養育費減額に応じるよう母親を説得せざるを得なくなる。母子の生活が経済的に不安定になることを予測しつつも、親権の獲得と天秤にかけて対処せざるを得ない。

　経済的に困窮した生活は、子どもの状況を安定させない。将来につき、子どもの選択の幅を狭めることにもなる。子どもの健全な成長にとって、大きなマイナスである。

　フレンドリー・ペアレント・ルールには、母子家庭を経済的に苦しめ、子どもの貧困を促進させる懸念がある。

---

[19]　平成28年国民生活基礎調査の概況（http://www.mhlw.go.jp/toukei/saikin/hw/k-tyosa/k-tyosa16/index.html）。

3　子どもの状態の不安定化

　現在の家裁実務の親権者等の判断基準の中心的要素は、過去及び現在の監護実績である。過去及び現在の実績は既に生じた事実であり、事後にリセットできない。安定的な要素ゆえ、それに基づく判断も安定している。親権者の変更が認められるのは、子どもへの虐待等による監護状況の悪化、あるいは、成長した子どもが自ら他方親のもとでの生活を選択するなど特別な事情変更がある場合に限定される。親権者変更は家庭裁判所の調停を経ることが不可欠であるが、申立件数も必ずしも多くはなく、親権者が変更されることも稀である。現状、親権者の指定をめぐり、紛争が再燃するリスクは小さい。

　他方、フレンドリー・ペアレント・ルールは、離婚後の他方親との面会交流という将来的な不確定要素をもとに親権者等を決める基準である。要素が不確定ゆえに、それに基づく判断の結果も安定しない。紛争過程で示された意向、約束どおりの面会交流が行われない可能性を否定できない。現在の実務でも、約束した面会交流が実施されないことはあるし、その場合に再調停の申立てや、間接強制の申立てがなされることがあるが、フレンドリー・ペアレント・ルールに基づく判断がなされる場合、親権者等になるために過大な面会交流の約束がなされることが増えると予想され、不履行の可能性は現在よりも高まる。しかも、親権者等を決定した重要な要素に変更が生じていることになるため、当然、親権者の変更まで申し立てられる場合も多くなる。その場合、面会交流を約束どおりに履行しない親権者の態度が「フレンドリーでない」と評価され、よりフレンドリーな交流を提案する他方親に親権者が変更されることになる。しかし、その判断とて、そこで約束した面会交流が実施されないことによる再度の親権者変更の可能性を含み、安定性を欠く。父母間で、立場を入れ替えながら、同様のことが繰り返されるおそれがある。

　また、親権者となれなかった親が、面会交流を上手くいかなくして親権者を変更させるべく、親権者を挑発、攻撃したり、問題ある行動をとる可能性も否定できない。その場合でも、面会交流の中断にはリスクを伴うため、親権者自らが耐え、あるいは、子どもに我慢させ、面会交流を続けるほかなくなる。

　裁判所が離婚に関与するような夫婦では、離婚時、他方親への強い否定的

感情を有していることが多い。そのような夫婦でも、離婚後、時間の経過とともに、否定的感情は低減あるいは解消していくのが通常である。しかしながら、離婚後も、親権、監護権紛争が蒸し返されたり、面会交流時の対立が続けば、いつまで経っても他方親への否定的感情は消えない。それどころか、恨みや憎しみの感情さえも抱くかもしれない。DV事案であれば、被害者である母親の父親への恐怖心は一層強くなるであろう。その結果、子どもは、他方親に恨みや憎しみ、あるいは、強い恐怖を抱く親のもとで育つことになる。また、そのような感情を抱く親と交流を続けることになる。さらに、親権者の変更が繰り返されれば、子どもは、その都度、転居、転校せざるを得ない。子どもは、感情的にも安定しないし、生活環境も不安定なままとなる。

フレンドリー・ペアレント・ルールは、両親間の対立状態を永続化させ、子どもを不安定にする危険を内包している。

IV 最後に

親権者等の決定にあたっては、子どもの利益を最優先に考慮しなければならない。しかし、ここまで見てきたように、フレンドリー・ペアレント・ルールは、その目的とは裏腹に、子どもにとって利益とはならず、かえって、有害な結果をもたらす。

子どもは、離婚時に、突如、現れるわけではない。大人よりは短いが、それでも、生きてきた年月に応じたその子なりの歴史がある。その子が刻んできた歴史を無視、軽視し、父母が示した他方親との交流の意向を重視し、その子を養育する親を決めることが、その子にとって利益となるはずがない。

出生から別居までの監護の実績、内容、現在の監護状況を重視しつつ、他の要素も含め、父母のどちらを親権者、監護権者とすべきかを子どもの利益の観点から総合的に考慮するという現在の裁判所の判断は、概ね、子どもの成長の歴史を踏まえた妥当な結論を導いている。

父親の育児参加が以前に比べて進んだとはいえ、未だ父母の育児に関わる時間には格段の差がある[20)21)]。そのため、現状は多くの事案で母親が親権者等に指定されてはいる。しかし、かつての「母親優先の原則」とは異なり、

社会情勢の変化とともに結論は変わり得る。属性に基づき親権者等が定められる「母親優先の原則」では、父親が監護養育に携わっていようと父親が親権者等になることはないが、現在の実務の基準では、父親の育児参加が今以上に進み、母親と同等あるいはそれ以上に育児に関わるようになる日が来れば、父親が親権者等に指定されることも増加していくはずである。

　社会情勢の変化を待つのではなく、判断基準を変更することで主たる監護者ではない親をも親権者等にするというドラスティックなやり方では、必ずどこかにしわ寄せが行く。面会交流についての裁判所の姿勢変化が「良い」例である。十分な社会資源も整えないままに裁判所が面会交流の原則実施に舵を切った結果、子ども達にも負担が生じている[22]。面会交流時に母親や子どもが父親に殺害されるという痛ましい事件が立て続けに起こるなど[23]、子どもの安心、安全を害する結果も招いている。DV被害者支援の現場では、裁判所こそが被害者にとって最大のリスク要因であるとの声さえも聴かれる。

　フレンドリー・ペアレント・ルールの弊害は、面会交流原則実施によって生じている弊害の比ではない。DV、虐待の渦中からようやく逃れた子どもを再び危険にさらす。また、子どもの貧困を促進する懸念や、子どもの状態を不安定化するリスクもある。安心、安全な生活の確保からは程遠く、子どもの利益を損ない、子どもを害する。

　離婚後も子どもには両親との「絆」を持ち続けてほしいとの大人達の想いは否定しないが、紛争と無関係な多数者の想い、世間の「善意」は、時とし

---

20)　平成28年総務省「社会生活基本調査」によると、6歳未満の子を持つ夫婦で、夫が育児に費やす時間は、妻が費やす時間の2割程度にとどまっている。

21)　平成29年の男女共同参画白書によれば、夫が家事育児に費やす時間は、諸外国と比べ、非常に少ないし、育児休暇取得率も上昇傾向にあるものの、依然低水準である。

22)　拙稿「面会交流に関する家裁実務の批判的考察──『司法が関与する面会交流の実情に関する調査』を踏まえて」判例時報2299号13頁以下。19頁以下に参考資料として添付した「司法が関与する面会交流の実情に関する調査結果の概要」から、現在の家裁実務（面会交流原則実施政策）が子ども達に負担を負わせている現状を見てとることができる。

23)　2017年1月28日、長崎市で面会交流の際に父親が母親を殺害した。また、同年4月23日、兵庫県伊丹市で面会交流際に父親が4歳の娘を殺害した。いずれの事件も父親は殺害後に自殺した。

て、他人を傷つける凶器ともなる。司法の使命は、多数者、世間の「善意」から離れ、事案ごとの実情を踏まえつつ、弱い立場にある子どもの利益を探求することにある。子どもを害することが明らかであるにもかかわらず、裁判所がフレンドリー・ペアレント・ルールに基づく判断をするならば、それは、司法の役割放棄であり、存在意義の自己否定に他ならない。

第7章 司法は面会交流殺人から子どもと監護親を守れるか

長谷川京子 弁護士・吉田容子 弁護士

I はじめに

　面会交流での殺人が相次いでいる。2017年1月には長崎県諫早市で2歳の息子を面会に連れて行った母親が父親に刺殺される事件が起き、同年4月には兵庫県伊丹市で面会交流日に父親が4歳の娘を殺害し自らも自殺するという事件が起きた。どちらも、家庭裁判所(以下「家裁」という)が関与した合意に基づく面会交流での被害であった。子どもの視点で見れば、非監護親との面会は一概に子に必要でも有効でもない(本書第4章)。そのうえ特に「その子」の福祉のためにと実施されるはずの面会交流で、子どもや監護親が殺されたり傷つけられるような結果を生ずることは、到底容認できない。司法の関わる面会交流であればなおさらである。
　家裁が関わる面会交流で、なぜ深刻なリスクが見落とされるのか、安全等子どもの重要な利益に適うために、面会交流をどう決めるべきか、誰が決めるのか、裁判所の役割は何なのか、面会交流の定めはどこまで妥当性を保てるのか、面会不履行に対しどう対処するのか、面会のリスクが高まった場合に裁判所はどうやって子どもや監護親を守るべきなのかなどについて、子どもの利益の視点に立って検討し、現行法の解釈と対策を論じ、緊急に求められる法改正を提案したい。

II 司法はなぜ深刻なリスクを見落すのか

1 司法は面会交流等監護紛争を子どもの視点で見ていない

　子の監護に関する裁判の目的は子どもによりよい養育環境を整備することにある。父母の権利や利害の調整が目的ではない。民法上の父母、とりわけ子の母との婚姻関係を媒介にして民法上の父になったに過ぎない者が、自然権のように、子どもに関して「何らかの固有の権利」を持つ余地はない[1]。監護法は、未成熟の子どもが安定した良質の監護をうけて育つため、民法上の父母の義務と責任、責任を果たすための権限を定めるものであるから、父母が離別時に、上記監護事項について行う協議は、離別した父母の一方と生活することになる子どもにとって最大限恵まれた養育環境を整備するためのものであり、父母の権利や利益のための闘争ではない筈である。ところが、「親権」は数千年も続いた家父長制度のもとで家父が子を所有し支配する権力と観念されてきた歴史がある[2]から、その思想の残滓は今なお司法を含め人々の考え方に影を落としている。言葉の上で親権を「親責任」と言い換えてみても、親権を父権、あるいは子どものことを我が意のままに決める権力と観念する意識が残存するところでは、子の監護問題は父母の権力争いと勘違いされてしまう。

　しかも監護事件手続の当事者は父母であって、子ではない。調停審判にあたる家裁の責務は「家事事件の手続が公正かつ迅速に行われるように努め」ることである[3]から、父母が合意しさえすれば、家裁が改めて子の利益を点検し、父母の合意を変更するようなことはない。子の利益を最優先で考慮することが要請される（民法766条1項）とはいえ、主張して争う機会が保障されているのは、事件当事者の父母であって、子ではない。制度上はわずかに、子が15歳以上の場合にその子の陳述を聴くことになっているにとどま

---

1) 長谷川京子「子どもの監護と離別後別居親の関わり」判例時報2260号11頁。
2) 中川善之助「第四章　親権　總説」『註釋親族法(下)』1頁以下（有斐閣、1952年）。
3) 家事事件手続法2条。

留めることはない。審判では、原則として、監護親に面会交流を実施する義務を課し、調停・審判後の不実施に対しては、「監護親がすべき給付の特定に欠けるところがない」限り[10]、間接強制を命じる。つまり、家裁実務の手順書には、深刻な葛藤への対応や子と監護親の安全確保という項目はない。安全リスクは、監護親がそれを見落としたり十分には証明できない場合でも、存在する限り子や監護親に重大な危険と害をもたらし得るのに、そのことは直視されず、検討もされない。安全リスクがよほど重大かつ顕著で、家裁ですら無視できない場合でも、第三者の立会や受渡支援を条件に面会交流を実施するよう決められる。しかし、その支援があってさえ、子や監護親への凶暴な襲撃を防ぎきれるわけではない[11]。例えば、面会交流・離婚後共同監護で先行する米国では、多数の面会支援団体があの広い国土を網羅して存在し、専門的資格者による supervised visitation が DV・虐待対策の一環として既に数十年行われてきているけれども、そうしたインフラがあってさえ、元妻への復讐目的で父に子どもが殺される事件が多数発生している[12]。

　科学的な研究知見に反し、家裁の原則的実施政策のもとでは「面会しない」という決着は選択肢から外され、子どもと監護親の深刻なリスクさえ留意されない。家族紛争によって傷つけられる子どもの監護に司法が介入して子どもを守れるようにするためには、家裁は、まず姑息な原則的実施論や似非科学論から脱却し、家族紛争の深刻さや DV・虐待の力学を理解し、監護裁判の本当の当事者を父母でなく、子どもであると認識を改める必要がある。

III　面会交流はどう決めるべきか

1　「子の利益」という基準

　面会交流を定めるにあたり、子の利益は最優先に考慮されねばならない（民

---

10)　最一小決平成 25・3・28 家月 65 巻 6 号 96 頁。
11)　面会交流の支援の限界は、本書第 8 章「面会交流支援の実情と限界」を参照のこと。
12)　http://dastardlydads.blogspot.com/　によれば、2009〜2016 年に米国で、子どもや母親が、裁判所の監護／面会交流の紛争絡みで殺害されたと判定される事件が年平均 68 件起きているとのことである。

法766条1項)。ここでいう子の利益とは、抽象的な「子ども一般」の利益ではなく、協議や審判の対象になる具体的な「その子」の利益である[13]。子も親も一人一人違うし、親子の関係も一組一組異なる。「その子」と「その親」の事情や人間関係の如何は、出生以来の経験、現在の生活、子の成長発達の程度等により個別に異なるから、非監護親との面会交流が子どもに与える影響は一律ではない。有益な場合も有害な場合もあり、どの子にも「あまねく及ぶ効用」というものはない。

ゆえに、面会交流の影響は、具体的な家族紛争を生きてきた「その子」について、具体的な「その親」との関わりをみて丁寧に査定すべきである。家裁に係属する面会紛争は、非監護親との接触が子どもや監護親への種々のリスクを内包する懸念のある事案であるから、そのリスクを吟味せず「離別後の親子が良好な関係を継続できたらよい」という根拠のない楽観論に基づいて面会交流を進めたら「その子」の利益を損ねてしまう。

2 面会交流の判断にあたり確認すべきこと
(1) 安全であること

子の監護において、安全はすべてに優先する。物理的にも心理的にも安全が確保されないところで、人間の尊厳も健康で安定した生活も成り立たないし、子は成長することができないからである。

そこでの子の安全は、「その子」の固有の権利である[14]。監護親の安全は、監護親固有の権利であると同時に、その監護を受ける子どもの生存と発達の基盤でもある。面会交流等子の監護に関する判断にあたっては、何よりも先ず、子どもと監護親の安全が害される懸念がないかを慎重に確認しなければならない。

とりわけ、過去に身体的・非身体的DVや虐待があった場合は、特に慎重な吟味を要する。DV・虐待は別居しても離婚しても終わらない。DV・虐待

---

[13] 国連子どもの権利委員会・一般的意見14号第62会期 CRC/C/GC/14（2013年5月29日／原文英語）「自己の最善の利益を第一次的に考慮される子どもの権利（第3条第1項）」。
[14] 子どもの権利条約6条。

加害の本質は「支配」であるから、被害者が離別して逃れようとするとき、追跡して支配関係を復元する若しくは報復するという新たな動機を加えて加害がエスカレートし、危険性を増すことの方が多い。それゆえ、仮にそれまで身体に向けた暴力がなかった事案や子どもに向けた暴力がなかった事案であっても、離別前や離別後に監護親や子を殺傷する攻撃が起こり得る。「別居したから安全」というのは、深刻かつ重大な誤解である。

　この点、裁判所に係る面会紛争は、DV・虐待の主張が出る、別居・離婚直後のものが多い。DV・虐待の主張が出れば、たとえ過去の加害を証明する客観証拠がなくても、現在安全上の懸念が払拭できるか、慎重な検討を要する。トラウマ症状等は暴力の心理的痕跡である。傷を受けた被害者のトラウマ症状（再体験、過覚せいや回避）の内容は、原因となった被害事実を指し示している。子どもは無防備であり、その安全を守るのは監護親と裁判所の責任である。「疑わしきは子どもの安全に」判断するべきであり、安全懸念が払拭されない相手との接触を進めてはならない。

(2) 子どもの意思心情に基づくこと

　いうまでもなく、非監護親と面会交流するのは子どもである。子どもは幼くても独立した人格と自由の主体であり、他者との接触について自身の経験に根差して独自の意思心情を抱いている。その意思心情に反して接触を強いられてはならない。それは接触の相手が非監護親であっても同じである。ゆえに、安全を確保した上で、非監護親と面会交流するかしないかは、基本的に「その子」の意思心情を踏まえて決めることである。

　ただし、DV曝露や虐待被害を経験した子どもには、生存のために加害親との間に外傷性の絆を形成し、加害親に同化したり迎合してしまう場合がある[15]。このような場合、加害親の求める接触を子どもが望む言動を示したとしても、それを軽信する前に、その子の複雑な心理状況を理解し、安全と健康な発達を守る観点から接触の是非を評価する必要がある。

---

15) L.バンクロフトほか『DVにさらされる子どもたち――加害者としての親が家族機能に及ぼす影響』（金剛出版、2004年）。

(3) 監護内容と調和すること

　子の監護は、「その子」の健康な発達に資するよう具体的な事情を踏まえて、適時適切に選択・決定・変更されなければならず、面会交流はこうした「監護親の監護内容と調和する方法と形式において決定されるべきである」[16]。具体的には、前記(1)(2)を前提に、「その子」の年齢や健康状態、生活リズムや社会関係、関心や興味など現在の「その子」の状態を見極め、有益な接触が図れるかを考慮して、非監護親との面会交流について定める。この判断の妥当性は、ひとえに、「その子」の状況に適合していることにある。

3　非監護親と子の良好な関係形成という目標

　司法的介入が親子の将来の良好な関係を形成・継続することはない。司法的介入は、離婚判決やDV保護命令のように、関係終了を望む一方の申立を受け容認する場合には効果的でも、例えば被告の求めに応じ離婚請求を棄却しても原被告間の円満な夫婦関係を回復させられないように、人間関係を回復・継続させる力はない。人間の良好な関係というものは相互の信頼と尊重がなければ成立・継続しない。少なくとも一方が望まない関係を司法が法的強制を加えて取り結ぶことなどできないし、するべきでもない[17]。子が非監護親との接触を望まないとき、家裁がこれを命ずることは子の福祉を害し、非監護親と子の親子関係を間違いなく損なうからである。良好な親子関係を目標に、非監護親との接触を強いることはやめるべきである。

---

16)　最一小決平成12・5・1民集54巻5号1607頁の判例解説（最高裁判所判例解説：民事篇平成12年度(下)511頁以下）。

17)　両親が離婚した子ども131人に対し25年間追跡調査したJ.ウォーラースタインは、その25年目の調査を終え、「私の研究では、裁判所の命令のもと、厳密なスケジュールに従って親を訪ねていた子供たちは、大人になってから一人残らず、親のことを嫌っていた」と報告している。ウォーラースタインほか『それでも僕らは生きていく――離婚・親の愛を失った25年間の軌跡』（PHP研究所、2001年）282頁。

IV　面会交流の判断と裁判所の役割

1　子どものためになる面会交流を決められるのは監護親

　子どもの側に立って面会交流について判断する権限は、監護親にあると解するべきである。子どもは発達とともに愛着の対象を広げ、家人と家人の親戚・友人、子ども自身の友人や教諭その他の人々との接触を通じて成長していく。これに応えるため、監護親は日々の生活を通じて子どもの成長や関心を知り、監護と調和するよう家庭外の人々との接触を配慮して用意し、子どもの社会関係の発達を促していく。非監護親との面会もこうした接触の一つである。子どもの生活と日々の監護のあり方を前提に、非監護親と子どもの関係の質、子どもの年齢、意向・関心等々を考慮し、その子に有益な関わりが望めるなら、監護親は子どものために、非監護親に面会交流を求めればよい。これに対して、非監護親は、面会交流に応じるかどうかを協力者の立場で判断する[18]。民法766条1項の「協議」とはこういう趣旨である。

　協議は、双方が合意すれば成立する。しかし、どちらかが同意しなければ成立しない。「会う」という行為は双方にとって人格的接点を開く行為であるから、性質上他者に強制できるものではない。まして子の発達を目指した接触であれば、子どもの側が望まない面会を強制することは、柔らかく傷つきやすい子どもの人格をねじ伏せ、子どもの監護を侵害することになり、子の利益に反する。

　では、民法766条2項で、協議不調の場合に家裁が定めるとする規定はどう解釈するべきか。家裁は、子の信頼を得て日々の生活を共にする監護親ほど、子の様子を知らない。他者との接触に子が傷ついたり落胆しても、監護親のように子を慰めたり笑わせて気持ちをケアできるわけでもない。そのような家裁が、監護親に代わって子の接触について責任ある判断をすることは不可能である。家裁が、監護親の判断を離れて独自に判断することは予定されない。そうではなくて、家裁は、子どもの側が面会を望まなければ、監護

---

18)　長谷川・前掲注1) 12頁。

親からその配慮の前提事実や判断等について丁寧に聴取し、必要に応じて考慮に加えることができる事実を指摘して再考を促すなどの再検討を支援した上で、最終的には監護親の裁量に逸脱がない限り、その判断を尊重するべきである。現状でも、家裁は、非監護親が面会を拒めばその意思は尊重している。判決に認容と棄却があるように、面会交流の裁判にも結論は両方あり得る。子どもの側が望まない面会交流を「今は見合わせる」という選択肢があることを思い出すべきだ。

2　裁判所の役割
(1) 子どもを守るための後見的役割
　では、家裁の役割は何か。

　裁判所は、子どもを守るために後見的立場から裁判に関わるべきである。すなわち、第一に安全、第二に子の意思心情に反しないかを確認して、監護親の判断を支援するべきである。裁判後は、事案の進捗を追跡・記録し、当該事案につきその後の法的介入の資料とすること、さらに家裁が決定に関与した事案の追跡記録を外部専門家と共有し、司法の介入が適正であったかを検証し、家裁に係属する事件類型において非監護親との接触が子の適応に及ぼす影響に関する実証的な研究を進め公表し、実務に生かすことである。

(2) 安全確認
　安全リスクは外部からは見えにくい。そのスクリーニングの際にまず重視すべきは、監護親の抱く安全懸念である。親密関係に由来する安全リスクは、支配関係の形成と強化のため、親密関係の中で繰り返し出現し、それがきっかけで破綻にも至る。だから、親密関係の安全リスクは、それにさらされてきた当事者の経験に刻み付けられ、それが別離後の新たな接触に向けた懸念として表明される。実際、面会紛争の多くで、DVや虐待の訴えが監護親から提出されている[19]。暴力にさらされた子どももまた、こうした怖れを抱えている。次項で述べるように子の心情、子と家族の関係の質を丁寧に評価することで、安全リスクを捉えることができる。親密圏暴力にさらされてきた者の経験を軽視して、子どもと監護親の安全は守れない。

次に、家裁は、監護親が懸念を述べていなくても、親密関係が破綻した経過と非監護親からの新たな接触の申立てを、安全リスクに留意しながら把握し、その文脈を分析するべきである[20]。非監護親が親密関係の中で過去に見せた言動と性格傾向は、別居後も引き継がれる。DVを始め親密関係の怨念は、離別後に一層危険性を増す[21]。身体的暴力の有無に限らず、他者への支配的傾向、執着、破壊的言動等を文脈を追って丁寧に聴取することによって、関係者の性格傾向と成熟度、破たんや他方当事者・子どもに向けた認識、態度や感情をつかむことができ、相当程度に、安全リスクは見いだせるものである。

　さらに家裁は、父母間の紛争を解消させることはできないが、その紛争が沈静しているかどうかはある程度評価することができる。離別直後とか離別後も激しい紛争が続いている等、紛争が沈静したと認められない時期の面会は、安全のために避けるべきである。

(3) 子の意思心情の確認
　　——独立した専門家による科学的信頼性のある評価の活用
　現行の家裁の調査は、信頼性という面で問題が大きい。調査官に法学部出身者が増え、子の心情理解の専門的素養がないこと、調査が密室で記録されずに行われ、その解釈の妥当性が担保されないことが指摘されている[22]。ま

---

19) 平成27年司法統計（家事編）第19表によれば、妻の婚姻事件申立件数47,908件中、「暴力をふるう」は10,882件、「精神的に虐待する」は12,282件に及ぶ。司法統計には、監護事件についての同種集計はない。L.バンクロフトほか・前掲注15）121頁には「解決困難な親権争いの事例の約75％にはDVが絡んでいる」という調査が紹介されている。
20) DV・虐待被害者は過酷な恐怖を生き抜くために恐怖を含めた感覚感情をマヒさせることがある。恐怖すら意識しないから「危ない」という懸念が語られない。例えば、PTSDでは恐怖を避けるために意識や行動を狭める「狭窄」という症状、心理的マヒ状態が知られている。
21) L.バンクロフトほか・前掲注15）96頁は「別居後も子どもがDVを目のあたりにする可能性はなくなるわけではなく、暴力のレベルが激化する場合もある。加害者と別居した既婚女性は、同居を続けている女性に比べて、身体的暴力、性的暴力、ストーカー行為などの被害にあう比率が約4倍も高い」という論文を紹介している。

た、面談による調査官調査は、当事者や子どもに個別に1回きり・1〜2時間行われるだけで、得られる情報が少なすぎて、表面的な受け答えの下にある心情に迫ることはできないし、親密な家族の間で相互に敏感に影響しあう動的情動を科学的に評価することもできない。さらに「試行面接」は、実際の面会とは違いすぎる状況を設定しながら（裁判所という安全な場所、子どもの気を引く大量の玩具、調査官が事前に子どもの気持ちを引き立てる準備、大勢の観察者の目を意識して非監護親が行儀よくふるまうこと、非監護親と子どもの接触時間が極めて短いことなど）、そこで平和裡に会えたらこのような状況がない面会も可能と判定される。これでは、子の利益は守れない。

　親密圏の関係を、そこに潜むリスクを含めて査定するには、言葉で返ってくる回答に頼らず、意識されない感情や葛藤も含めて内的世界を観察し、聴取する必要がある。人間の感情は多層的・重層的であり、自分でも何に悩まされているか把握できない場合は多い。子どもの場合は言葉より非言語的な表現やコミュニケーションでその内面を表現する場合も少なくない。前述のように、子の表明が加害親との外傷性絆の影響を受けている場合もある。乳幼児を含め、様々な状況におかれた子どもについて、子どもの表面上の言動ではなく、親密な関係に起こるDVや虐待などの心理的メカニズムとその影響を踏まえ、子どもの複雑な心理を受け止め理解するためには高い専門性が求められる。先入観や思い込みの影響を排するためにも、調査官ではなく、こうした問題に対する認識を含めしっかり訓練を受けた専門家によって確認するべきである[23]。実践的な児童精神科医は、臨床で、診察に訪れる親子のやり取りを注意深く観察することからも、その関係を理解する情報を得るという。北欧には、司法の要請で大学病院の家族病棟が事案の家族を受け入れ、毎日何時間も何日にもわたって、家族で過ごす様子を専門チームが連続的集

22）　可児康則「面会交流をめぐる家裁実務の問題点」梶村＝長谷川編著・前掲注7）175頁は、発問が面会実施を推進するため恣意的に選択されている、子どもの拒否を分析して面会実施に結び付ける、そのような分析の正当性を検証するための情報が示されないなどを指摘している。

23）　日本児童青年精神医学会「父母の離婚等の後における子と父母との継続的な関係の促進に関する法律案に関する声明 2017. 12. 3」http://child-adolesc.jp/proposal/20171203/

中的に観察し、家族関係の質を把握して、司法に専門意見を返すシステムがある[24]。こうした専門家による詳細な観察と実証的に確立した分析理論に基づき、乳幼児を含む子どもの心の内面を探り、親との関係の質を評価すれば、子どもを中心に据えた判断が可能になる。

親密圏の紛争は安全リスクを含み、複雑で難しいものが多い。家裁は、もっとも傷つきやすい子どもを最優先に守って紛争を処理するために、こうした観察と分析ができる外部専門家や機関などの優れた社会的資源を各地で開拓し、科学的に信頼できる調査に基づき裁判を進めるべきである。

(4) 裁判所が介入した事案の追跡と記録
① 面会実施のフォローアップ

現行の家裁実務では、調停審判等が確定したら事件処理としては終了し、記録は記録庫に収納され、履行勧告や間接強制がない限り、誰の目にも触れることなく終わる。面会することが決まっても、その後の履行・不履行は全く当事者に任され、家裁は一切関与しないから、面会裁判が面会紛争を解決したのか、増悪させたのかを知ることもない。不履行が問題になり、履行勧告や間接強制、或いは再調停の申立を受けて初めて、父母に事情を聴き、そこで聴いた事情をもとにこれら手続を進めている。

しかし、面会交流は関係者のデリケートな人格的な接触であり、無防備で傷つきやすい子どもを一方の当事者に据えるものであるから、その不履行を巡って紛争が再燃する間に父母間の相互不信、緊張と衝突、これにさらされる子どもの疲労、傷つきと不信、監護の質の低下とこれらによる子どもの不適応など大小多数の関連した問題を生じてしまう。それら事情はこのような事後の聴取だけで把握できるものではないし、紛争を鎮めるすべのない家裁がその程度の情報で、さらに踏み込んだ介入をするのは無責任に過ぎる。

家裁の関与のもとに将来にわたる面会実施を定めるのであれば、裁判後の経過を追跡するべきである。少なくとも、子どもの側にリスクや不適応が引

---

[24] 渡辺久子ほか『子どもと家族にやさしい社会 フィンランド──未来へのいのちを育む』（明石書店、2009年）70頁以下。

き起こされないか留意するために、監護親や子どもから毎回の面会の報告を聴き、相談に乗り、苦情を聴き、相手方に伝えてこれらを記録する程度の追跡は行うべきである。そのようなフォローアップがあれば、不履行に対してももっと実情を把握でき、子どもを守る対応が可能になるであろう。

② 家裁処理の検証と実証的研究

上記のように、家裁が関与した面会実施事案の追跡記録があれば、その後の子の適応などのデータを加え、事件処理の適正さを事後的に検証することができる。監護の裁判は子どもがよりよく成長できることを目標に行うのであるから、家裁は外部専門家の協力を得て、その後の子どもの健康と発達の如何を検証し、そこで集めた実証的な根拠に基づいて、過去に行って介入に問題がなかったかを検証し、よりよい司法的介入のあり方を検討するべきである。こういう検証は、例えば患者の健康のために侵襲を加える医療の世界では当然のこととして行われ、医療の進歩を支えている。

また、家裁に係属するのは、紛争家族の事案である。そこに、裁判所監修面会ビデオのような相互の協力は期待できない。家裁が家族ファンタジーを脱し、そこで傷つく子どもを守るためにも、上記の集積した資料に基づいて、家裁に係属する事件類型（高葛藤事案）において非監護親との接触が子の適応に及ぼす影響に関する実証的な研究を進め、公表し、実務に生かすことが望まれる。

V 面会の同意・裁判の効力

1 妥当性が失われる場合

面会交流は、子どもの健康な発達を守るためにどれだけ慎重に検討して定めても、その妥当性には限界がある。面会の定めは子どもの主観的客観的状況に適合する限りで妥当性を備えるのであって、子どもの状況が変われば妥当性は失われる。それには特に次のような場合がある。

第一に、面会交流に安全上の懸念が生じた場合である。ここで安全とは、身体的なリスクと心理的なリスクを含む。身体的心理的な不安を伴う接触は、子どもにも監護親にも有害である。直ちに中止し、安全の回復を待つ必要が

ある。

　第二に、子どもの気持ちが変化し、面会交流を拒絶するようになった場合である。そもそも人間の内心は常に変化し他者との人間関係も絶えず変化するものであって、それは子どもも同じである。だから、子ども自身が非監護親との接触を含む種々の経験や状況の変化を経て、面会に消極的になったり嫌がるようになることは起こりうる。そのとき協力者である非監護親はそれを無条件で受け入れなければならない。接触は子どものために行うものだから、子どもが継続を断ればその意向を尊重する、そのようにしてこそ子の意思心情に基づく面会交流であることを担保できる。逆に、子どもが嫌悪し拒絶する面会交流を強いることは、子どもが自身の感情や考えを持つことを否定し、子どもの人格を支配しようとするに等しい。そんな接触は子の利益を侵害し、子の非監護親に対する不信感と拒否感情を増悪するから、親子関係を最悪のものにする[25]。仮にも面会交流の目標が良質な親子関係維持を通して子の福祉をはかることだというならば、子ども側が実施を拒む場合に面会を強制するべきではない。

　なお、子どもの面会拒絶につき、監護親には子どもを改心させる責任があるかのような見解もある[26]が、理解に苦しむ。人間が人間であるために、内心に湧き上がる感情は、自身で味わい、評価し、表現できなければならず、それは子どもでも変わらない。他者から感情を制限されたり、強要されてはならず、それが尊厳というものである。監護親といえども、子どもの心を制御支配しようとしてはならないし、司法がそのような責任を監護親に負わせ

---

[25] ウォラースタイン・前掲注16) に挙げた長期研究報告は、前記の記述に続けて「なぜ法制度は、子供は変わっていくという事実、あるいは子供が自分の生活を決める計画に参加する権利をもつべきだという事実を把握していないのだろう。12歳の子供が、6歳の時にぴったりだった靴を履くよう命じられたらどうするだろう？　その子がきついと不満を言ったり、まめができたと泣いても、私たちはそれを無視している」と法的強制が子どもに理不尽を強いる司法の偽善を批判している。ウォラースタインほか・前掲注16) 282頁。

[26] 例えば釜元修＝沼田幸雄「面接交渉と強制執行」判例タイムズ1087号40頁は、子が面会に対し不安定になる原因を監護親の機嫌を損ねることへの不安と限定する認識に立って、審判で面会させることを命じられた監護親は、「監護親の機嫌を損ねることはないことを理解させ…るなどして、積極的に非監護親との交流を確保する義務」を負うとする。

てはならない。

　第三に、子の成長等により監護内容が変化した場合である。面会の定めは監護内容に調和する限りで妥当性を有する。しかし子どもは成長につれ、学校や受験勉強、部活動や友人関係、関心や熱中の対象が変化し、それにつれて子どもの都合も家族との関係も監護内容も留まることなく変化する。その結果、面会の定めが監護内容に調和しなくなれば、やはり面会の定めの妥当性は失われる。子どもの成長により妥当性を失った定めに基づいて面会を子どもに強いれば、子どもは適応できず、その発達を害する。

2　「面会する権利」は観念できないこと

　このように、面会の合意や裁判は、発達を遂げて変化する子どものために行うという面会の本質ゆえに、いわゆる契約の拘束力のようなものを観念することはできない。むしろ、面会の定めは、前提となった状況の絶えざる変化に応じた「随時変更」を織り込んで初めて妥当性を維持できる。ゆえに、面会の定めによって、非監護親が監護親に対し、定めどおりの面会を実施することを要求する権利を取得すると解することはできない。安全リスクが生じたり子どもの気持ちや状況変化により、面会の定めの妥当性が失われた場合には、その実施は見合わせられなければならない。

　そもそも人間の情愛にかかる交流を目指した面会の合意に、その実現を迫る法的な権利や義務が発生する余地はない[27]。非監護親が「会う権利」を振り回し、取決めどおりの実施を強制できるとしたら、子の福祉は害される。これは、調停や審判による場合も同じである。

---

27)　例えば、交際相手間でデートの約束を具体的に交わしても、それにより「デートする権利」は発生しない。婚姻予約が成立しても、それにより「婚姻する権利」は発生しない。同居義務（民法752条）のある夫婦間の別居解消の調停合意でさえ、「同居させる権利」を生じない。事柄の性質がそれを許さないからである。面会交流の定めも同様である。

VI　面会不実施への強制執行について

1　裁判所の見解
ところが裁判所は、調停や審判により面会交流の内容を具体的に定めた場合には、非監護親は監護親に対し定めたとおりの面会実施を要求する権利を取得し、「面会させる」ことを引き受けた監護親の義務は「与える債務」であるとして[28]、不実施の場合には、その取決め・審判が面会交流の日時、面会時間の長さ、子の引き渡し方法の定め等「監護親がすべき給付の特定に欠けるところがない」ときには間接強制が認められる、とする[29]。

2　批判
第一に、このような見解は、子どもを人格の主体と観念せず、定期的に監護親が非監護親に貸渡す動産と観念する場合にのみ、合理的な理論として了解できる。調停条項・審判主文に「執行力ある債務名義と同一の効力」があること（家事法 75 条）を理由に支持する見解もある[30]。しかし、同条は「金銭の支払、物の引渡し、登記義務の履行その他の給付を命じる審判」についての規定であり、子を面会させる行為を「金銭」「物」の給付と同視すべきではない。子どもは他者の都合で貸渡される物、親の権利の客体ではない。たとえ生まれたばかりの乳児でも、独自の身体的情動的活動をしながら人格を持って生きる主体であって、父母の権利の客体、給付の目的物などではない。

上記のとおり、子どもを人格の主体、健康に発達する利益の主体と考え、面会交流を子の利益のための活動と考える立場からは、調停や審判により、非監護親に「定めたとおりの面会実施を要求する権利」が生じるとは解せられない。

---

28)　例えば大阪高決平成 19・6・7 判タ 1276 号 338 頁。
29)　最一小決平成 25・3・28 家月 65 巻 6 号 96 頁。
30)　例えば釜元ほか・前掲注 25)。

そして、面会の不実施が、子ども側の事情――安全リスク、子どもの拒絶、監護内容との不調和――によるなら、先の面会の定めは妥当性を失い、実施すれば子の利益を害する。そんな面会を強制するために、間接強制を命じることは、家裁自ら子の利益を侵害することになる。
　なお、監護親が面会のために行う配慮や準備は、あえて言えば子に対する配慮義務の履行である[31]が、これは本体の監護と同様「為す債務」である。面会交流は、子どもにとって時間的にも情緒的にも日常生活と連続性を保ったものでなければならないから、監護親が子を面会させるには、面会交流の心身両面の安全に配慮し、子どもの学校・友人らとのスケジュール調整、宿題等課題の消化、健康・体調管理などに留意しつつ、子を送り出し、迎え入れねぎらい、疲労や情緒に気を配りつつ再び日常の活動に導く必要がある。こうした子の送出しと迎入れには、監護親の、子どもとの情緒的絆に基づく、敏感できめ細かな配慮と応答からなる情緒的ケアが伴っている。子どもは生きて心を持つ存在であるから、「面会させる」債務の履行は、本質的に監護親の全人格的な配慮なしに実現できず、債務者を心理的に圧迫しても適切な債務の履行は望めない性質の債務である[32]。
　判例学説は、夫婦の同居義務について「任意の履行をなすにあらざれば債権の目的を達することを得ざる場合においてはその債務は性質上強制履行を許さざるもの」であるという。全人格的な配慮を注いでなす監護親の送出しと迎入れはこれに匹敵する性質のものであるし、子どもが人格的接触を交わす面会交流は、夫婦の同居義務以上に、性質上、強制執行による実現には親しまない[33]。
　さらに、間接強制の実効性が期待できるのは、債務を履行すべきことに疑

---

31) 筆者らは、この監護親の債務は子に対する債務であると考える。その意味でも、非監護親の申立による間接強制は認められない。
32) 間接強制を命じても、それで面会交流が良好に継続した事例は聞かない。監護親に心理的強制を加えても、面会の定めが妥当性を失っていることに変わりはないし、監護親に子へのきめ細かい情緒的ケアを適切に行わせることもできないから、妥当性を欠く面会交流が実施されるだけで、非監護親と子の間に良好な関係を形成継続させる結果にもならないのであろう。

いがなく、債務者が合理的な計算に基づけば履行する行動にでると期待される場合であって、無防備な子どもの保護を巡って鋭く対立する面会交流の実現に適したものでない。また、間接強制を命じられる債務者（監護親）が主として女性で、資力の乏しいことが多いから過酷執行となるおそれも大きい。これはとりもなおさず、子どもの経済的安定を著しく害し、貧困を進める。

面会不実施に間接強制を命じることには、理論的にも子の福祉の観点からも大きな疑問がある。

3 裁判所からの間接強制がなされた場合への対処
(1) 強制執行の停止等

間接強制を認める判例のもとでその申立てがなされた場合、現行法で強制執行を止める手続は限られている。しかし、間接強制の申立は、面会実施が子の福祉を害する事情、間接強制の申立が権利の濫用に当たるといえれば却下されるべきである。それでも間接強制が命じられた場合には、請求異議訴訟と併せて申し立てられた強制執行の停止等（民事執行法36条1項・38条4項）を認め、執行を停止等する（同法39条1項6号・7号）すべきである。

現行制度には、ほかに面会不実施を許容する仕組みはないから、少なくともここで安全リスクが主張され疎明された場合には、裁判所は間接強制を認めない、あるいは執行停止を認めるべきである。

(2) 間接強制決定の変更

間接強制の決定がなされた後でも、面会の取り決めが妥当性をなくしていれば、決定は取り消されるべきである。取決めの妥当性喪失は、民事執行法172条2項の「事情の変更」に該当すると解され、裁判所は、申立てにより、決定を変更するべきである。

---

33) 大決昭和5・9・30民集9巻926頁は、夫婦の同居義務は間接強制を含め強制執行を許されないとした。夫婦の同居義務は民法752条に定められた義務であるが、子の面会を義務とする民法規定は存在しない。監護親に心理的経済的圧力をかけることで子に非監護親との面会を強制することは、夫婦の同居強制以上に「性質上許さざるもの」というべきである。

Ⅶ　面会裁判の失効・変更と停止

1　面会裁判の失効・変更

　妥当性を喪失した面会交流裁判は、すみやかに変更されなければならない。しかし、現行制度にある再調停では、再び長い時間的負担がかかるうえ、父母間の協議が困難な場合が多く、妥当性を喪失した定めがいつまでも残り、その実施を求める非監護親との間で紛争が継続する。何より再調停では、安全リスク——面会の実施により子どもや監護親の安全と健康が脅かされるというリスク——が顕在化した場合[34]に子どもと監護親を守るのに間に合わない。長崎諫早事件のように、非監護親との接触に危険が生じ、ストーカー規制法による保護が必要になったのに、裁判所の定めがあるために警察が被害者保護を躊躇するような事態を放置してはならない。

　監護親又は子ども自身の申立を契機に、追跡記録を参照し、家裁が後見的立場で、妥当性を喪失した面会裁判を速やかに失効させたり変更する制度を創設するべきである。

2　緊急停止

　安全リスクが生じたことが原因で前項の失効・変更裁判を申し立てる事案では、子どもや監護親を危険で有害な接触から守るため、必要があるときは、本案の失効・変更裁判に先だって、面会裁判の効力を緊急に停止する制度を創設するべきである。安全リスクが顕在化するような事案で、面会実施を定めた裁判は、子どもや監護親の健康と安全を侵害にさらす原因になっているのであるから、そのような有害な法的地位はこれを作出した裁判所の責任において直ちに停止する必要がある。

---

34)　安全リスクの顕在化には、例えば、子どもや監護親が、非監護親からストーキング、ハラスメント、脅迫を受けた、非監護親のその他の言動に恐怖を感じた、接触をめぐり精神症状が出現・増悪する、面会の前後不安と緊張などから通常の生活が送れなくなる場合などが考えられる。

監護親又は子自身に申立権を認め、家裁は申立人からの疎明と家裁自身の追跡記録に基づき、申立から一両日以内に面会裁判の効力を停止する処分を行う緊急停止の制度を導入するべきである。

Ⅷ　おわりに

　監護は、子どもが健康に成長するために、子どもを見守り・必要を察知し・与え・情緒をケアする切れ間ない営みである。そこでなされるすべての行いは、親子間の情動調律――相手の言動の背後にある感情・気分を読み取り、相手と情動を共有する関係――に裏打ちされたコミュニケーションに基礎づけられてこそ、子どもにとって意味をもつ。面会交流も、子どもに受け入れられてこそ、成長発達過程に貢献しうる。面会交流を考えるなら、子どもが日常守られ成長している状況を理解し尊重し、子どもの発達を阻害しない接触のあり方を考えなければならない。

　子どもは父母の財産ではない。子どもは、生きるために、こころと身体の両面での発達を遂げるために、信頼して保護とケアを頼れる監護を必要としている。子の監護はこういう子どものニーズによりよく応えられる態勢を目指して議論すべきである。逆に、離別後の監護を父母間の「公平」に力点を置いて議論すれば、子どものニーズから逸れてしまう。子どもが生活に根を下ろして成長するための時間を、財産分与よろしく父母が概ね2分の1ずつ分けるのが「公平」であるという共同養育の議論は、子どもの時間を親の消費財とみなすものである。父母間の「公平」な調整に腐心して採用された面会交流原則実施も、子どもに対してはその人格主体性を否定しその生命と発達を害し、子どもの健康な成長を願い日々デリケートな配慮を払って子育てする親を苦しめ監護を困難にする。子どもの視点で面会交流を考え直すことは、親のための監護法を子どものための監護法へ脱皮させるために、今こそ、面会交流は子どもの視点で考え直すべきである。

第8章 面会交流支援の実情と限界

吉田容子　弁護士

I　はじめに

　面会交流の原則実施について、「その弊害は適切な支援をすることで解決できる」とする見解がある。本当にそうであろうか。
　現在、FPICをはじめとしていくつかの民間機関が面会交流の支援（援助）を行っているが、その支援（援助）方法は、具体的には、「付き添い」「受け渡し」「連絡調整」の3種に尽きる。家裁の面会交流原則実施の方針の下で、本来、面会交流を実施すべきでない事案、実施できない事案についてまで面会交流が命じられているところ、これらの事案にはDVや虐待を含めて様々な事情がある。それらのすべての事案・すべての事情に、この3種の支援（援助）で対応し解決できるとするのは、あまりに現実を無視した考えではないだろうか。
　以下では、まず、現在、実際に行われている面会交流支援の概要を述べる。次に、現在の面会交流支援は「応急的措置」で足りる事案を対象としていること、「応急的措置」で対応してはならない事案には対応できないことを、述べる。さらに、この両者の区別の必要性を、日本の支援者の経験並びに米国と英国の経験から述べる。最後に、改めて子の最善の利益を確認しつつ、必要な支援の方向性を述べる。

II　現在実施されている面会交流支援の概要

1　FPIC による支援

　困難な面会交流事案について、その実施を支援する民間機関の中心は、公益社団法人家庭問題情報センター（通称「FPIC」）である[1]。FPIC は元家庭裁判所調査官らが「健全な家庭生活の実現に貢献すること」を目的として設立した公益法人で、2016 年 8 月現在、全国 10 か所（東京、大阪、名古屋、福岡、千葉、宇都宮、広島、松江、横浜、新潟）に「ファミリー相談室」を設置している。

　FPIC の主要な事業の一つが「面会交流援助事業」であり、「父母が自分たちの力で面会交流を実施できないとき（に）子どもの立場に立って親子の縁をつなぎとめ応急手当として行う子ども支援事業」とされている。

　援助を受けるためには[2]、申込み前に父母双方が FPIC で事前相談を受け、面会交流の意義や援助の内容、実施上のルール等を理解する必要がある。その上で父母双方が援助を申し込むが、その際には父母間の面会交流の内容を定めた文書（合意書、調停調書、審判書、和解調書、判決書など）を提出する必要がある（面会交流の内容の決定に FPIC は関与しない）。FPIC も了承すれば、FPIC と父母双方との三者間で援助契約を結ぶ。援助期間は原則 1 年である（当事者双方が希望し、FPIC が認めた場合には、更新が可能）。援助費用は比較的低額に抑えられている。

　FPIC の年間援助件数は 2012 年 672 件、2013 年 721 件であり、新受件数は 2012 年 324 件、2013 が 424 件である[3]。元家裁調査官や元家裁調停委員が援助を行っていることから、家裁実務において信用があり、困難な面会交流事件の解決策として利用されることが多い。具体的な援助の態様は主に

---

1)　以下の記載は、FPIC ホームページを参照　http://www1.odn.ne.jp/fpic/
2)　山口恵美子「第 8 章　臨床心理士、面会交流援助者からみた面会交流原則実施論」梶村太市＝長谷川京子『子ども中心の面会交流――こころの発達臨床・裁判実務・法学研究・面会支援の領域から考える』所収（日本加除出版、2015 年）125 頁以下。
3)　山口・前掲注 2）127 頁。

次の3つである。

①付添型（子の受け渡し、連絡調整を含む）

　原則小学2年生までの子どもを対象とし、別居親との面会に同居親が強い不安を抱いている場合などに、面会交流の場に援助者が付き添い、子どもの情操の保護などに配慮する。面会者は別居親に限る。原則としてFPIC相談室内の児童室にて実施し、父母のいずれの自宅も面会場所とはしない。援助は月1回以内、各回3時間以内（初回は1時間程度）である。

②受け渡し型（連絡調整を含む）

　同居親が、別居親に子ども（小学生まで）を託すことはできるが、別居親と顔を合わせることはできない場合などに、子どもの受渡しを援助する。面会交流場面には関与しない。日時、場所、面会方法の打合せや調整、面会交流中の緊急連絡には対応する。受渡し場所は原則として面会交流の現地である。援助は月1回以内。

③連絡調整型

　父母が連絡を取り合うことが困難な場合に、代わって双方に連絡を取り、日時、場所などの調整を行う。

　いずれも、別居親に人や物に対する暴力・暴言・威圧、連去り又は連去り企図、子どもと同居親の自宅や学校・保育園等の近辺に立ち現れる等の事情があれば、援助を中止し、以後一切の援助をしない。

2　Vi-Projectによる援助[4]

　FPICよりも小規模な民間支援機関が各地にある。その一つが大阪のNPO法人Vi-Projectであり、文献調査や離婚当事者・精神科医師等からの聴取な

---

[4]　桑田道子「親子の面会交流サポート——民間団体の取組」二宮周平・渡辺惺之編著『離婚紛争の合意による解決と子の意思の尊重』（日本加除出版、2014年）、二宮周平＝桑田道子「離婚後の親子の面会交流支援——合意形成の課題と民間団体の取り組み」戸籍時報685号33頁。

どを経て、2007年に援助活動を開始した。

臨床心理士8名とボランティアが援助にあたるが、その前に父母間に面会交流の具体的内容について合意があることが必要である（合意を得る説得、面会実施の説得はしない）。父母双方から申込書の提出を受けて事前カウンセリングを実施し（必須）、同意書の提出も受ける。

援助の具体的態様は、コーディネート（日時、内容の構成、連絡）とトランスファー（子どもの送迎）であり、立会い（付添）はしない。年間の援助件数は約10組、援助回数は約100件である。

3　弁護士による援助

面会交流を仲介する第三者機関が近隣にない場合などに、主に離婚や面会交流事件で監護親の代理人となった弁護士が、事件継続中は事件に関連する事柄として、事件終了後は元依頼者の窮状を放置出来ず、必要に迫られて、手弁当で対応する[5]ことがある。

4　厚生労働省の面会交流支援事業

厚生労働省の「母子家庭等就業・自立支援事業」の一つとして「母子家庭等就業・自立支援センター事業」があり、その一つが「面会交流支援事業」である。相手に対する感情や葛藤が理由で面会交流を実施できない父母に対する支援により、面会交流の円滑な実施を図ることを目的としている。支援の条件は、子どもが概ね15歳未満であること、両親が児童扶養手当の支給を受けているか又は同等の所得水準にあること等であり、支援の内容は、面会交流支援員の配置、事前相談の実施、支援計画の作成、子どもの受け渡しや付き添い・連絡調整などであり、面会交流の場所を斡旋することもある。支援期間は最長1年間、面会交流援助の実施頻度は月に1回までである[6]。

---

[5]　法テラスの民事法律扶助は、面会交流の実施のための支援については、弁護士費用を援助しない。

[6]　厚生労働省資料「母子家庭等就業・自立支援事業の実施について（平成26年9月30日雇児発0930第1号厚生労働省雇用均等・児童家庭局長通知）」より。

2017年1月現在、5自治体が事業を実施し、いずれも母子寡婦福祉連合会等の母子福祉団体やFPICに事業委託をしている。ただ、各自治体ともに相談件数のうち実際の支援に結びついたのは一割程度といわれている。両親の所得制限がその理由として挙げられることがあるが、様々な事情を含む葛藤事案に自治体が対応するという仕組み自体に無理があると思われる。

Ⅲ　現在の面会交流支援は「応急的措置」で足りる事案を対象としている

　面会交流支援は、もともと「応急的措置（応急手当）であって、期間を限り、父母の自立実行を目標に行わるもの」とされてきた。「援助開始時点では自立実行が難しいが、その理由は主として父母の感情的な行き違いにあり、自立実行を困難ならしめる根本的な障害は存在しない」との前提で制度設計がなされているのである。それゆえ、具体的な支援の方法は「付き添い」「受け渡し」「連絡調整」で足りるとされ、期間も限られている。

　しかし、実際の困難事案の大半は、その原因は単なる「父母の感情的な行き違い」ではなく、「自立実行を困難ならしめる根本的な障害」が存在する。支援の制度設計が「父母の感情的な行き違いが原因で、自立実行を困難ならしめる根本的な障害は存在しない」との前提でなされている限り、これらの事案には対応できない。例えば、支援が必要な典型的事案とされるDV虐待を含む高葛藤事案については、高葛藤になるだけの原因があり、子どもや監護親のダメージが続き、子ども自身が別居親との面会交流に消極的な場合も少なくない。ところが、これらの原因やダメージを残したまま調停や審判で無理な取り決めをし、その実施段階においても、その原因やダメージを除去するための援助を行わずに「応急的措置」だけを講ずる。これで問題が解決するはずはない。「応急的措置」があるから大丈夫だとして面会交流を実施（強制）すれば、かえって子どもが傷つくこともある（後述Ⅳ）。

　仮に高葛藤事案について何らかの支援を行うのであれば、「応急的措置」ではなく、葛藤の原因に遡って根本的な障害を除去ないし軽減するための支援をこそ行うべきである。これは、本来、面会交流の可否やその内容を決める際に裁判所等が十分に考慮すべきものであるが、面会交流の実施段階でも

十分に考慮されねばならない。

　DVや虐待等がなく単に「感情的な行き違い」が生じている事案については、現在の「応急的措置」が一定の意義を有することを否定するものではない。ただ、このような「応急的措置」で足りる事案と、「応急的措置」で対応してはならない事案とを、明確に区別する必要がある。そして、後者に対応する支援がほとんど全くなされていないことを認識する必要がある。

Ⅳ　「応急的措置」で対応してはならない事案がある

1　DV・虐待事案

　高葛藤事案には、必ず原因がある。DVや虐待についていえば、監護紛争は閉ざされた家庭内の虐待被害がにわかに顕在化する「割れ目」であり、家族のプライバシーに覆い隠されたDV虐待が顕在化する可能性が高いこと、子ども期のDV虐待が脳と神経の発達に特有の異変をもたらすこと[7]、DVにさらされた子どもは高い割合で情緒・行動的発達に困難を抱えるが、その臨床域の割合は加害親との面会によってさらに2倍から4倍にも増加すること[8]等の事実が、既に明らかになっている。

　また、友田は、脳にはレジリエンス（回復力）があり、DV虐待被害のトラウマを治療することで回復する可能性はあるが、その第一原則は、「その子の安心・安全を確保すること」であると指摘する。これは虐待被害から救出した子どものケアを始めるための、最初の条件として広く共有されている点である[9]。DVを目撃してトラウマを受けた子は、加害親との生活や面会自体が新たなストレスになる可能性があり、そのために過去のトラウマを再体験するフラッシュバックを起こし、それにより分泌されるストレスホルモ

---

[7] 友田明美『子どもの脳を傷つける親たち』（NHK出版新書、2017年）72頁以下。

[8] Sachiko Kita et al. "Associations of Mental and Behavioral Problems among Children Exposed to Intimate Partner Violence Previously and Visits with Their Fathers who Perpetrated the Violence." Open Journal of Nursing. 2017, 7, pp.361-377.

[9] ルース・S・ケンプ「虐待された子どもの心理的ケア」メアリー・エドナ・ヘルファほか編、坂井聖二監訳『虐待された子ども』（明石書店、2003年）。

ンがさらに脳神経の発達を阻害するという悪循環が続いてしまうからである。
　根本的障害に対応しない「応急的措置」である付き添い・受け渡し・連絡調整の手段を用いて面会交流実施を迫れば、いくら専門的知識を持つ者が細心の注意を払って援助しても、このフラッシュバックや悪循環を防ぐことはできない。決して「応急的措置」で対応してはならないのであって、必要なことは、子どもが回復するまでは面会交流を実施せず、DVや虐待の加害者を治療することである。

2　DVや虐待以外の葛藤事案

　同居親が別居親に強い不信・不安を抱くこと、別居親と子どもとの面会に不安を抱くことにも、必ず理由がある。子どもの面会交流のために別居親と会うことや連絡をとることさえできない同居親もおり、これらにも必ず理由がある。また、DVや虐待とまでは評価されない場合であっても「不適切な養育」[10]は日常生活の中でほとんどの親が経験しているはずであり、これが継続すれば不信や不安が醸成されることも認識する必要がある。
　しかし、「応急的措置」である付き添い・受け渡し・連絡調整では、父母間の不信や不安を解消することはできず、これらの手段を用いて面会交流実施を迫ることは、同居親や子どもを傷つける。

3　子どもの拒否

　子どもが面会交流を拒否することにも、必ず理由がある。第一の理由は、父母の高葛藤が沈静していない状況そのものがその子にとって地獄のような拷問に等しいからであり、意味ある面会交流などあり得ないのである。第二の理由は、別居親との嫌な記憶は子どもの体に焼き付いているからである。乳幼児であっても、相手の意図を見抜く間主観性をもち、かつ、刺激の本質を見抜く生気情動をもつ。今身体感覚的に実感しているものと過去の記憶を照らしわせることができるのである[11]。
　それゆえ、家裁は、子どもの拒否にもかかわらず面会交流を強要して子ど

---

10)　友田・前掲注7) 28頁以下。

もの不安を一層増幅させてはならない。子どもの拒否を無視した強制的な面会交流は、子どもにとって理不尽であり、行き場のない憤りを植え付け、大人への信頼を失わせるという点で非常に有害である。家裁（大人）は、まず子どもの言い分をよく聞かなければならない。その上で、なぜ子どもが別居親との面会交流を拒否するのか、その理由、内容、意味や程度を多面的に理解し、深く精査することが重要である（なお、子どもの拒否は母親に吹き込まれたものであるとの主張にも科学的根拠がない。児童精神科医 K. Oates も「子どもの面会交流拒否は同居親（母）に吹き込まれたものではない。自分の意思で拒否する。大人が子どもを唆すことは簡単ではない。また子ども時代の被虐待体験とはすぐに消える「砂の上の足跡」ではなく、永続的な影響がある「セメントの足跡」なのだ」と述べている[12]）。

このことは、面会交流の実施段階でも同様である「応急的措置」である付き添い・受け渡し・連絡調整は、過去の記憶に基づく子どもの拒否に対応することはできないし、父母間の葛藤・紛争を解決することもできない。このような「支援」によって子どもの意思に反する面会交流を強要することは、子どもにとって有害でしかない。

V　現場の面会交流支援者の指摘も両者の区別の必要性を示す

現場で面会交流支援にあたっている人達からの様々な指摘も、「応急的措置」で足りる事案と「応急的措置」で対応してはならない事案とを明確に区別すべき必要性を示していると理解できる。

1　FPIC 常務理事の山口恵美子さん（離床心理士）の指摘[13]

山口さんは、①家裁が面会交流の原則実施の方針を公にして以来[14]、子の

---

11)　渡辺久子「子どもの本音・声を歪めない面会交流とは？──乳幼児精神保健学からの警鐘」梶村ほか・前掲注2)。
12)　第20回 ISPCAN 国際子ども虐待防止学会世界会議におけるケンプ賞受賞の記念講演。
13)　梶村ほか・前掲注2) 125頁以下。

最善の利益にとってその方針の妥当性をめぐって批判的波紋が広がり、その後の民法改正も経て、(家裁の調停における技法が) 子どもの福祉の侵害が危惧される機械主義的一律実施論、マニュアル化として批判にさらされている、②協議離婚における面会取り決め率・取り決め実数の増加、家裁における面会交流調停・審判の件数増加は、父母の関心の高まりとして一般的には肯定的に評価されるのであろうが、しかし、では穏やかで子の健全な成長の糧となるような面会交流が実現できているかといえば、援助現場には、むしろ逆の状況が現出している。子の福祉にかなった面会交流の指標の一つが交流の継続であるが、最近、継続困難ケースが増えたとか、親とも子とも信頼関係を築け、皆が成長して援助者の手を離れるケースが少なくなったとの声を聞くようになった。その原因の一元的理解にはやや慎重でありたいが、原則実施論がその変化に重大な影響を与えていることは否定できない、③FPICで出会う別居親の多くが「法改正を別居親に対する面会交流権の付与と受け止め、「権利だから」と直接的面会交流を求めて退かなくなった。他方で、同居親には別居親の権利意識を反映した義務化ないしは不可避論が浸透している。特に、一過性リスク群 (比較的早期に健康を回復する産後うつ、適応障害、軽度のDV被害者等) とダブルリスク群 (PTSD、精神疾患、それに不安定就労等が重なり、養育機能の低下が長期化している) は、法改正で勢いづいた別居親からの強い要求に追い詰められ感を抱いて、さらに精神不安定になっている。後者は、面会交流以前に既に同居親の親子関係が不安定であり、面会交流の強要は同居親に対する子どもの愛着形成まで損ないかねないリスクを負っている。合意内容がどうあれ、同居親の親子関係と生活を支えるサポート、ケアが喫緊の課題となっている。同居親の子ども達に情緒不安定、身体症状、不登校など様々な悪影響が及んでいるというのが、原則実施論の実態的弊害であろう、と述べている。

　これらの指摘は、「応急的措置」しかできないFPICに「応急的措置」で対応してはならない事案が多数押し寄せていること、そこからくる危機感を

---

14) 細矢郁ほか「面会交流が争点となる調停事件の実情及び審理の在り方——民法766条の改正を踏まえて」家庭裁判月報64巻7号1頁以下。

示しているものと理解できる。

なお、山口さんは、面会交流の調停に求められる条件として、①結論先行を排し、特に初回調停では父母の心情、事情を丁寧に聴き取ること、②子どもの具体的な生活実態、子どもの意向等の子ども情報を父母が共有し、その上で、別居親には子の監護環境を尊重した兼抑性を求めつつ、子どもが継続して参加できる現実的な取り決めができるように支援すること、③子どもの生活実態を考慮して、却下要件の拡大ないしは実施猶予条件を運用の中で検討していくこと。同居親が経済的、精神的にレベルダウンし、愛着障害の親子関係の修復、生活の再建度を優先しなければならない場合、同居親の治療専念、間接交流等の条件付きで、面会交流を中断あるいは延期を決め、調停を早期に終了させることが子の福祉にかなう。④調停前親教育と実施援助制度を前提とした調停制度の抜本的制度改革を行うこと（調停前親教育の内容として、FPICは、子どもに与える親の離婚紛争の影響について、心理学的立場からのマイナス影響だけでなく、脳神経科学の立場から夫婦間紛争が画像診断で可視化できる脳の異変を起こすという知見[15]を提供することに努めている）、の４点を挙げる。

③は、原則実施論のもとで家裁が無理な取り決めをすることが多く、そのしわ寄せが実施支援の現場に押し寄せていることを前提にした提案であろう。このしわ寄せの被害者は、もちろん子どもと同居親である。

2　Vi-Project 代表の桑田さんの指摘

桑田さんは、①どんな状態であれ父母双方との関わりが子どもにとって有益だという交流ありきの話ではなく、子どもにとって有益な関わりがどのようなものかを考える視点が最も重要であり、ここを誤ってはいけないと考えてきた。関わりを持ち続けることが子どもにとって有益であるとの文言を、関わりを持たなければ子どもにとって無益、害であると言い換えることはできない。子どもにとって有益な関わりを持てない環境で面会交流が実施され

---

[15] 友田明美『いやされない傷――児童虐待と傷ついていく脳（新版）』（診断と治療社、2011年）8頁。

ても、子どもにとっては負担となるばかりである、②同居親には子どもが心配せずに別居親と交流できるよう努める責任・義務があるとの立場には立たない。同居親の抵抗を認め、その上で、子どもが安心して別居親と交流を持てる方法を見出していくことに焦点を当てていく、③「父母双方への丁寧な介入が必要であり、どのような点に不安や抵抗が生じ、それらは何か事前準備を工夫することで和らげることができないか検討する。婚姻生活で積み重なってきた、相手に対し受け入れ難い部分というものは、それぞれ夫婦によって異なり、またそれらは、今後も面会交流実施の妨げになりうる点であるため、それぞれのケースで工夫しうることを見つけていく、と述べている[16]。

Vi-Projectの支援はコーディネート（日時、内容の構成、連絡）とトランスファー（子どもの送迎）であるが、事案に応じて、そのような支援に至る前に葛藤の原因に遡って調整し工夫していく必要性があることを指摘している。

3　面会交流を支援する弁護士の指摘

同居親の代理人あるいは代理人であった者として弁護士が支援する場合にも、実に様々な困難に直面する（別居親からの頻繁な連絡とクレーム、同居親や子どもの意向や都合を無視した一方的な要求、面会の機会を利用した監視など）[17]。これは、このような支援を必要とするのは家裁が葛藤の原因を残したまま無理な取り決め（審判や調停）をした事案だからであり、それ故いくら「子の安心・安全に配慮した支援」を心がけても、「応急的措置」にとどまる支援しかできないからである。

---

16)　桑田・前掲注4)。
17)　弁護士A「面会交流支援の現場からの報告と法案に対する意見」「面会交流等における子どもの安心安全を考える全国ネットワーク」のウェブサイトより（https://nacwc.net/files/senmon1010.pdf）「『父母の離婚等の後における子と父母との継続的な関係の維持等の促進に関する法律案』への意見【10.10現在】」16頁のほか、筆者や筆者の経験も交えて例示する。

4 支援の体制

　FPIC や Vi-Project は、専門的知識と細心の注意をもって支援を実施しているといえよう[18]。しかし、紛争性と葛藤が強い面会交流事案は全国各地に相当多数存在するものと推認されるところ、このような専門性を持った人材を有する支援団体は、限られる。全国の支援団体の正確な数は不明であるが、近くに適切な支援団体がない地域も多い。既にある団体の中にも、ウェブサイト等で見る限り、専門的知識と細心の配慮が十分ではないと思われるところが散見される。専門性を十分に持たない者による援助は、かえって子どもの心情を傷つけ、当事者間の紛争を激化させる。特に「応急的措置」で対応してはならない事案に対応することは、子どもを身体的・心理的に危険にさらすおそれが強く、決してしてはならない（後述の米国や英国だけでなく、日本においても面会交流に関連して子どもや監護親が殺害される事件が頻発していることを忘れてはならない）。

VI　米国と英国の失敗

1　米国や英国の支援も「応急的措置」である

　面会交流の原則実施が徹底されている米国や英国では、日本よりも「援助」制度が整備されていると言われている。それにもかかわらず、子どもや監護親の殺傷事件が多発している。その意味するところは、「応急的措置」で足りる事案と「応急的措置」で対応してはならない事案とを明確に区別せず、父母間の葛藤の原因やそれによるダメージに目をつぶって、協議や裁判所命令の形で無理な取り決めを推し進め、その実施段階においても（様々な「援助」を駆使しつつ）同様に目もつぶり、その結果、子どもの福祉を台無しにしているという事実である。

2　米国の失敗

　米国では[19]、DV や虐待があるというだけで、子どもとの面会交流が全面

---

18)　ただし両者の基本的視点は異なっており、前者の方が原則実施論により親和的である。

的に禁止されるわけではなく、まずは監督付き面会などの方法を使って親子のつながりの維持が目指される。そして「父母が相手への怒りや不信を抑え、別れた後も子どもの養育を共同で行っていくためには、それに向けた父母自身の意識形成、あるいは意識変革が必要であり、状況によってはその実施を支えてくれる第三者の援助も必要になる」との認識から、様々な援助やサービスが実施されている。特に家庭裁判所の教育的オリエンテーションやミディエーション（調停）が重要であるが、民間の専門家や援助団体も父母へのアドバイスやカウンセリング、監督付き面会などのサービスを提供している。例えばカリフォルニア州ロサンゼルス郡における第三者におる面会交流の実施の援助は、第三者に子どもの受け渡しをしてもらう中立的受け渡しと子どもと親の面会を監督してもらう監督付き面会である。

　ところが、アメリカのボランタリー団体 Dastardly Dads が新聞報道から収集した情報[20]によれば、2009年6月から2016年7月までの間にアメリカで新聞報道された殺人事件の中で、法廷命令による監護や面会交流絡みで子どもや母親が殺害された事件[21]は計465件（年平均68件[22]）にもなる（新聞報道で判定できる事件のみを数え上げているので実際はこれより多い可能性がある）。しかも、複数の子どもが殺害された事件があるため、実際に殺害された子どもの数はこれを上回る。例えば、2016年の6か月余でみると、事件数52件に対し殺害された子どもは65人であった（1件当りの被害者数は1.25人）。同じ2009年6月から2016年7月までの間に新聞報道されたDVによる傷害事件数（刑事事件になたもの）は約10,500件であったから（そのうち8～9割はアメリカ国内で発生した事件[23]）、ほぼ20件に1件の割合

---

19) 原田綾子「アメリカにおける面会交流支援——共同監護・面会交流の合意形成と実施を支える様々な取組み」法務省ウェブサイト（http://www.moj.go.jp/content/000076567.pdf)「親子の面会交流を実現するための制度等に関する調査研究報告書」193頁以下。
20) http://dastardlydads.blogspot.jp/
21) 監護中（単独監護又は共同監護）や面会交流中（子供の引渡し時も含む）に子どもや関係者（主として子の母親）を殺害した事件。
22) 事件発生日が明確でない場合もあるので（死後何年か経て発見される例など）、年毎の件数には変動があり得る。

で、傷害にとどまらず、殺害に至ったものといえる。

いずれも悲惨な事件であるが、裁判所が命じた監視付き面会交流の際の殺人事件も頻発している[24]。例えば、2011年9月、ニューヨーク州で、以前に児童虐待をしていたため10歳の姉に対しては監視つきの面会交流に制限されていた父親が（3歳の妹に関しては共同監護権と週末の面会交流権を得ていた）、定期的な面会の間に、娘達を拉致し、ロチェスターのレイクジョージキャンプ場で娘達を撃ち殺し、無理心中した（ロチェスター警察は、（単なる）監護権がらみの事件だと考えて、誘拐事件が起きたという警報を鳴らすことを拒否した）。2013年8月には、ニューハンプシャー州で、殺すと脅迫していたにもかかわらず監視つきの面会交流権を獲得した父親が、YMCA面会交流センターで9歳の息子を撃ち殺し、無理心中した。

子どもを殺人した加害者のほとんどは父親である。その心理や動機に関しての心理学的、精神医学的な分析によれば、その動機は、（元）夫の妻に対する復讐である。（元）妻が最も大切にしているものを奪うことが最大の復讐となるというのである。

日本以上に様々な支援があっても、その多くは「父母自身の意識形成」や「意識変革」に向けられたものであり、これでは大量の殺人と傷害は防げないことがわかる[25]。

3　英国の失敗

英国（イングランド・ウエールズ）でも[26]、非同居親と子どもとの交流は、子どもの福祉が保証される範囲内で、恒常的かつ良好なものであり、子どもの福祉に合致するとされている。実際には、敵対する父母が交流をめぐって対立し、円滑な交流が行われない事例が後を絶たないが、交流は子どもの福祉にとって極めて重要であるという認識にたって、別居親と子どもの交流を

23）　他にカナダ、オーストラリア、イギリス、ニュージーランド、南アフリカ、韓国、中国、シンガポール等々の事件が含まれている。
24）　千田有紀「面会交流によって、アメリカでは年間何十人もの子どもが殺されている」https://news.yahoo.co.jp/byline/sendayuki/20170228-00068182/

円滑にする支援体制の必要性が強調されてきた。そして、国内365カ所に民間機関子ども交流センター（Child Contact Centres）が設置され、場所の提供（スタッフは室内にいる）、監督の下での交流（交流内容を詳細に記録）、間接交流、センター外での交流への同行、情報提供、引渡し支援（最も多い）等を行っている。

しかし、イギリス女性支援協会は2004年に調査報告書「29人の子どもの殺害」[27]を発表した。これを受けた検討の結果、イギリス最高裁判所家族部は実務指令12[28]を発出した。これは、裁判実務において「面会交流が最善である」という前提から、「安全で子に資する面会交流が常に適切なものである」という方向への文化の変化を指示するものである。また、DVの定義を広げ、威圧的コントロールを強調するようになった。面会交流促進の立場から、子どもの利益第一の方針に変わった。

---

25) 2017年7月に民主・共和両党の議員によって米国下院に提出された両院一致決議案には、研究により、子どもの監護の裁判が提起された場合には、DV、児童虐待、子どもへの性的虐待の主張がしばしば無視・軽視されていることが確認され、しばしば虐待親に監護や無防備な育児時間が裁判所によって認められ、そのため子どもたちを継続的なリスクに晒していることが示され、DVの加害者はたとえ以前には子どもを虐待していなかった場合であってもパートナーとの離別後に子どもを虐待するリスクが高まることが示されていること、研究者達は、離婚、離別、監護、面会交流、又は子どもの養育費の手続の当事者であった親によって10年の間に殺害された少なくとも568人の子どもを報告書にまとめており、これらは、しばしば子どもを保護しようとする監護親の反対を押し切って家庭裁判所が面会を認めた後に実行された犯行であること、などが述べられている。https://www.congress.gov/bill/115th-congress/house-concurrent-resolution/72/text　H. Con. Res. 72-115th Congress (2017-2018): Expressing the sense of Congress that child safety is the first priority of custody and visitation adjudications, and that State courts should improve adjudications of custody where family violence is alleged.
26) 南方暁「イギリスでの交流権と英国の子ども交流センター（child contact centres）」法務省ウェブサイト（http://www.moj.go.jp/content/000076567.pdf）「親子の面会交流を実現するための制度等に関する調査研究報告書」227頁以下。
27) Twenty-nine Child Homicides.
28) Family Division of High Court of Justice; Practice Direction 12- Child Arrangement and Contact Orders: Domestic Violence and Harm.

同協会はさらに、2016年に調査報告書「19人の子どもの殺害——子どもを第一優先に置くには、子どもの面会交流取決めと家庭裁判所において何を変えるべきか」[29]を発表した。ここでは、英国で2005年1月～2015年8月の間に面会交流時に発生し、重大事件として報道・記録された殺害事件が12家族の19人の子どもに及ぶこと、殺害者は全員が父親であり、彼らは全員、裁判所命令又は非公式な面会交流合意に従って子どもと面会交流を行っていたこと、さらに2人の子どもは重大な傷害を負い、2人の妻が殺され、7人の父親が子どもを殺害後に自殺したこと等が報告されている。

　同報告はさらに、①面会交流が子どもにとって常に有益であるという前提は有害であり、多くの悲劇を招く元凶であること、②2004年の「29人の子どもの殺害」以降、改善は見られたが、それが依然として不十分であること、③Wall判事（Lord Justice of Appeal）が2004年の「29人の子どもの殺害」報告を受けて指摘したコメント「妻へのDVが認められても、子どもには無関係でよい父親であり得るとする前提は誤っている」という指摘は依然として正しい、④DVを理解する鍵は、家庭内での力とコントロールのダイナミックス（働き方）を理解し、それがどのような形で表れるかを知ることである。威圧コントロール的な支配は、「個人生活において女性を罠にかけ、行動の自由を制限する」ことであると定義され、重大犯罪法2015（Serious Crime Act 2015）に導入され、2015年12月に施行された。重要なのは、家庭裁判所がDVにおける威圧的コントロールの特性と影響を理解することである。イギリスでの2012年の報告によれば、2009年から2012年に亘る調査では、重大事件の63％がDV絡みである。⑤威圧的コントロールはDVにおける重要な特徴であり、子どもに危害を加えると母親を脅迫する、子どもを誘拐すると母親を脅迫する、自殺すると母親を脅迫する、子どもとの面

---

29) Women's Aid Federation of England; Nineteen Child Homicides：What must change so children are put first in child contact arrangements and the family courts
　　https://1q7dqy2unor827bqjls0c4rn-wpengine.netdna-ssl.com/wp-content/uploads/2016/01/Child-First-Nineteen-Child-Homicides-Report.pdf
　ただし、公開された重大犯罪事件のみを検索しておりすべての事件を網羅できていない、裁判記録にもアクセスできていない、という限界が同調査にはある。

会交流を母親が合意するよう強制する、別居後、極めて頻繁に母親に連絡を取る、地獄に落としてやると母親を脅迫する等の形で現れる、⑥別居後に暴力や威圧的コントロールがむしろ増大するが、この事実が裁判所において認識されていない、裁判所は別居により危険が終了するという大きな誤認識を有している、等を明らかにした。

同報告書は結論として、「2004年の『29人の子どもの殺害』報告以降、改善は見られたが、依然として面会交流絡みの惨劇は断ち切れていないことが今回の調査で明らかになった。家庭裁判所は、現在の『あらゆる犠牲を払っても面会させる』文化を、常に子ども第一とする文化に変えなければならない。そうしなければ惨劇は続くであろう」としている。

「DVにおける威圧的コントロール」は、日本でもあまり重視されず、特に面会交流においてはほとんど無視されている。これに的確に対処しようとしているイギリスにおいてさえ「惨劇」が続くのであれば、日本では一体どれほどの惨劇がこれからも繰り返されるのであろうか。

VII あるべき支援の方向

1 子どもの権利委員会の一般的意見

国連子どもの権利委員会は、「子どもの最善の利益の概念は、条約で認められているすべての権利の全面的かつ効果的な享受及び子どものホリスティックな発達[30]の双方を確保することを目的としたものである」とし、さらに「この概念は、当事者である子ども（たち）が置かれた特定の状況にしたがって、その個人的な背景、状況及びニーズを考慮に入れながら個別に調節・定義されるべきである。個別の決定については、子どもの最善の利益は、その特定の子どもが有する特定の事情に照らして評価・判定されなければなら

---

30) 委員会は、締約国が、「子どもの身体的、精神的、霊的、道徳的、心理的及び社会的発達を包含する」「ホリスティックな概念」として発達を解釈するよう期待している（一般的意見5号、パラ12）。日本語訳は、日本弁護士連合会ウェブサイト（https://www.nichibenren.or.jp/library/ja/kokusai/humanrights_library/treaty/data/child_gc_ja_04.pdf）参照。

ない」としている[31]。

　したがって、別居親との面会交流が子の利益になるかどうかは、「その子」の身体的、精神的、道徳的、心理的及び社会的発達を含めて、「その子」の置かれた特定の状況に従って、個人的な背景、状況及びニーズを考慮に入れながら個別具体的に判断されなければならない。また、状況及びニーズは変化し得るものであることも加味すれば、一度なされた判断がその後も常にその子の最善の利益に合致するとは到底、いえず、必要に応じて、個別具体的な状況に照らした判断がなされなければならない。

　面会交流援助も、この考えに従って、全面的に再検討されるべきである。

2　あるべき支援の内容（試論）

　それでは、「応急的措置」で対応してはならない事案を含めた支援は、どうあるべきか。

　家裁の調停又は審判、当事者間の合意に基づいて、面会交流の実施が決められた場合であっても、それが真に子どもの利益に合致した決定や合意であるのかを、慎重に見極めなければならない。子ども自身の状況や意思、父母との関係が変わり得るものであることを考えればなおさらである。

　そこで、面会交流の支援には少なくとも以下の内容が求められる。

① 　当該事案の詳細な内容（特に葛藤の原因と経過）を把握すること。そのためには、裁判記録等を検討するとともに、父母の心情や事情を丁寧に聴き取り、かつ、改めて子どもの意向や状況を丁寧に把握・確認すること。特に、子どもが消極的意向を示している場合には、その理由を含めて十分に耳を傾けること。

② 　その上で、「応急的措置」で足りる事案と「応急的措置」で対応してはならない事案とを区別し、適切な支援内容を事案ごと個別に検討すること。

③ 　「応急的措置」で足りる事案については、子どもの具体的な生活実態、

---

31)　子どもの権利委員会・一般的意見14号「自己の最善の利益を第一次的に考慮される子どもの権利（第3条第1項）」Ⅳ項、32項（P.8）。

子どもの意向等の子ども情報を可能な限り父母が共有するとともに、別居親には子の監護環境を尊重した兼抑性を求め、子どもが継続して参加できる現実的な取り決めができるように支援すること

④　「応急的措置」で対応してはならないと判断した事案については、実施支援機関は面会交流の実施支援を行わない。そして、実施を猶予すべきと判断した理由を家裁に報告し、家裁は再度調査官調査を実施するなどして、それを承認する手続を新設すべきである[32]。

そして、葛藤の原因を少しでも除去するために、主としてその原因を生じさせた者に対し、その言動が子どもに与える心理学的立場からのマイナス影響だけでなく、脳神経科学の立場から画像診断で可視化できる脳の異変を起こすという知見[33]を提供するなどの教育を実施する。同時に、子どもや同居親への必要なケアを行うこと。

⑤　実施前は子どもが拒否の意思を示していなかった場合でも、面会の途中で拒否の意思を示した場合は、直ちに中止する必要がある。面会の後に拒否の意思を示した場合には、次回以降の面会を中止する必要がある。支援者にそのような判断を可能とする権限を付与することも検討されるべきである。

⑥　支援のすべての場面で記録を作成保管すること。

---

32) 山口さんは調停についてであるが、「子どもの生活実態を考慮して、却下要件の拡大ないしは実施猶予条件を運用の中で検討していくこと。同居親が経済的、精神的にレベルダウンし、愛着障害の親子関係の修復、生活の再建度を優先しなければならない場合、同居親の治療専念、間接交流等の条件付きで、面会交流を中断あるいは延期を決め、調停を早期に終了させることが子の福祉にかなう」と指摘している。

33) 友田・前掲注15) 8頁。

> # 第9章 面会交流の弊害から子どもを守るための調停・審判のあり方
> ──面会交流原則実施論と第三者支援の理論的破綻と実際的危険性
>
> 梶村太市　弁護士

　本章は、Ⅰにおいて、最近裁判実務で全国的に行われている面会交流の原則的実施には法律上の根拠がなく、また心理学等諸科学の裏づけもなく、子の利益に適うとはいえないこと、またⅡにおいて、最近面会交流の困難を補うためだとして行政や民間団体によって盛んに行われている第三者支援には、その限界を逸脱した違法なものが見られること、さらにⅢにおいて、最近散見されるようになった面会殺人やドメスティック・バイオレンス（DV）など子どもに有害な面会交流を防止するためには、調停・審判など司法手続上どのような点に注意すべきか等について解説する。

Ⅰ　面会交流原則的実施論の理論的破綻

　面会交流原則的実施論とは、親子間の面会交流を求める調停・審判事件が増えているのに対処するために、制度運用論の立場から編み出した見解であり、①子の連れ去りのおそれ、②子への虐待のおそれ、③DV等配偶者への虐待目撃のおそれ等の、面会交流を禁止・制限すべき事由に該当しない限り、原則として面会交流を実施させ強行させるべきであると主張し、かつ現にそのように調停・審判を運用する立場である[1]。

　面会交流原則的実施論は、二つの側面からこれを根拠づけようとしている。

---

1) 拙著『裁判例からみた面会交流調停・審判の実務』（日本加除出版、2013年）3頁以下、及び拙稿「面会交流原則的実施論批判に対する上原反論への再批判」常葉法学3巻1号1頁以下参照。

第一は、面会交流は親又は子の権利であり、権利濫用などの消極事由がない限り原則的に認められるというものである（もっとも、面会交流の抽象的権利性を肯定しつつ、しかし原則的実施論は支持しないものとして本書第11章の渡辺論稿参照）。第二は心理学や精神医学等の人間科学的視点から見て原則的に実施することが子の利益に適うとするものである。しかし、これらはいずれも根拠のない思い込みに過ぎず、理論的に破綻しており、かつ児童虐待等の多くの弊害を生じさせていることは周知の事実であり[2]、実務上この原則の実施を強行してはならない、とするのが本稿の立場である。以下その理由を明らかにする。

1　面会交流原則的実施論に法的正当性はない
(1) 面会交流制度は「子の利益」の確保のため
　親と子の面会交流制度は、実体法的には民法766条2項3項（749条・771条・788条において準用する場合を含む）の規定により、手続法的には家事事件手続法別表第二第3項の規定によって、家事審判事項（旧乙類審判事項）とされ、調停も可能である。すなわち2011（平成23）年改正法による民法766条は、その1項で「父母が協議上の離婚をするときは、子の監護をすべき者、父又は母と子との面会及びその他の交流、子の監護に要する費用の分担その他の子の監護について必要な事項は、その協議で定める」とし、その2項で「前項の協議が調わないとき、又は協議をすることができないときは、家庭裁判所が同項の事項を定める」とし、その3項で「家庭裁判所は、必要があると認めるときは、前二項の規定による定めを変更し、その他子の監護について相当な処分を命ずることができる」とし、その4項で「前三項の規定によっては、監護の範囲外では、父母の権利義務に変更を生じない」と定めている。
　このような民法の規定を素直に解釈すれば、面会交流は、父母間の「子の

---

[2]　可児康則「面会交流に関する家裁実務の批判的考察―『司法が関与する面会交流の実情に関する調査』を踏まえて」判例時報2299号13頁以下、長谷川京子「面会交流原則実施により、DV虐待の被害親子に起こること」戸籍時報733号16頁以下など参照。

監護に関する事項」の一内容として「面会交流に関する事項」が定められているに過ぎず、その性質は当事者の「協議に代わる処分」[3]の対象事項の一つにほかならない。そしてこの規定からは、あくまで「子の利益」を確保し「子のための面会交流」でなければならないこと、すなわちあくまで子ども中心の面会交流がその制度目的であることは誰の目にも明らかである。もちろん、明文上、子の利益を「最も優先して」考慮すべきものとされているので、子の利益だけを考えれば足りるということではなく、親の利益その他第三者（関係者）の利益も考えるけれども、そのような多様な利益の中でも「子の利益」を最も優先して考慮しなければならないことを意味する。講学上、「子の最善の利益」の確保という言い方をするゆえんである。

なお、2011（平成23）年4月26日前記民法改正の衆議院附帯決議において、「離婚後の面会交流及び養育費の支払等について、児童の権利利益を擁護する観点から、離婚の際に取り決めが行われるよう、明文化された趣旨の周知に努めること。また、その継続的な履行を確保するため、面会交流の場の確保、仲介医支援団体等の関係者に対する支援、履行状況に関する統計・調査研究の実施など、必要な措置を講ずること」としている。参議院同年5月26日附帯決議も同旨である。しかし平成23年の前記766条の前記改正の趣旨は、「従前から子の監護に関する処分は面会交流及び養育費の支払も含まれると解釈されており、これを明文化しただけのもので、解釈を変更したものではない」とされている[4]。すなわち、この改正は何ら面会交流原則的実施論を根拠づけるものではない。その附帯決議でも、「児童の権利利益を擁護する観点から」とされているのであって、そのような観点からとはいえない原則的実施論はこの附帯決議の趣旨に反するというべきである。

---

3) 拙稿「面会交流の協議規範・調停規範・審判規範・間接強制規範――面会交流原則実施論の問題点と実務的危険性を考える」田山輝明先生古稀記念論文集『民事法学の歴史と未来』（成文堂、2014年）365頁以下。拙稿「家事事件手続法別表第二（旧乙類）審判における実体法的側面と手続法的側面の密接不可分性――実体的権利前提性の有無と『協議に代わる審判』の意義」常葉法学2巻1号1頁以下参照。
4) 大塚正之『臨床実務家のための家族法コンメンタール民法親族編』（勁草書房、2016年）160頁参照。

なお、2012年4月から、戸籍事務の運用として協議離婚の届書に面会交流及び養育費の取決めの有無をチェックする欄が設けられたが、もとよりこれは面会交流が法的な権利であると認められたからではなく、面会交流の法的性質は従来と変わっておらず、取決めの有無のチェックは任意記載事項であり、法的義務として制度化されたわけではない。取決めをすることは離婚の要件ではなく、それがなくても離婚届けは受理される。これが前述の原則的実施論を根拠づけるものでないことに異論はない。

(2) 民法766条の解釈との関係

　このように民法766条の規定は、例えば韓国民法837条の2第1項の「子を直接養育しない父母の一方と子はお互いに直接交渉できる権利を有する」などのように、たとえ抽象的にでも「親子が交流する権利」と規定しなかったのは、「それが権利として認められるのか、認められるとして親の権利か子の権利か、その法的性質はどのようなものかなどについて、今なお議論が分かれてい」るから、「子の監護について必要な事項の例示として面会交流を明記するにとどめ」たとされる[5]。面会交流が親又は子の権利（実体的請求権）でないことは、最決平成12・5・1民集54巻5号1607頁の公式解説で担当調査官が、「面接交渉の内容は監護者の監護教育内容と調和する方法と形式において決定されるべきものであり、面接交渉権といわれるものは、面接交渉を求める請求権というよりも、子の監護のために適正な措置を求める権利であると解するのが相当である」[6]とされていることからも明らかである。適正措置請求権説＝手続的権利説である。面会交流権なるものは、当事者間の協議又は調停の合意により、あるいは審判の確定により初めてその内容が具体的に形成されるものであって、それ以前には抽象的にも存在しない。このことは、最決昭和59・7・6の担当調査官コメントでは、同決定で面接交渉を認めなかったことは憲法問題ではないとしているが、仮に面接交

---

5) 飛澤知行編著『一問一答平成23年民法等改正──児童虐待防止に向けた親権制度の見直し』（商事法務、2011年）10頁以下参照。
6) 『最高裁判所判例解説平成12年度(下)』511頁以下〔杉原則彦執筆部分〕参照。

渉権が親の自然権ないし固有権であるという見解に従うならば、上記最決昭和59年の事例のように面接交渉を全く認めない場合には憲法問題が生じる余地があると指摘している。いわば、最高裁は面会交流を親の自然権・固有権とは見ていないのである[7]。

ということは、諸事情を比較考量してそれが「子の最善の利益に合致する」ということがいえて、初めて面会交流の内容を具体的に決めることが可能であることを意味する（比較基準説＝請求原因説）。「子の最善の利益に合致する」ことが面会交流権形成のための積極的要件（要件事実）である。原則的実施論が説くような面会交流は、それが認められない特段の事情の存在が明白に立証されない限り原則的に認められるべきであるとして、「子の利益の不存在」を消極的要件（抗弁）とするような考え方（明白基準説＝抗弁説）は、そもそも民法の上記条文の規定に反するのである[8]。

(3) 子どもの権利条約との関係

1994（平成6）年5月にわが国でも批准・発効した子どもの権利条約との関連で、一部には同条約において父母と子の分離の禁止や直接的接触の権利を定めていて、親子の面会交流は権利として認められており、したがってわが国民法の解釈上も、親子の面会交流は禁止・制限すべき特段の事由がない限り原則的に認められるべきであるとの見解がある。

しかし、同条約は当然のことながら、ハーグ条約のような国内実施法もなく、当然には国内法的効力を持つものではない。同条約は、それぞれの国の各実定法により、それぞれの国情に応じた実質的な「子の利益」の確保を目指しているのであり、面会交流を親や子の実体的権利と基礎づけるものではない。むしろ、子どもの権利条約を挙げるのであれば、同条約には周知のように、親と交流する権利だけではなく、生命に関する権利・生存発達の最大限確保、意見表明、虐待からの保護、健康享受、生活水準、文化的生活等への参加、搾取からの保護など、多様な権利を掲げて、それらを含めてすべて

---

[7] 判例時報1131号79頁のコメント参照。
[8] 拙著・前掲注1）4頁以下参照。

の処分につき子の最善の利益を確保すべきことを要請している。このうち、生命に関する権利のためには、面会交流殺人からの保護上面会交流は制限されなければならず、最近の親からの虐待の激増から子どもを守るためには慎重な面会交流の実施が求められる。そして「生存発達の最大限確保」のためにはまず何よりも「安心・安全な養育環境の確保」が不可欠であり、それはしばしば原則的実施（や後述の共同監護論）とは相反する場合がある。すなわち、子どもの権利条約は決して、面会交流の権利性や原則的実施論等を根拠づけるものではなく、むしろその逆であり、それらを否定する根拠となり得るのである。

　子どもの権利条約がわが国で批准されたのは、前述のとおり1996年であり、これを踏まえて2011年改正のもととなった1998（平成8）年民法改正要綱が作られているのであって、いわば2011年の民法改正の条文には子どもの権利条約の趣旨が当初から既に織り込まれており、それでも民法改正法は面会交流を親や子どもの権利だとは規定しなかったのである。20年以上も前に批准した条約を今さらながら改正民法の解釈に反映させようとするのはいかにも時代錯誤のそしりを免れないであろう。

(4) 共同監護論との関係

　現行法における未成年者に対する親権の帰属は、婚姻中は共同親権だが（民法818条）、離婚後は父母一方の単独親権となる（同法819条）。このことは判例学説上ほとんど異論を聞かない。ただし、親権から財産管理権と身分上の法定代理権を除いた監護権については、両当事者が合意した場合など例外的な場合には共同監護とする余地があるとする解釈論ないし立法論は一部に存在する[9]。

---

9) 拙著『新版実務講座家事事件法──家事調停・家事審判・人事訴訟・民事訴訟・強制執行・渉外事件』（日本加除出版、2013年）288頁では、「立法論として共同原則とすべきだとする議論もあるが、日本の法文化に合わない。単独親権を原則としつつ、双方に合意があるとき、および子の利益に適う特段の事情があるに限り、協議に代わる審判として共同親権、共同監護への途を開くべきである」としたが、現在では共同監護については解釈論としても同じ要件で認めてよいと考える。

そこで面会交流と離婚後の共同親権との関係が問題となるが、本来は監護権と面会交流は別概念であり[10]、だからこそ非監護（権）者にも面会交流権を形成させることができるのであるが、しかし実質的に考えれば面会交流は共同監護の一形態として機能するのが一般的であるから、本稿で論じる諸問題は離婚後の共同監護を認める場合にも、多くの場合妥当することになると思われるので、ここではこれ以上触れないこととする。本書中第4章・第5章の長谷川論稿論、第6章の可児論稿は共同監護の場合にも多かれ少なかれ妥当することになろう。

　第3章で紹介されている松戸100日面会裁判において一つの争点とされた離婚前の共同親権下における監護親の子連れ別居については、控訴審では違法性はないとした。この点、ハーグ条約の趣旨からは遠のくようであるが、国内法は条約とは別個の観点から考えるべきだという趣旨が読み取れよう。ハーグ条約は、常居所地の国際裁判管轄を尊重して、その国に裁判をするためにその国に返還しようとするもので、国内事案とは無関係である。かつて一部の学説では、ハーグ条約の考え方は国内事案にも類推適用され、非監護親の同意のない子連れ別居は違法であるとする見解もあったが、松戸事件の控訴審判決はこのような考え方を否定したわけで、評価できる。

　最近超党派議員で立法化を目指しているという親子断絶防止法案は、親子面会交流原則実施の延長線上に離婚後の共同監護を推進しようとするものであるが、これによってかえって子どもの利益から遠のくと解せられる。面会原則実施→離婚後共同監護（親権）への発展を目指す考えは子どもの奪い合い等の監護紛争を一層激化させることは経験則上明らかである。

　2017年9月21日の朝日新聞朝刊の「私の視点」で大森貴弘講師が「離婚後の子育て　共同親権で親子を守れ」と題して、兵庫県伊丹市で起きた面会父による子殺しについて、面会が継続していれば起きなかった事件で親子断

---

10)　本書第7章の、長谷川＝吉田「司法は面会交流殺人から子どもと監護親を守れるか」では、面会交流は子の生活全般を抱えて切れ間なく継続する監護とは異なり、面会交流は決まった時間だけ会って交流するにすぎず、監護と別概念であるとし、監護ならば両親が対等に協議して決めるが、面会交流の内容を決めるのは監護親であり、非監護親は自分の都合を考えてそれに協力する役割を担う者だとされる。

絶の問題を告発した事件であるといえるとしたが、同年10月19日の同新聞の「私の視点」で水野紀子教授の反論が掲載されている。面会交流は面会父の物理的・精神的暴力から子を守るシステムが確立していることが前提なのに、親子断絶防止法案にはこれがなく弊害が大きいとされる[11]。共同監護では一層子の監護紛争を激化させ、子の利益を害する結果となることは目に見えている。面会交流原則実施論あるいはその延長線上の離婚後の共同監護論は断じて許してはならない。伊丹事件の悲劇を繰り返さないようにすることが司法の役目である[12]。

2 原則的実施論に心理学等の人間科学的知見の根拠はない

この点は、本書第4章の長谷川「非監護親との接触は子の適応に必要か有効か」のとおりである。すなわち、最近裁判所でかなり一般化している、面会交流の原則的実施論による実務の運用の唯一の根拠となっている家庭裁判月報に登載された細矢論文について、内外の文献にわたって詳細に検討した結果、それらの膨大な心理学的知見はむしろ逆の結論を導いており、そこから原則的実施論を基礎づけることはできないと喝破している。長谷川論稿は、結論として、細矢論稿がいう「非監護親の接触が子の適応改善に有効である」という命題は科学的な実証研究で支持されておらず、かえって研究所見は、父母の争いなど家族関係が悪ければ面会等接触が子の適応を害する事実を明らかにしていることを指摘している。このように子の適応に非監護親の面会等接触は必要でも有益でもない上、逆にDVや虐待事案、そしてこれを含ん

---

[11] 本書中の第11章の渡辺「『親子断絶防止法』の立法化がもたらす危惧は何か」、千田有紀「親子断絶防止法について」本田由紀・伊藤公男編著『国家がなぜ家族に干渉するのか──法案・政策の背後にあるもの』（青弓社、2017年）は同法案に反対しており、支持できる。もっとも同書中の二宮周平「家庭教育支援法について」では親子断絶防止法案にも触れ、同法案に賛成される。

[12] 水野教授は、2017年10月9日の朝日新聞紙上において、その伊丹事件で「仮に父親が3か月間子に会えなくて精神的に病んだとしても、悲劇の責任は、面会交流を試行錯誤した母親にあるのでは決してな」く、その責任は社会の無策にあると断じた。あえて私に言わせてもらえば、そのような調停を成立させてしまった原則的実施論の運用にも責任があると考える。

だ紛争性の高い事案での面会等の接触は子の適応を害するリスクの方が高い。面会交流を原則実施の方向で処理することは、司法作用を通じて構造的に子どもの適応を阻害する結果を引き起こす。紛争家庭に育つ子の困難を積み増すような裁判に、正義はない。原則的実施政策は撤回すべきであるとする。鋭い指摘であり、全面的に支持するが、紙数の関係でこれ以上触れない。長谷川論稿及びそのもととなる論文は、細矢論稿の理論的、事実的欠陥を余すところなく指摘しており、もとの論文の発表から約1年を経過しているが、その間有効な反論は現れていない。

II 第三者支援の理論的破綻と限界

1 第三者支援の理論的破綻
（面会交流債務の流動的・可変的・非固定的性格）

監護親が非監護親と子との面会交流の実施をすべき債務を負わされたとしても、その債務（義務）は、常に子の利益を最も優先して考慮しなければならないものであるから、主として子の側の事情の変化によって、時々刻々変化すべき性質のものである。子が急に学校の行事に出る必要が生じたとか、ソフトボール大会の日程が当日に変更になったとか、高熱を出したとか、手足を引っ張って連れて行こうとしても抵抗して動かないとか、その時々の子の側のいろいろな事情によって、面会させることができない事情が生じることが避けられない。面会交流の内容（方法と形式）の決定について子は関与しておらず、その拘束を受けない。

そうすると、面会交流の債務は、協議や調停あるいは審判によって、ある時期の固定的な履行債務が定まったとしても、それは親子の情緒的（人格的）交流という性格上本来的に固定化させることは不可能であり、翌日には子の側の事情によって履行不能となることは日常茶飯事となる。そうすると、面会交流の履行債務は、本質的に流動的・可変的で非固定的性質を有すると解すべきことになる。この点は、同じ民法766条に規定する他の債務、例えば監護費用分担義務（養育費支払債務）とは本質的に異なる。養育費支払債務は、いったん定められた以上、金銭債務としての性格上、請求異議あるいは

再度の協議・調停・審判等によって変更されない限り、法的な義務として効力を維持し続ける。しかし、面会交流は、そのように解していったん決まった以上同内容の債務は継続すると解してしまうと、親子の情緒的な交流を子どもの意に沿わない形で強制することになり、子どもの利益に反する結果を招くことが避けられない。それでは、子の利益を最も優先して考慮しなければならないとする民法の規定の趣旨と相反する結果となり、法の趣旨に反し採用してはならない解釈である[13]。

そうすると、このような面会交流の情緒的性格からくる流動的・可変的・非固定的性格は、（人格的）面会交流に関する監護親・非監護親間の紛争は常に本質的に司法的解決に委ねざるを得ないものであることを要請する。この場合の司法的解決とは、先に見てきたように、面会交流の内容は当事者間の協議・調停・審判によってのみ具体的に形成できるということである。権利義務の形成は司法権の固有の権限である。ということは、およそ国・地方公共団体等の行政機関あるいは民間機関も含めて、裁判所以外の第三者は、その実施をめぐってその権限のもとに面会交流の内容（方法と形式）を具体化しそれを支援するなど、本来的司法行為に直接関与することは、司法権に対する侵害となって理論的に不可能であるということを意味する。裏からいえば、行政機関やNPOの民間機関等の第三者による面会交流支援活動は、監護親と非監護親の合意による一致した支援要請や司法機関からの具体的個別的要請があった場合にのみ可能となる。第三者支援の根拠は、当事者からの委任とそれに代わる裁判所の調停・審判だということである[14]。

2 第三者支援の実際的限界

したがって、前記1と併せ考察すれば、第三者支援には、以下のような実

---

13) ウォラースタインほか『それでも僕らは生きていく——離婚・親の愛を失った25年間の軌跡』（PHP研究所、2001年）282頁は、「なぜ法制度は、子供は変わっていくという現実、あるいは子供が自分の生活を決める計画に参加する権利をもつべきだという事実を把握していないのだろう？ 12歳の子供が、6歳のときにぴったりだった靴を履くように命じられたらどうするのだろう？ その子がきついと不満を言ったり、まめができたと泣いても、私たちはそれを無視している」と司法の硬直性を非難している。

際的限界があるということになる。

(1) 第三者は相談時に正しい情報を説明しよう

　事前の面接相談や電話相談においては、面会交流が親や子の権利であるとか、児童の権利条約が面会交流権を保障しているというような誤った見解に基づき、リードしてはならない。最高裁判所の前記判例解説によれば、面会交流権というような実体的権利があるわけではなく、また自然権でもなく固有権でもない。これらの相談においては、前記1の面会交流の理論的側面の問題点を丁寧にわかりやすく説明するのが前提である。面会交流は権利ではないとともに、心理学等の科学的所見からしても、面会交流を原則的に実施することが子の利益に適うということはない。あくまで当該事案の具体的事情等を勘案して個別的に子の利益に適うかどうかを判定すべきであるというのが民法の精神であることを説明すべきである。このことは、各種段階で行われる裁判所内外の親ガイダンスにおいても、同様である。これまで時々「親教育」という言葉が使われた。その発想には、面会交流を推進すべきことは欧米の個人主義的子育てからは当然のことであり、それに抵抗を示すことは日本の遅れた子育て文化のなせる業であり、そのような前時代的な遅れた考え方を改善させるため大所高所から教育し直さなければならないという発想がある。しかしこれはずいぶん思い上がった考え方である。

(2) 第三者は支援内容を決定できない

　面会交流援助は、その前提として、司法的解決手続においてその内容（方法と形式）が具体的に確定していなければならない。司法的解決手続において、第三者の支援を内容とする場合は、その第三者は特定していなければならず、不特定の第三者を支援者に指定することはできない。特定の第三者と

---

14)　長谷川＝吉田前掲注10)、本書7章Ⅳ1は（面会交流の内容を）「決めるのは（裁判所ではなく）監護親」であるとし、かつ家裁が監護親の判断を離れて独自に判断することは予定されていないとしている。この見解の背後には面会交流の解決にそもそも司法手続が適切なのかという立法論が問題となる。本稿は現行法がとりあえず司法の権限だとしていることを前提に論じている。

して指定があったとしても、その第三者は裁判所に対しても当事者に対しても、当然に支援者としての義務を負うわけではない。両当事者又は司法的解決手続において指定された当事者の双方との面会交流支援契約を締結して、初めて当事者との間で支援債務が発生する。支援債務の内容についても同様であり、司法的解決手続でおいてのみに認められる。法的に具体的に定まっていなければならないから、特定・非特定を問わず、第三者に支援債務の内容の決定を一任することはできない。第三者の過失について司法的解決手続の運営者に責任を負わせることができないからである。

(3) 第三者は合意の内容を変更できない

これとの関係で、これとは逆に、面会交流のキーワードとして、合意の形成は長いスパンでと説く考え方がある。そして、時宜を得た適切な援助によって、「一応の合意」あるいは「出発点としてのとりあえずの合意」から「真の合意」あるいは「長続きする合意」あるいは「心から納得した合意」へと第三者支援によって変えていくのが面会交流支援の役割だという見解である。しかしそのような合意の濃淡や深度は合意の内容そのものであって、前記のとおり司法的解決手続によってのみ可能である。したがって第三者がそのような行為を行おうとすることは、要するに司法的手続を第三者が代替的に行うということであるから、支援の限界を超え、それは権限踰越の違法行為である。国や公共団体がやれば国家賠償請求の対象となるし、民間機関がやれば民事賠償請求の対象となる。第三者の支援の権限は、司法的解決手続（協議・調停・認証ADR・審判）で定められた、具体化された面会交流債務の履行確保のためにだけ認められることを忘れてはならない。

(4) 第三者は支援を途中で打ち切らない

当事者や裁判所等から具体的に面会交流の支援要請がありそれを承諾したときは、第三者は途中で自己の都合により支援を打ち切ってはならない。支援を始めた以上は、その必要がなくなるまで継続して支援すべきである。途中で打ち切られてしまったら子どもは見捨てられたと思いかねず、その後の子どもの安心・安全状態は不安定化し、途方に暮れてしまう。途中打ち切り

ほど子どもにとって残酷なことはなく、そんなことになるのなら最初から手を出すべきではない[15]。

(5) 地方公共団体は面会交流を支援できない

　地方公共団体の中には、面会交流についての取決め支援、子育て相談支援、子どもの気持ちを考える支援、子どもの情報共有の支援、面会交流場所の提供支援、連絡調整と受渡し支援を行っているところがあるようだが、それは両親や子どもら関係者の全面的同意と依頼があって、初めて合法となる。非監護親など当事者の一部からの依頼だけで、このような支援を行うことはできない。

　また面会交流と養育費支払いは民法766条に基づく同じ子の監護に関する処分の一類型であるが、もとより要件も効果も異なる別の制度であり、これを関連づけて解決を図ろうとしてはならない。すなわち、養育費の支払いの確保のために面会交流を利用するというような発想では、両方とも制度の趣旨にのっとった解決とはならず、一時的には解決されたように見えても結局は子どもの利益と衝突することになりかねない。面会交流を認めなければ養育費を払わなくてもよいというような牽連関係はない。

(6) 国の行政機関は面会交流の支援はできない

　国の行政機関が、養育費の確保と面会交流を結びつけて、「面会交流が子の健やかな養育を確保することが有意義であること、及び養育費を支払う意欲につながるものであることなどから、継続的な面会交流の支援を行う」とするものがあるが、両者を関連づけて運用することは許されない。当該行政庁は養育費の支払いについては所管事項であるが、面会交流に関してはいかなる意味でも所管事項ではなく、もしそのために国の予算を支出しているの

---

15) 田中究「DVと離婚、子どものトラウマへの配慮と面会交流」梶村太市＝長谷川京子編著『子ども中心の面会交流――こころの発達臨床・裁判実務・法学研究・面会支援の領域から考える』(日本加除出版、2015年) 43頁以下では、子どもたちの痛ましい面会交流による二次受傷について記されており、中途半端な支援はかえって子どもを傷つけるのであり、引き受けた以上最後まで責任を持つべきであるとしている。

であれば違法支出として会計検査の対象となろう。面会交流の許否の判断にあたって、非監護親が容易に支払えるはずの養育費を故意に支払わないなど、他面会交流を駆け引きの材料に使おうとしているような場合には、子の利益に合致せず、面会交流を認めることはできない[16]。

(7) 裁判所は行政機関に責任を転化しない

要するに、面会交流の第三者による支援を強調することは、家庭裁判所が本来果たすべき司法裁判所として他の役割を放棄して、挙げてその責任を当事者や第三者としての民間機関・行政機関に押しつける結果となることに警戒しなければならない。最近の家庭裁判所サイドからの発想には、行政機関や民間機関への期待ばかりが大きく叫ばれて、家庭裁判所への機能強化への期待から、目を逸らそうとしているように見える。原則的実施論を強硬に推進しようとする弁護士や学者のなかには、ことさら第三者による面会支援を強調する傾向がみられるが、それは（予算をかけず現有勢力を維持しようとする）家庭裁判所を喜ばせることにはなっても、決して理論的に説明できるものではなく、子どもの利益に適うことではない。意図しているかどうかはともかく、裁判所応援団といわれている一部弁護士とか学者などの第三者支援者が最近跋扈し始めているそうで、そのためにしばしば子の利益が危殆に瀕しているという報告を受けている。ことさら裁判所の調停・審判の運営責任を頬かむりして、面会交流がうまくいかないのはもっぱら第三者支援制度が機能しないからだとし、責任転嫁に余念がない。何とか司法としての限界の範囲を広げ自己の責任分野を狭めようと必死の裁判所が重宝するはずである。しかしこれでは、一体誰が子どもの利益を守ってくれるのかと暗澹たる気持ちにならざるを得ない。

---

16) その意味では、養育費の不払いと面会交流の拒否とは関連するようにも見えるが、それはそのような不払いの親はそもそも面会交流を求める親としての適格を欠くからであって、両者に牽連関係があるからではない。養育費の支払いと面会交流はそれぞれの独自の要件のもとに認められる別個の制度であって、養育費を支払わせるために面会交流を支援するというような、後者を前者の手段とするような運用は違法である。

(8) 裁判所は「司令塔」の役割を果そう

　別居後又は離婚後の面会交流をいかに進めるかは、もともとその両親が主体的に決めるべきもので、国家は原則としてそれぞれの家族の子育ての仕方について介入すべきではない。戦前の教育勅語に見るような教育・家族・子育てについて上からの権力的介入には自制的精神が求められる。これが原則であるが、しかし親や第三者から例外的に、子どもが虐待される危険があるとき、その他子どもに肉体的・精神的被害が及ぶおそれがある場合は、逆に積極的にその排除のための措置が取られなければならない[17]。それが法や家庭裁判所の役割である。そうすると、結局問題は家庭裁判所の役割如何ということである。筆者の考えを結論的に述べれば、家庭裁判所はその有する人的・物的設備を最大限に生かし、かつそれらを一層充実させる努力を怠らず、子の最善の利益を確保しさらに増進させることによって、面会交流の内容形成段階においてはもちろんのこと、一旦形成された面会交流の内容（方法と形式）の履行確保にも最大限の力を注ぐべきである。そのためには、現行法にも存在しながら有名無実化している調停・審判・判決の履行確保の制度を再評価し、これを積極的に活用すべきだある。

　それと同時に、面会交流制度が立ち上がった当初、多くの裁判所で解釈上認められていた制度の再活用、すなわち調停成立後あるいは審判確定後債務名義形成段階としては家庭裁判所を離れたとしても、その履行確保についても家庭裁判所の重要な職責であることにかんがみ、調停条項や審判の主文において調査官調査方法による履行段階での直接支援を直接命じるという制度運用を復活させるべきであると考える[18]。民法及び家事事件手続法が面会交流の解決を以上の司法的解決手続に全面的に委ねている以上、家庭裁判所はその職責を全うすべきであることは当然であろう。それは、結局は以上で検

---

17) その制度の一端が「配偶者からの暴力の防止及び被害者の保護等に関する法律（平成13年法律31号）」、「ストーカー行為等の規制等に関する法律（平成12年法律81号）」等である。もっともその運用には問題が多く、現在面前DVで多数の事件が警察から児童相談所に通告されてくるが、その後の処理はほとんど行われておらず、裁判所が司法的機能ばかりを強調するあまり、児童相談所による積極的介入の要請に応えきれていないとの批判が実務界には多い。

討したような現行法の構造の下では、司法的解決の大元締めである裁判所が「司令塔」となって、子の利益の確保のために持てる人的物的資源を総動員すべきであるということである。今回はその具体的提案までには及べないが、緊急の課題だと認識している。その場合大事なことは、いたずらに欧米の制度を形式的・外形的に模倣すべきではなく、わが国には離婚後は単独親権を原則とするという良き伝統があるのだから、それを具体的に発展・深化させる努力をすべきだということである。

III 子に有害な面会調停・審判の防止方法

1 面会交流原則的実施論による運用の危険性

面会交流原則的実施論の方向性は、既に2008年前後頃から東京家裁を中心に唱えられ始め、実務で採用され始めた。もっともそれ以前からその兆候は現れていた。筆者は既に1996年に公表した論稿において、「子の利益に適う面接交渉を実現するために、おとなの立場ではなく子どもの立場にたって『子どもの身になって』考えたい。『子どもの権利は守られた。されど子どもの利益は害された』というようなことのないようにするために。一つの価値観だけを子どもに押し付けることのないようにするために」[19]と指摘していた。

そして、原則的実施論の台頭に危機感を感じた筆者は、2008年に出版した著書において、原則的実施論の考え方を民事訴訟法化＝要件事実化＝地方裁判所化と捉え、その強行的実施に警告を発してきた[20]。このような権利義務的発想で面会交流の実施を強行していたら、間違いなく子どもに深刻な被

---

18) わが国の審判で面会交流を認めた当初のころは、例えば沼辺審判として有名な最初に審判で面会交流を認めた東京家審昭和39・12・14家月17巻4号55頁は、審判主文で「相手方は、毎月1回当裁判所の指定する日時および場所において事件本人を申立人と面接させる。申立人および相手方は、前項による面接の実施については、家庭裁判所調査官○○○の指示に従え」と命じ、審判告知後も最後まで裁判所が責任を担うことを宣言していたのである。今の裁判所にはこのような気概がみじんも感じられないのは残念である。
19) 拙著・前掲注1) 222頁参照。
20) 拙著『家族法学と家庭裁判所』（日本加除出版、2008年）229頁、261頁以下参照。

害を及ぼす結果となると警告してきた。残念ながらその杞憂は現実化し、冒頭で述べたように面会交流の強行によって子どもに深刻な精神的被害を生じさせる事例が多発することになってしまった。子どもに深刻なPTSD（心的外傷後ストレス障害）を引き起こさせ、子どもとの心中、妻子の殺害までの事態に発展させてしまった事例さえある。

2　子に有害な面会交流を防止する調停・審判の諸方策

それでは、このような危険な結果を招きかねない面会交流に関する調停・審判の運用上、どのような点に留意する必要があるということになるかが次の課題である。

(1) 比較基準説に従って子の利益の存在を確認しよう

面会交流許否の判断基準は、あくまで「子の最善の利益」の確保にあるのだから、当該事案においてどのような面会交流の内容（方法と形式）にすればそれに適うかは、比較基準説＝請求原因説に従い、事案ごとに「子の利益」に適う事情があるかどうかを個別に検討し、それが肯定されて初めて採用すべきであるが、多くの場合微妙で、「子の利益」に適うかどうかの判断に迷うことは、かなりの割合で存在する。実務上の経験に照らせば、双方の事情を比較考量しても双方の優劣関係に有意差はないのが半分近くを占めるだろう。そうすると、比較基準説＝請求原因説にたてば、必ずしも子の利益に適うとはいえないのであるから、面会交流は認められないことになるし、明白基準説＝抗弁説にたてば、必ずしも子の利益に反するといえないのであるから、面会交流は認められることになる。そうすると、実務に登場するような高葛藤事案＝解決困難事案においては、ほとんどの場合子の利益に適うかどうか明らかではないことになるので、原則的実施論の立場に立てばほとんどの場合、面会交流は認められてしまうことになる。子の利益に適うかどうか明らかでないのに、とにかく子どもの利益になることを前提として面会交流を認めてしまうのだから、随分乱暴な手法である。面会交流原則的実施論の立場で運用すると、常に子どもはこのような危険にさらされる。これが現実である。現に子の被害は多発している。比較基準説の立場に立つとこのよう

な事態に陥ることを肝に銘じてほしい。

(2) 子ども等に対する安全配慮義務を果たそう

　原則的実施論者は、面会交流は原則的に実施すべきものという固定観念があるから、なんか自分がいいことをしているかのように錯覚してしまう。そこで、どうしても原則実施よって子どもに被害が及ぶことになりかねないということに思いが及ばない。しかし、それでは調停運営者として調停関係者に対する安全配慮義務を尽くしたことにならない。調停で当事者間の権利義務の内容を定める以上、その履行によって、子どもを含む関係者に健康被害や財産被害が生じた場合には、調停運営者として調停主任裁判官、調停委員、家庭裁判所調査官は安全配慮義務に違反したものとして民事上の責任（損害賠償責任）や国家賠償責任を負うべき事例が生じかねないと解せられる。当事者の合意を前提とするとしても、調停機関による合意の相当性の判断が介在している以上、因果関係が中断するとは解せられない。これらのことは、権利義務の内容が審判によって形成されたものであったときでも同様である。調停も審判も非訟事件（行政事件）の性質を有するということは、これら関係者の責任の強化に結びつきやすい。

(3) 子どもの被害防止に努めよう

　原則的実施論の立場に立って調停・審判の実務を運用すると、とにかく監護親側が当該事案の下で面会交流を実施すれば、具体的にどのような被害が子どもあるいは監護親側に生ずるかを主張立証しない限り、原則的に直接面会を含め非監護親側の主張する面会交流の実施を認めることになる。そうすると、確かに監護親側がそのような主張立証をしようとしても、多くの場合無理だろうから、調停・審判運営者側としては双方の主張を細かく比較衡量する必要がなくなる。そうすると、ずいぶんと早期に事件を処理することができるメリットがある。それが、裁判所当局が原則的実施論の普及に努め実務的にはついに全国展開をなし遂げた主な理由である。

　当局はもともと子どもや当事者の利益のために原則的実施論を推し進めたわけではないから、たといそれによって子どもや関係者に被害が生ずる結果

となったとしても、この方針を変更することはまず考えられない。せっかく裁判所が調停や審判において子どもの利益に適うように配慮してやったのに、当事者側の責任でそれを駄目にしてしまったのは残念であると考えやすい。しかしそのような発想がますます被害を拡散させてしまっているのではあるまいか。

(4) 原則的、画一的処理は止めよう

そのためには、当然のことながら第一に、面会交流調停・審判において事件本人ともいうべき子どもにとって「安全と安心」の場を提供できているかが問われなければならない。その条件としては、「監護親の監護内容と調和する方法と形式」に合致していることが必要である。子どもの日常生活は監護親と共にあるのだから、その「子育て」の手法にマッチすることが必須の要件となる。だからまず監護者の面会の内容に対する意見は最大限に尊重されなければならない。そして、事件本人である子ども自身の意見も尊重される必要がある。本来親と面会するのは「子ども自身」であるから、その意思に反して面会交流を強制してはならない。子どもと監護親あるいは非監護親との関係は、その子どもの生育史に応じて千差万別であるから、何が「子の意思」に沿い何が「子の利益」に適うかは個別具体的に検討されなければならない。あくまで、その子について具体的に決められる必要がある。それをしないで、親子の面会は美しいものだというファンタジーに基づいて原則的・画一的・定型的に面会を認めてきたために、これまで多くの被害が生じていることを忘れてはならない。

(5) 家庭裁判所の復権に努めたい

前項の「安全」リスクは、外部からは見えにくいが、経験則上、相当程度まで調停や審判担当者は理解できる資質と意欲のあることが、制度の前提となっている。家事事件担当裁判官には、法律のほかに相当程度の人間関係の諸科学を理解する能力のあることが求められる。法律しか知らないでは資格なしであろう。調停委員も調査官も当然である。調査官に関しては、法学部出身者も増えており、最近の調査能力は往時と比較して落ちているといわれ

るのは、前述の家庭裁判所の地方裁判所化政策と無縁ではないと思われる。家庭裁判所の復権の必要性を説いてきたが、最近の面会交流原則実施論に基づく運用を見ていると、家庭裁判所の往時の人間関係調査能力を取り戻し、そのケースに応じた柔軟な対応をするよう再検討する必要があると強く感じる。やはり、家事事件は財産法的な要件事実論だけでは割り切れないことを肝に銘じたいと思う。

(6) 裁判所での「試行面接」は再検討しよう

　子どもの意思の尊重との関係では、家庭裁判所調査官の果たす役割が多いことは当然である。もっとも数は少ないが最近経験した面会交流実務の一端等からすれば、調査官も完全に原則的実施論の影響下にあり、ろくろく双方の事情を比較検討することなく、本件は面会交流を禁止・制限すべき事情はなく、直接面会を実施することについて障害はないというような「専門的意見」をつけて平然としているケースが多い。最近は調査命令の主体である裁判官からそのような最近の傾向を反映した調査報告書を出してほしいというような考えられない調査命令が出され、さらに子どもに対する質問の仕方も面会交流を推進する方向に意図的恣意的に誘導されている等の批判がある。また裁判所が積極的に押し進めようとする「試行面接」も実際とは違い過ぎる場所でしかも1時間前後という限られた時間内で行われ、問題があるという指摘は後を絶たない。特別養子縁組の「試験養育期間」は6か月以内、少年事件における「試験観察」も長期間に及び、しかもそれらはその後に各執行機関による本格的な関与を予定しているのとは異なり、全く「試行的に」面接させ、だめなら取りやめるという方法で、子どもをまるで試験の対象にしてしまっている。子どもは大人のおもちゃではない。試行面接も反省期に来ている。

(7) 積極的に「子の利益」を図る努力をしよう

　面会交流は監護親と非監護親の双方が納得する内容（方法と形式）で行われなければ、子の利益に適う結果とはなりにくい。その場合、虐待やDVなど別途行政機関の関与が必要になったときは、それぞれの関係法律等に基づ

き登場することになるけれども、原則として「子育て」には国は関与しない。別居あるいは離婚後、双方が合意の上で納得して行うのであれば、それは当事者の自由の領域に属し、国や裁判所は無関係である。ただ当事者の一方等から面会交流に関する調停・審判等の申立てがあったときにだけ、その運営者として関与することになるが、明らかに子どもの利益に反する面会交流の「やりすぎ」（子どもが嫌がっているのに過剰な要求等）あるいは「やらなさすぎ」（子ども会いたいと言っているのにサボタージュ）があったような場合に、関係者が何ら面会交流に関して裁判所に再調停の申立て等のアクションを起こそうとしないときには、裁判所は「子の利益」確保のために職権ででも何らかの介入に乗り出すことができないか、が問題となる。

　水野教授は、日本家族法は家族に対する社会的介入を極力排しており、孤立化した家族に対する行政的介入も司法的介入もしかりであるが、親権行使に対する公的介入は二重の意味で必要であり、一つは社会福祉の場面における行政権の介入に対する司法的チェックであり、他は介入現場の実際的利便性からも裁判官が判断者となる司法介入は必要であるとされる[21]。そのとおりであり、裁判所の「司令塔」的役割（前記Ⅱ2（8）参照）を強化することが今後の課題である。

(8) 裁判所の適度の介入に期待しよう

　面会交流はあくまで両当事者が納得づくで行う必要があるから、審判よりも調停で解決できるに越したことはない。しかし、当事者が合意したからといって、その内容、特にその実現性、関係者とりわけ子どもの安全性について吟味しないまま、調停を成立させてしまうと、面会交流実施の際に殺人（心中）やDVその他子の虐待等の危険が表に出ないまま残されてしまうことになりかねないので注意が必要である。少なくとも調停成立の際には、当事者を同席させるなどして、双方が納得づくで面会交流の方法と形式を吟味し、

21）　水野紀子「多様化する家族と法」都市問題102巻12号62頁以下、同「公権力による家族への介入」水野紀子編『社会法制・家族法制における国家の介入』（有斐閣、2013年）159頁以下参照。

今後の履行がスムーズに行えるかどうかを見極めるべきである[22]。面会交流の紛争は、双方の子育ての中身に関連する重要な内容になるので、双方が激しく争うのが通常であり、あまりに簡単に成立してしまうと、かえって裏に何かあるかもしれないと一応疑ってみる必要のあるケースもあるということである。一方で、間接強制などの強制執行まで行かざるを得ない事態が予想されるケースでは、それに伴う様々な危険の発生可能性について十分検討しておくべきであると同時に、他方で、当事者がそんなに争わずどんなにやさしそうに見えても、すぐに簡単に成立調書を作って一件終わり、一件落着としてしまわないで、その後の児童虐待の危険性や面会の執行への細かい配慮が必要なときもあるということである。家庭裁判所の専門性に裏打ちされた適度の介入が望まれる。

---

[22] 2011年制定の家事事件手続法の理念である当事者の手続保障と手続の透明性からすれば、同席調停を原則とすべきであるとはいえる（拙著『新家事調停の技法――家族法改正論議と家事事件手続法制定を踏まえて』（日本加除出版、2012年）136頁以下）。しかし、面会交流紛争の高葛藤事案の場合は当事者間の感情的対立が激しく時には刃傷沙汰となりかねないので（現に殺人事件や自殺事件が発生している）、細心の注意が必要であり、コーカス（別席調停）を探らざるを得ないこともあろう。

第10章 離別後の子の監護に関する考え方
―― 欧米の経験を参考に

小川富之　福岡大学法科大学院教授

I　はじめに
―― 子と父母の交流を継続することが子の成長に有益で、
子の最善の利益に合致するか？

　離婚後の子の養育に関して、一般に、次のような考え方が、多くの人に受け入れられているようである[1]。
　「離婚により夫婦関係が解消されたとしても、それはあくまでも夫婦間の問題であり、離婚後も親子関係は父子および母子の関係が継続し、父または母のいずれか一方が親権者として子と同居して子の監護をする場合であっても、他方の親ができるだけ頻繁に子との交流を継続することが子の成長にとって有益であり、子の最善の利益に合致する。」
　周知のとおり、夫婦関係解消後の子と父母とのかかわりについては、子の最善の利益の実現を基準に検討すべき問題であるという点については、争いはない。したがって、夫婦関係解消後も、子の成長にとって有益で、それが子の最善の利益の実現に合致する場合には、子と父母との交流を継続すべきであることについても、当然のことながら異論はない。しかしながら、子と父母との交流が子の成長にとって有益でない可能性があり、子の最善の利益

---

[1] 一般論として、この考え方について特に異議を唱える必要はないと思われる。いわゆる100日面会交流事件の控訴審判決でも、「…一般に、父母の離婚後も非監護親と子との間に円満な親子関係を形成・維持することは子の利益に合致することであり、面会交流はその有力な手段である。」（東京高判平成29・1・26判時2325号78頁〔84頁第2段〕）との見解を示している。

に合致しないおそれが否定できない場合には、その制限について検討することが必要となることもいうまでもない。夫婦関係解消後に、父母間の葛藤がなく、またあったとしても低く、子の養育について意見の対立がない、またあったとしても少ない場合には、子の養育に有益で、子の最善の利益に合致するように子と父母の交流の継続を実現できる可能性が高いが、そうでない場合には、子と父母の交流の実施をどのように行うかについて慎重に検討して対応することが不可欠となる[2]。

　ここで注意しなければならないのは、子と父母との交流を継続することが、「常に」子の成長に有益で、「必ず」子の最善の利益に合致するという「原則面会交流実施」という考え方に基づいて判断をすることの危険性である[3]。

　婚姻関係が継続し良好な夫婦関係に基づく共同生活の中で父母が協調・協力して子の養育をしている場合であれば、それは子の成長に有益で、子の最善の利益に合致するであろう。しかしながら、離婚により婚姻関係は解消され、夫婦関係は良好ではなくなり、当然のことであるが共同生活は解消してしまう。

　離婚後も子の養育について父母間に対立がなく、協調・協力することが可能で容易に実現できるような場合であれば、子と父母との交流を継続することが子の成長にとって有益で、子の最善の利益に合致する場合が多いと考え

---

2) この問題について、社会福祉、臨床心理、脳科学、乳幼児精神保健といった子の成長の問題を扱う専門領域の研究者と共同研究をし、その研究成果をもとに離婚後の子と父母の交流の継続について科学的・実証的に検討した成果として、小川富之＝高橋睦子＝立石直子編『離別後の親子関係を問い直す――子どもの福祉と家事実務の架け橋をめざして』（法律文化社、2016年）（以下では「同書」として引用する）を公表しているので参照のこと。
3) 家庭裁判所の離婚後の面会交流の考え方に影響を与えているものとして、細矢郁＝新藤千絵＝野田裕子＝宮崎裕子「面会交流が争点となる調停事件の実情及び審理の在り方――民法766条の改正を踏まえて」家庭裁判月報64巻7号1頁がある。この論文では「非監護親との交流を継続することは子の精神的な健康を保ち、心理的・社会的な対応を改善するために重要であるとの基本的認識が認められる」と結論づける見解が示されているが、この考え方が、父母間に葛藤がある事例にも該当するという根拠は全く示されていない。家庭裁判所が関与するような紛争性の高い事案において、面会交流が子の成長に有益であることを実証する文献や研究成果は今のところ見当たらない（同書114頁参照）。

られる[4]。離婚後に子の養育、特に面会交流について父母間に対立がある場合に、子と別居している非監護親との交流に関しては、婚姻中の父母と子との交流の状況がどのようなものであったかについても考慮する必要がある。日本の場合、婚姻中であっても、母が子の養育の大部分を担っている場合が多く、特に子の年齢が低い場合にはその必要性が高いということを理解することが重要である。これは、離婚後に母が親権者として小さな子と同居し、その養育を担っている場合に、父との交流をどのように考えるかにとって重要な要素である。当然のことであるが、同居して子の養育の主たる責任を担っている母親がそれを望んでいる場合には問題が生じる可能性は少ないが、そうでない場合には、父子の頻繁な交流は子の成長にとってむしろ有害で、子の最善の利益を大きく損なう危険性が高い。

　離婚の際に父母間に子の養育について対立がある場合に、離婚後の子と父母との交流の継続が子の成長にとって有益であり、子の最善の利益に合致するかどうかについては考え方に大きな対立がある。家庭裁判所が関与するような紛争性の高い事案において、父母の一方が親権者になり子と同居して子の監護をしている場合に、他方の父母が子と面会交流をすることが子の成長にとって有益で子の最善の利益に合致し、交流が頻繁な方がより有益であるかどうかについては見解が対立している。少なくとも、家庭裁判所が関与するような紛争性の高い事案において、面会交流が子の成長に有益であることを実証する研究成果は今のところ存在しない。そうであるとすれば、父母間に葛藤がある場合には、子と父母との頻繁な交流の継続はかえって子の成長にとって有害な場合が多く、子の最善の利益を損なうものであると考えざるを得ない。子と父母との交流の継続は、それが子の成長に有益であるかどうかを基準にして判断すべきものである。子の成長にとって有益で子の最善の利益に合致する場合には、子と父母との交流を継続すべきであり、そうでない場合には子と父母との交流を制限する必要があり、交流すべきでない場合

---

[4]　民法766条1項で規定する父母の協議で定めることができる場合であり、当事者間で子の最善の利益に合致するような形での親子の交流が実現できるので、そもそも裁判所を含めた当事者以外の介入の必要がない。

も生じることになる。

　「離婚後の子と父母との交流の継続が子の成長に有益で、子の最善の利益に合致する」という見解の根拠として、一般にアメリカの家族社会学者であるウォーラースタインの研究成果が挙げられることが多いが、それは彼女らの研究成果の評価を誤っている。確かに、ウォーラースタインらは、高葛藤状況の続く夫婦の間で子が成長するよりも、そのような夫婦関係を解消して子の成長をはかる方が子にとって有益であるとの研究成果を公表している。しかしながら、注目すべき指摘として、裁判所の命令のもとで、厳密なスケジュールに従って行われる父母と子との交流は子の成長に有益どころか有害である、という研究成果も公表されている[5]。

II　欧米先進工業諸国の経験
　　——親権(Parental Authority)から監護(Custody)へ、
　　　さらに親責任(Parental Responsibility)へ

1　諸外国における別居・離婚後の子の養育について

　日本では、離婚後の子の親権について、単独親権制か共同親権制かという形で議論されているが、欧米の多くの国、例えばオーストラリアでは、離婚後の子の養育に関する考え方の推移とともに、使用されていた法律の文言も、当初の「Parental Authority（親権）」から、「(Joint) Custody（〔共同〕監護）」へ、さらに現在では「(Shared) Parental Responsibility（〔分担〕親責任）」という表現へと推移してきた点について注意する必要がある。このような文言の変遷が意味するのは、父母による子の養育への関与に関しての考え方が、「権利」から、「監護（保護）」へ、さらに「責任」へと、大きく変更されてきたということである。「Parental Authority（親権）」という枠組みでは、子は親の権利の対象という考え方がその根底にある。「Custody（監護）」という枠組みでは、子の身柄の安全をいかにして確保するかという考え方がそ

---

[5]　ウォーラースタインほか編、早野依子訳『それでも僕らは生きていく——離婚・親の愛を失った25年間の軌跡』（PHP研究所、2001年）。

の根底にある。これらの考え方に対して、「Parental Responsibility（親責任）」という枠組みでは、子の健全な成長に対して親がどのような責任を負っているのかという考え方がその根底にあるわけである。「Parental Authority（親権）」、という権利構成で考えると、誰が権利者かという結論になり、同居親だけでなく、非同居親も親であるから権利を有するという理論展開となる。「Custody（監護）」は、放置しておくと危険が生じる子の身柄の確保をどのようにするかを、まさに「Joint」して、父母が一緒になって「共同」で子の身柄の確保をするという理論展開になる。これが、「Parental Responsibility（親責任）」ということになれば、父親としての責任、母親としての責任、同居親としての責任、別居親としての責任を、それぞれがいかにして適切に果たすかというその責任を「Shared」する、つまり父母それぞれの役割を、また同居親と別居親それぞれの役割を「分担」するという発想に転換することになる。欧米先進工業諸国の多くでも、近年このような流れに沿う改正がすすめられているようである[6]。

2　オーストラリアの家族法改革

　オーストラリアは、1975年に当時の世界では最も徹底した破綻主義を採用する離婚法を成立させた。これが、「1975年家族法（The Family Law Act 1975・現行法）」である。回復の見込みのない婚姻破綻を唯一の離婚原因とし、12か月間の別居継続で破綻推定をするという考え方を導入することにより、離婚手続から有責性を完全に払拭し、裁判官が婚姻破綻について実質的審査をする必要性がなくなった。この時に、新たに「連邦家庭裁判所（Family Court of Australia）」が創設され、夫婦関係解消の可否という過去の問題ではなく、解消後の家族の未来の問題、特に子の養育に焦点をあてて審理をする役割を担うこととなった。このような離婚制度の導入が家族にどのような影響を与えるか、また、家族の安定と子の最善の利益を実現するために必要な対応は何か、といったことを含めた広範な家族問題について調査・

---

[6]　拙稿「親権・監護権・親責任——比較法の観点から」法律時報85巻4号（小特集「離婚後の面会交流——問題の多様性と望まれる法システム」）67頁を参照のこと。

研究し、必要な提言を行うために「家族問題研究所（Institute of Family Studies）」が設けられた。この当時、日本ではあまりこのオーストラリアの動向に対しては注目がされていなかったようであるが、欧米先進工業諸国の多くは、このオーストラリアの家族法改革ともいえる対応に対して強い関心を示し、多くの国が何らかの形でそれぞれの国の家族法改正に影響を受けてきている。

　1975年オーストラリア連邦家族法の制定以降も、オーストラリアでは新たに生じる複雑で解決困難な家族問題に対して先進的な取り組みを続けている。1988年と1989年には、「離婚後の子の養育費の算定とその履行確保のための法整備（Child Support（Registration and Collection）Act1988；養育費の登録と徴収）と Child Support（Assessment）Act1989；養育費の査定）」がなされ、離婚後の子の養育に必要な経済的環境が大いに向上し、その後も必要に応じてより適切な制度にすべく改正が重ねられている。離婚の際に子の意見を聞き、それを適切に反映する必要性があることはいうまでもないが、これを実現するのは必ずしも容易ではない。オーストラリアでは、「子どもの独立代理人（Independent Children's Lawyers ＝ ICL）の制度」を整備し、この問題にも挑戦をしている。

　夫婦や家族の問題は、できるだけ当事者の話し合いを通じた合意に基づく解決が図られることが望ましい。この問題に関しても、裁判官によるトライアル開始前の対応として、夫婦間に財産分与等で対立がある場合にはレジストラー（Registrar）が、また未成年の子がいる場合に家庭裁判所カウンセラー（Counselor）が、それぞれ必要的関与をするという方法で、連邦家庭裁判所創設当初から当事者の合意形成支援の試みが続けられている。これは、その後、家庭裁判所外にも拡大され、メディエーション活用の推奨がなされ、現在では、これらの民間メディエーション機関等に対して国が財政支援をするという形で「ファミリー・リレーション・センター（Family Relationship Center；FRC・家族関係支援センター）」に引き継がれている。この FRC では、可能な限り夫婦間の対立を緩和し、別居や離婚が避けられない場合でも、できるだけ葛藤を高めないよう専門家が早期に関与し、当事者を話し合いの席につかせ、合意形成の支援をすることが重要な役割だとされている。

また、FRC では、家族内の暴力、児童虐待といった問題に対しても適切かつ迅速に対応するための対応が専門家等の関与によりなされている。別居や離婚後も父母が子の養育にかかわれるようにすることが望ましいとの視点から、共同監護の下での様々な取り組みがなされ、「コンタクト・センター（Contact Service Centre・面会交流センター）」といった施設を整備し、必要に応じた子との面会交流支援体制も整えられている。このような、オーストラリアの対応は、近年の欧米先進工業諸国の先駆けともいえるものである[7]。

III　オーストラリアの離婚後の子の監護に関する考え方の変遷

1　離婚後の子の養育制度の変遷

オーストラリア家族法は、2006 年と 2011 年に改正された。この二つの改正法では、子の養育に関する考え方が大きく変遷している。2006 年の改正では、片親疎外症候群（PAS）の観点から、別居や離婚後も父母が子の養育に均等にかかわることを重視するものであった。また、「Shared Parenting Time（養育時間分担）」という表現が使われ、これは、別居や離婚後も均等な時間配分での父母と子との養育分担が望ましいと、一般の人々には受け止められた。この 2006 年改正は、片親疎外症候群（PAS）という考え方を背景にした、（別居や離婚後に）子と会う機会が制限されている親（多くは父親）の側から問題点を主張する「父親の権利擁護団体」の積極的なロビーイングにより実現されたといわれている。別居や離婚後も、父母が子の養育責任を分担し、養育に均等にかかわることで、子の最善の利益を実現するという理念での法改正であった。この改正法の内容を詳細に分析すれば、必ずしも、「養育時間配分の均等」を原則として採用したわけではないことは明らかであるが、多くの人たち、特に、別居親側（多くの場合は父親）は、そのように考えて行動した。確かに、法律の内容として、別居親の権利性を強める内容も含まれてはいたが、それよりも、実態として、別居親側からの権利主張が非

---

[7]　オーストラリアの離婚法については、拙稿「オーストラリアにおける離婚法の改革」『21 世紀の民法』（法学書院、1996 年）を参照のこと。

常に強く為されたということのほうが重要で、このことから子の利益の観点からすると、極めて深刻な問題を生じさせることとなった。この 2006 年改正は、世界的に大きな注目を集め、その影響を受けて法改正をする国や地域も生じたようである[8]。

しかしながら、オーストラリアでは、改正の直後から多くの問題点が指摘され、わずか 5 年後の 2011 年に再度の法改正が行われた[9]。2011 年改正は、2006 年改正の結果として問題が顕在化し、深刻の度合いを増したドメスティック・バイオレンスや児童虐待を防止するという、前回とは全く逆の観点が背景にあった。この改正の中では、ドメスティック・バイオレンス（DV）や児童虐待を含めた、より広い概念で「ファミリー・バイオレンス（Family Violence）」という表現が採用された。

2006 年法改法の理念である別居や離婚後の父母による子の養育責任の分担と、それに基づく法改正の状況については、これまでに日本でも紹介され、日本の面会交流の考え方に影響を与えている。夫婦関係が解消されたとしても、円満な家族生活が継続しているときと同じように、できるだけ父母が養育責任を分担していくという考え方自体を否定するのは難しい。日本にこのような紹介が為されたとすれば、オーストラリアのようなすばらしい制度をぜひ日本でも実現していこうということになるのも当然だと思われる。オーストラリアの 2006 年改正法の目指す理想的な状態が実現できれば良いけれども、現実は必ずしもそのような理想どおりにはいかず、わずか 5 年で、全く逆の観点からの再改正が 2011 年に行われたわけである[10]。

---

8) オーストラリアの法改正の動向を紹介しながら、離別後の子の監護の問題のあり方を示す貴重な研究成果として、例えば、Belinda Fehlberg, Bruce Smith, Mavis Maclean and Cerdwen Roberts (2011) Family Policy Briefing 7 "Caring for children after parental separation: would legislation for shared parentinig time help children?", Dept os Social Policy and Intervention, University of Oxford を参照のこと。

9) 2006 年改正法の問題点については、オーストラリア家族問題研究所の詳細な調査結果が公表されている。その要約版の翻訳として駒村絢子訳「オーストラリア 2006 年家族法制改革評価報告書（要約版）」法学研究 84 巻 3 号を参照。

10) 詳しくは、リサ・ヤング「オーストラリアの家族法をめぐる近年の動向——日本は何を学ぶべきか」同書 163 頁参照。

2　離婚後の子の共同養育に関する法制度

　欧米先進工業諸国では、「共同監護」が採用され、別居や離婚後も父母が継続して子の養育にかかわっていると、日本では一般に解されているようである。また、日本は、離婚後「単独親権」で、父母の一方が親権者として子を養育しているということが問題であるとされる。夫婦という関係は離婚により解消されたとしても、親子という関係は継続すべきであり、離婚後も父母が（婚姻中と同様に）共同で子の養育をすべきであると主張される。つまり、欧米先進工業諸国のような制度を日本にも導入し、離婚後も「共同親権」にすべきであるということが主張されるわけである。

　1980年代にアメリカの一部の州で「共同監護」が法制度として採用され、その後ヨーロッパに拡がった。これら欧米先進工業諸国の「共同監護」の導入については、多くの先行研究が公表されている。その傾向としては、「共同監護」の導入に関しては、肯定的なものが大多数のように思わる。

　しかしながら、欧米先進工業諸国の多くで、21世紀に入るころから、「共同監護」の抱える問題が指摘されるようになり、いかにして「共同監護」から生じる深刻な問題を克服していくか、というのが大きな課題となってきたようである。もちろん、離婚後も父母が「協調・協力して」子の養育に「適切に」かかわれる場合には問題はない。しかしながら、そうでない場合には「共同監護」のもとでは解決困難な状況が生じてしまうということが指摘されるようになった。多くの国際会議でもこのような問題が取り上げられ、「共同監護」を採用した多くの国々で生じている「共同監護の問題点」について研究している人たちから、様々な研究成果の報告が行われ、激しい議論が交わされるようになった。諸外国の研究者の中には、「日本の単独親権制」について肯定的な見解を示す者も登場してきた。「共同監護」という考え方から親の権利性が強まり、それにより、子の最善の利益を大きく損なう状況が生じていると指摘される。例えば、DVや児童虐待が存在する場合に深刻な問題となってきたようである[11]。

　「共同監護」を採用してきた欧米諸国では、離婚後に父母が子の養育に均等に関わっていると理解されているが、このような例は実は少数派で、例えばイギリスではわずか3パーセント程度と推計されており、多くの場合「同

居親(Resident Parent)」の下でほとんどの時間を過ごしているのが現状である[12]。

このような状況の中で、近年、子と会う機会の無い、又は少ない「別居親(Non-resident Parent)」側の強い主張から、子の「養育分担(Shared Parenting)」についての議論が高まり、均等な養育時間の配分が強く求められるようになった。これを受けて、多くの国々で、子の養育分担を促進する法改正が実施されてきた。この傾向を強く推進し、父母間に対立があり裁判で争われている場合であっても父母による子の養育分担を原則として採用し、世界的に注目を集めたのが前述のオーストラリアの「2006年の家族法改正(共同監護者の責任)法(The Family Law Amendment (Shared Parental Responsibility) Act 2006)」である。このような改正をすることに対しては、改正前から様々な問題点が指摘されていたが、特に、DV(オーストラリアでは「ファミリー・バイオレンス」という表現に変わっている)や児童虐待が存在する場合の危険性が強調されていた。そこで、家族問題センター(Family Relation Centres)」が創設され、当事者が別居した状況を固定化してしまう前に、話し合いの席に着かせ、子の養育について合意形成を促進するとともに、DV等の問題を抱える高葛藤事案で、子の安全を優先して対応する試みが行われることになったのである。また、改正法の影響について「オーストラリア家族問題研究所(Australian Institute of Family Studies・AIFS)」等よる調査(AIFS調査)が実施された[13]。

離婚の際に父母間に対立がなく、法的介入なしに当事者の協議で子の養育分担を取り決めた場合には、父母が協調・協力して、柔軟に養育を継続できる傾向が強い。しかし、「AIFS評価」では、法改正以降に全体では父母に

---

11) 筆者は、これまで、「アジア太平洋法律協会・家族法部会長」、「国際家庭・調停裁判所協会・執行理事」及び「世界会議『家族法と子どもの人権』・国際顧問」等として、国際会議の企画・運営にあたってきた。その経験から「共同監護から生じる深刻な問題の克服」が多くの国際会議で頻繁にテーマとして取り上げられ、諸外国でその解決策が検討されていることを実感した。
12) Belinda Fehlbergほか・前掲注8) 3頁で公表されている調査報告書参照。
13) Belinda Fehlbergほか・前掲注8) 参照。

よる子の養育分担はそれほど増加していないが、裁判で争われる事例で養育分担の顕著な増加がみられることなど、多くの問題点が指摘された。裁判で子の養育を争う父母間には、様々な対立があり、DVや児童虐待といった問題のある事例が多いと指摘されている。改正法の影響で、同居親である母親が、このような問題を開示することに抑制的になったこと、また、養育分担の問題と、養育費や財産分与といった金銭問題が交渉や取引材料とされる傾向が強まったことも指摘されている。この改正では、「(Shared) Parental Responsibility（〔分担〕親責任）」という概念が採用はされたが、法律に養育分担を明記したことから、父母側の権利意識を高める結果となり、裁判で争っている事例でより対立を深めるだけでなく、従来であれば当事者間の協議で養育分担を合意し、協調・協力して、柔軟な養育ができていた紛争性の低い事例にまで父母間の対立を生じさせ、子の生育にとって好ましくない結果を生じさせることになった[14]。

　オーストラリアでは、このような研究成果を受けて、2011年に再度法改正がなされた。この改正でDVの定義を「身体的、精神的及び性的暴力」から「経済的統制及び社会的行動の制限」にまで拡大し、虐待に深刻なネグレクトや子をDVの存在する環境に置くこと等で深刻な精神的影響を生じさせることも含めることとなった。また、子の安全を最優先させること、父母にDVや児童虐待に関する告知義務を課したこと、子の養育オーダーの際に過去におけるDVや児童虐待の経緯、将来のリスクについて検討することが要求されることとなった。

3　子の養育の現状の理解と生じうる問題把握の必要性

　欧米先進工業諸国における別居や離婚後の子の共同養育の理解についても見直す必要がある。「共同監護」を採用している国々でも、多くの場合「同居親（Resident Parent）」の下でほとんどの時間を過ごしているのが現状で

---

[14]　調査報告書はWEB上の公開されている。For a list of various papers see the Australian Domestic and Family Violence Clearinghouse at http://www.adfvc.unsw.edu.au/PDF%20files/Thematic%20Review_2_Reissue.pdf

ある[15]。もちろん別居親と面会交流している比率は日本よりは高く、頻度も多いかもしれないが、「単独親権」制を採用している日本の状況とそれほど大きくは変わらないというのが現状である。

オーストラリアでの法改正には、子と会う機会の無い、又は、少ない別居親側、多くの場合は父親からの要望が大きく影響を与えてきたと指摘される。父親の権利擁護団体からの「Shared Parenting Time」、つまり養育時間の均等な分担を原則とする法改正が強く求められ、その影響を受けて2006年の法改正が行われた。この法改正の結果を生じたことを整理すると次のとおりである。

・別居や離婚をする人たちが子の養育に関する問題を裁判所で争う事例が増加した。
・父母間に葛藤のある人たちに関しては、(それぞれ)養育分担の要求が非常に強くなり、結果として養育分担の比率や時間配分が高まった。
・別居や離婚した人たち全体としては、子の養育分担の状況には大きな変化は生じなかった。

この結果が何を意味しているかについて、オーストラリアの調査報告書では、次のようにまとめられている。

・別居や離婚後の子の養育に関しては、2006年改正前は、多くの場合、父母間の(円満な)話し合いで解決がなされ、子の養育の必要に応じた養育の形態が実現されていた。
・法改正は、子の養育に関して対立のある父母で、子との交流を制限される側に、「子の養育時間の均等な配分」を原則とするという認識を持たせ、父母間の紛争性をさらに高めた。
・本来であれば、当事者の(円満な)話し合いで解決していた子の養育問題まで裁判所で争われるようになった。
・結果として、父母間の葛藤をより高めることになり、高葛藤事例での共同養育の比率と、時間配分の割合を高める事態が生じた。

---

15) 前掲注12)。

これは、親の権利性を高める方向での改正がなされた場合に、どのような親がその権利を主張することになるかを考えてみれば、当然予想される結果である。少なくとも、協調・協力して、適切に子の養育をすることができる父母にとっては、この法改正は全く必要のないものであるが、逆に、そのような対応ができない父母にとっては、自分の権利主張をする上で非常に有効な根拠が与えられることになったわけである。

　2006年の法改正の背景には片親疎外症候群（PAS）の考え方があったことについては既に説明したが、これに加えて、いわゆる「フレンドリー・ペアレント（友好的な親）」条項が規定に盛り込まれていた。また、養育時間の均等な配分を求める主張が背景にあるということについても前述したが、これに付随して「子の養育費の支払い」にも影響が生じた。

　「フレンドリー・ペアレント」の考え方は、離婚後に親権者とならず子と別居している親が子と交流をすること、それもできるだけ頻繁に面会交流を行うことが、子の成長にとって望ましいことであり、子の最善の利益に合致するという考え方に基づくものである。これは、現在、日本の家庭裁判所の調停で事実上採用されている「原則面会交流実施」という考え方と通ずるものでもある。この考え方によると、離婚後に親権者となるのにふさわしい条件として、別居親との面会交流に積極的であるということが要求されることになる。明確に子の利益を害するということがない（阻害要因がない）にもかかわらず、別居親と子との交流を制約する場合には「アン・フレンドリー・ペアレント」とされるわけである。

　オーストラリアでは、2006年改正法で採用された「フレンドリー・ペアレント」条項の影響で、DVや児童虐待が存在する又は存在する懸念がある場合であっても、これが潜在化する結果が生じることとなった。裁判所で子の養育について争われた際に、同居親側がDVや児童虐待を主張した場合に、その証明が十分にできないときには、相手方と子との交流を不当に制約しようとする「『フレンドリー』でない」親とみなされ、同居親としての子の養育には不適切であると認定されることとなった。最悪の場合には、相手方に同居親としての子の養育責任を渡さなければならない事態が生じることとなる。そこで、実際には、DVや児童虐待が存在したとしても、あえてこれを

主張せず、自分が同居親として子の養育を継続できることを確保するという傾向が強くなり、DVや児童虐待の主張を控えることが多く生じた。この結果、子の生命身体に深刻な影響が生じる結果となり、子が殺害されるという事件も発生した[16]。

子の養育費に関しては、子が別居親側の父親のもとで過ごす時間が多くなったことから、それに応じて父親が母親側に支払う養育費の支払額の減額が求められることになった。養育費の支払額が少なくなっても、同居親である母親が子の養育に要する費用の主たる部分、例えば、衣食住、教育、医療といったような基本的に必要とされる費用はそれほど変化がない。したがって、別居親が子と面会する比率が高まり、時間配分が高まれば高まるほど、母親からすると子の養育に必要な費用という点ではより厳しい状況になるという皮肉な結果が生じた[17]。

他にも、「リロケーション（転居制限）」の問題、つまり、別居親の同意がなければ同居親が子を伴って転居することができないという問題や財産分与にも影響が生じる等、多くの問題が顕在化し、更なる法改正の必要性が認識されることになったわけである。オーストラリアでは、離別前後を通じて、様々なサポート体制も充実しているにもかかわらず、これらの問題が顕在化したことには注目しなければならない。そのような支援体制がない中で、同様の方向性での対応、特に「片親疎外症候群（PAS）」と「フレンドリー・ペアレント」の考え方に立った対応からは、子の健全な生育にとって取り返しのつかない事態の発生が懸念される。

オーストラリアでは、このような理由から、2006年法はわずか5年で見

---

[16] 2011年改正法の契機の一つともなったものとして、「ダーシー・フリーマン事件」がある。ダーシーの母親は父親との面会交流に懸念を感じつつ、子と面会をさせていたが、父親は家族の見守る中で、子を橋から投げ落として死亡させた。その理由として「母親を傷つけること」が目的であったと語った。詳しくは前掲注10）183頁を参照。この事件は、最近の日本での子の殺害事件と重なるように思われる。

[17] 日本では、子との面会交流が養育費支払いを促すことになるとする考え方があるが、オーストラリアの経験を踏まえると、面会交流の促進はかえって子の養育費にとって好ましくない影響が生じることを理解する必要がある。

直され、DVや児童虐待からの保護といった方向性で、親の権利性を軽減、払拭するための規定を盛り込む形で再度改正がなされた。歴史的背景も、宗教的な影響も含めて、国が違えば家族のあり方や、紛争の現象に違いがあることはいうまでもないことである。しかしながら、そこにはおのずから共通するものも含まれており、欧米先進工業諸国で参考にされたオーストラリアの取り組みの中には、日本にも参考になるものが少なからず存在すると思われる[18]。

IV おわりに
―― 民法819条2項で規定する子の親権者指定の基準と面会交流について

離婚の場合の親権者指定について規定する民法819条2項は「裁判上の離婚の場合には、裁判所は、父母の一方を親権者と定める。」と規定するだけで、その判断基準は明記されていないが、同条6項の親権者の変更について『子の利益』が基準とされていることから、親権者指定の場合も子の利益が考慮されることについては異論がない。

何が子の利益かについては、親子を取り巻く様々な事情を総合的に比較衡量して判断されることになる。比較衡量される様々な事情で優劣がつかない場合には、子が乳幼児であれば子と「母性」的な役割を持つ監護者が優先されることになる（これは従来の「母親」優先原則が見直され、「母性」的な監護者とは必ずしも母親に限らない）。次に、監護の継続性および現状維持が原則とされる。監護開始時の監護者による子の違法な奪取行為がある場合には、それを追認することを認めない傾向にあるが、違法な奪取かどうかについても、子の利益の観点から判断されることになる。この判断基準は、いわゆる100日面会交流事件の控訴審判決で、東京高裁の判断が明確に示されている。

---

[18] オーストラリアおよびそれを先例とする国々の離婚後の子の養育について、PAS（片親疎外症候群）・PA（片親疎外）およびFP（フレンドリー・ペアレント）の考え方の問題点を指摘し、日本への示唆を与えるものとして、リサ・ヤング教授（マードック大学・ロースクール）の論文が参考になる（同書163頁）。

日本の裁判所では、まだ「原則面会交流」という考え方に立ち、FP（フレンドリー・ペアレント）を基準に判断する傾向が残っているようである。「原則面会交流禁止」という考え方に立つ必要性がないのは当然のことといえるが、対立がある場合には、裁判所は中立的な立場で判断する必要がある。しかしながら、裁判所では、親権や監護を争う父母の相互の他方に対する寛容性テストを用いているところもあるようである。本来は、子の成長にとって有益で、子の最善の利益に合致することこそが最優先されるべきものであり、その判断基準は、子と父母との交流の継続に寛容であることではない。この点についても、前掲東京高裁の判断で明示されている。諸外国の反省からも明らかなように、父母間に葛藤がある場合には、FP（フレンドリー・ペアレント）の考え方をもとにした判断をすることは、かえって子の成長にとって有害で、子の最善の利益を損なうものであることについて十分認識しておかなければならない。

第11章 「親子断絶防止法」の立法化がもたらす危惧は何か

渡辺義弘　弁護士

I　はじめに

　一面的な価値観は危うい。「父母の離婚等の後における子と父母との継続的な関係の維持等の促進に関する法律案」（略称「親子断絶防止法案」。以下、法案という）[1]を支える理念は、一見、純理想主義のロマンの実現を志向するかのようである。しかし、生々しい現実の中で、人々の生活と苦悩が相剋している。それに対応し、法案はどのように機能するのであろうか。

　法案は、離別後父母の、子どもに対する共同監護法制を理想とするロビー活動に触発され、それを検討課題として誕生した。

　そうである以上、政治家たる者は、その共同監護法制の光と影を射程に、現段階の離婚法・親子法の大局について国民的な議論を提起すべきではなかろうか。それを出発点として、様々な事案を想定した現状の具体的施策の立法化の影響を、公平に法制審議する大道を歩むのが筋である。利害関係者の

---

[1]　法案について客観的に、先行研究したまとまった文献はあまりない。親子断絶防止法案に疑問を持つ弁護士＆研究者有志「レポート・【親子断絶防止法案の何が問題なのか？】修文案への疑問点」http://wan.or.jp/article/show/7283（2017年6月12日アクセス）、打越さく良「親子断絶防止法案の課題」月刊自治研59巻691号10頁、斉藤秀樹「問題のある別居親のための法律は必要ない」金曜日25巻18号23頁、社会学者の立場から、千田有紀「親子断絶防止法について」本田由紀＝伊藤公雄編著『国家がなぜ家族に干渉するのか——法案・政策の背後にあるもの』（青弓社、2017年）57頁が、見受けられる。なお、日本児童青年精神医学会が2017年12月3日法案に関する声明を公表（http://child-adoresc.jp/proposal/20171203/）し、本案の問題点と危険性を指摘している点は参考となる。声明は、面会交流についていろいろな提言もしている。

一方の団体の意向とタイアップした、所属議員の名簿も一般に公開していない議員連盟が行おうとしている法案の議員立法は、あまりにも拙速すぎるのではなかろうか。

このような問題意識に立ち、法案の内容の検討、立法化への危惧、関連する問題を、本稿にて考察したい。

II 法案への道程

1 親子断絶防止議員連盟の結成の背景

親子断絶防止議員連盟（以下、議連という）は 2014 年 3 月 18 日に設立された。非監護親の団体のロビー活動のエネルギーが功を奏した結果である。

同団体は父母離別後の子どもの共同養育・共同監護法制を理想とし、面会交流を欧米並みに強化する運動を展開してきた。その運動主体である非監護親には、もちろん少数の非監護親母が含まれる。しかし、その実態は、離別後の監護親母に対し、典型として存在する圧倒的多数の非監護親父の、子どもの監護への関与の保障を、公的制度として実現する要求を運動エネルギーとしてきた。したがって、欧米諸国同様に、わが国のこの運動も、相対的に見て「父権運動」としての評価が与えられると考える（以下、非監護親のこの運動を、相対的意味を込めて「父権運動」という）。

欧米諸国に父母離婚後の子どもの共同監護法制が普及したのは、1980 年代からである。1980 年実施のカリフォルニア州の共同監護法制の実現は嚆矢となった。その実現に執念を示した「全米男性会議」初代議長クックは「共同監護協会」設立した。同協会が州議会に対して行ったロビー活動は有名である[2]。また、オーストラリアの 1975 年の連邦家族法の一部改正（1996 年）が功を奏しなかったことに不満を抱いた「父親の権利擁護団体」が行った積極的なロビー活動も知られている。その結果は「共同養育改革」といわれる同法の 2006 年同法改正の実現をもたらした[3]。

---

2) 棚瀬一代「アメリカにおける離婚後の子の監護について——単独監護から共同監護へ」ケース研究 236 号 45 頁、48 頁（1993 年）。

わが国においても、議員立法を目指し議連を結成するまでに「父権運動」は到達したといってよい。私見ではあるが、レーガノミクス、サッチャリズムに象徴される新自由主義の潮流がグローバルに浸透していく過程での生存競争が非監護親の心理にもたらした飢餓感と無縁ではないと考える。

議連とタイアップしている運動母体は「親子断絶防止全国連絡会」（2011年立ち上げ）である。同会には全国規模の「親子の面会交流を実現する全国ネットワーク」（親子ネット）（2008年発足）ほか各地の約20団体が加盟していると見られる。さらに、離婚後の単独親権制度から共同親権制度への法制改革を目指す「共同親権運動ネットワーク」（Kネット）（2010年に一般社団法人）も議連の運動を積極支援している。なお、議連の法案は、離婚後の共同親権制度の立法化を盛り込んでいない。しかし、法案の附則は同制度の政府による検討を射程に明示している。

2　議連の構成・家族観の相剋現象・議員のプラグマティズム

議連の名簿は幹部議員の名以外はネット上には公表されていない。しかし、2016年秋時点の情報として61名の議員が加入しているとの情報がある。同情報とネット上の情報を総合すると、議連の構成[4]は、2017年9月中旬頃までの死亡、離党、党名変更のみの補正をすると、自民党35名、公明党10名、民進党8名、日本維新の会3名、無所属3名、自由党1名となるもようであ

---

3) 小川富之「離婚後の子の養育」小川富之＝高橋睦子＝立石直子編『離婚後の親子関係を問い直す──子どもの福祉と家事実務の架け橋をめざして』（法律文化社、2016年）67頁、リサ・ヤング、高橋睦子・立石直子監訳「オーストラリアの家族法をめぐる近年の動向──日本は何を学べるか」小川ほか編・同163頁以下、ちなみに、同各論文は2006年連邦家族法改正による深刻な実態が、2011年同法再改正により是正の方向に向かう教訓を述べている。
4) 2016年秋時点の議連の役員構成は、会長保岡興治（衆・自民、石原派）、副会長泉健太（衆・民進、前原グループ）、同江崎鐵磨（衆・自民、二階派）、同河合克行（衆・自民、無派閥）、同平沢勝栄（衆・自民、二階派）、同荒木清寛（参・公明）、同丸山和也（参・自民、無派閥）、幹事長漆原良夫（衆・公明）、幹事長代理柴山昌彦（衆・自民、細田派）、同富田茂之（衆・公明）、事務局長馳浩（衆・自民、細田派）、同次長牧原秀樹（衆・自民、谷垣集団）、同松本洋平（衆・自民、二階派）の役員のほか、顧問として5名の重鎮議員がいる。その他の議員は幹事となっている。

る。議連は超党派と称されるものの、ごく一部の議員の評価は別として、保守系議員による超党派である。

議連を構成する上記 60 名の議員中、24 名（自民、日本維新）は日本会議国会議員懇談会（日本会議議員懇）に所属する。このかなりの部分と重複しつつも同議員中、33 名（自民）が神道政治連盟国会議員懇談会（神政連議員懇）に、同じく 27 名（自民、日本維新）が、みんなで靖国神社に参拝する国会議員の会に各所属する。神政連議員懇の現会長は安倍晋三氏であり、同氏は家庭教育により日本人の精神的伝統を甦らせる「親学」を推進する「家庭教育支援法」の制定等を目指す親学推進議員連盟（親学推進議連）の設立時会長でもある。議連の要職の 1 名と重鎮の 1 名は、親学推進議連に加入している。神道政治連盟は一貫して夫婦別姓や男女共同参画社会の推進に反対してきた。

したがって、これらの保守系議員らは、復古的家族像を理想とする見地から「父権運動」に親和性を持っているとも評価できる。しかし、議連とタイアップする運動母体は、欧米諸国の家族法思想を、子どもの離婚後共同親権・共同養育法制としてわが国へ導入すべく、先鋭的なまでに追求してきた。その欧米型思想の真の動機が復古主義にあるのか、逆に同思想の批判者こそが復古主義的家族制度論者であるのかについては、議論があると思われる[5]。この点につき、筆者は、まさに建前と本音のプラグマティズムの交錯に彩られているのが真相であると考える。そして、運動母体の意向を背景に法案を構想してきた議連の姿勢をどう理解すべきか。

議連には復古的父権運動の潮流が潜在していることは否めない。養育費問題をめぐって、「家族の助け合い」を憲法 24 条に実質的に加える理念を尊重

---

[5] コンスタンズ・アーロンズ、寺西のぶ子監訳『離婚は家族を壊すか——20 年後の子どもたちの証言』（バベル・プレス、2006 年）11 頁は、共同監護論の批判者が「伝統的家族の形を復元しようとする人々」であるとする見地を述べている。一方、共同監護論は、初めは、女性解放運動の運動家たちによって主張されたものの、この理論は「両刃の剣」であり、次第に父権を助長する利益のために主張され、その推進役となった点を、フランク・E・A・サンダー、水野紀子訳「子の監護権——アメリカ家族法の現状」ジュリスト 782 号 88 頁が述べている。

する政治勢力には、その側面からの議連への賛同もあろう。

しかし、議連全体は、単純なイデオロギーに支配されているとは思えない。議連のかなりの部分を占めるこれらの保守系議員らが上記の各議員懇などに参加しているのは、政府や党の中での地位の獲得や、選挙における党内権力者の支援を得るための、忖度による実利にあると理解するのが政界の実情からの率直な解釈であろう。むしろ、議連は、「父権運動」を担うロビー活動の提起する面会交流強化思想、共同監護思想による当面の具体的要求の、わが国の現実社会への適用実態を深く検討せず、グローバルスタンダードの見地から、単純に理想化して受け入れるのがふさわしいという見地をコンセンサスとしているように筆者には見える。

これらの観察は、議連所属の個々の議員の法案推進の原動力が、家族法の深い洞察によるものではなく、選挙において一票でも有権者から自らへの支持票を得たいプラグマティックな動機に支えられていることを推察させる。まさに、議員の信ずるポピュリズムに通じている。しかし、利害対立の父権と母権が、それぞれ運動化されたときのうねりは、得票に影響する。議連加入者全体が判る名簿はネット検索しても出てこないのはその証左かもしれない。

3　法案をめぐる急速な動き

2016年5月10日議連総会において法案の要綱案と骨子案が示された。

同月26日の議連総会において、法案に盛り込む事項が検討された。

同年8月25日の議連総会において、衆議院法制局の課長により修正された同骨子案による条文の説明がなされた。同総会においては、関係各省庁が取り組むことのできる具体的施策が議題とされた。そのために、法務省、厚労省、文科省、最高裁の、担当者（参事官又は課長）が出席し、厚労省からは、養育費相談支援センター事業、母子家庭就業・自立支援事業、面会交流支援事業について資料が提出された。同じく、内閣府、総務省、警察庁からも関係官も出席した。

同年9月27日の議連総会において、その条文案につき、関係団体である「親子断絶防止全国連絡会」、「NPO法人全国女性シェルターネット」からの意

見聴取がなされた。さらに、法案反対運動の対抗的ロビー活動も活発化し、その条文案は、その後、議連のインナー会議（議連役員及び一部の議連役員による会議）で検討され、インナー会議修文案が作成された。

同年12月13日の議連総会において、同インナー会議修文案が議連の法案として承認された。

法案は議連の議員により、その各所属政党の機関に持ち帰りがなされ、検討されている。今後、同各党の機関で承認されると、議員立法の法案として上程されることになる。市民の賛否の対抗が目立たなければ、難なく議会の多数により可決されかねない[6]。

4　「父権運動」の目標

わが国の「父権運動」は、国に対し当面の具体的要求をしてきた。それは、かねてより親子断絶防止法全国連絡会が取り組んできた国会請願運動の目標に集約されている。その請願は、2015年招集の189回国会にて、衆参の各法務委員会にそれぞれ付託された。該当する請願名「別居・離婚後の親子の断絶を防止する法整備に関する請願」は、次の5点の法整備、関連施策拡充を要求する[7]。

第一は、片方の親の同意なき他方の親による「子どもの連れ去り」の禁止。違反の場合、子どもを速やかに元の場所に戻し、養育の話し合いを可能とすること。そのように戻すことに応じない場合には、子どもを連れ去られた親に暫定監護権を与えること。

第二は、面会交流の拡充。離別後の非監護親には、子どもに対し2週間に一度は泊まりがけで会えることとすること。面会交流の権利性を明らかにし、年間100日以上は会えるようにすること。

第三は、フレンドリー・ペアレント・ルールの導入。すなわち、離別後父母につき、子どもの主たる養育親の決定は、「他方の親により多くの頻度で子どもを会わせる親」に決定するルールを導入すること。

---

[6]　斉藤・前掲注1)、23頁は、このおそれを警告している。
[7]　請願署名簿用紙の表面に記載。

第四は、離婚時父母に対する、離婚後の子どもの共同養育計画作成の義務化。同作成を離婚の成立要件とすること。その非監護親に年間100日以上の面会・養育を義務化すること。養育費を取り決めること。

　第五は、DV法の運用改善。被害申立てを行政が安易に受理せず、警察捜査を義務づけ証拠主義とする。時に精神的DVについては専門家の確認の手順を加えること。親権・監護権の獲得等を目的とする「ねつ造DV」には罰則を強化すること。

Ⅲ　法案の内容

　法案の内容が、上記の「父権運動」の目標の基本部分の趣旨を反映したことは、客観的に見て取れる。

　法案の条項の文章は本稿の末尾に示したとおりである。

　法律の目的（1条）、基本理念（2条）はそれなりに一般論を表現しているようにも見える。しかし、法案2条1項の引用する子どもの権利条約は、同条約の9条3項のみならず、同条約2条、6条、12条、19条、23条、24条、27条、28条、34条等の価値を並存させ、同条約3条により、これらの価値の総合により「子どもの最善の利益」を図る活動をすべての機関に求めている。法案2条1項は、同条約9条3項の子どもと別居親との不分離の権利の実施が、原則としてイコール「子どもの最善の利益」であるという一方的な単純化に立脚している[8]。法案は、この視点を貫き、民法の規定を超えた実質的効果を挙げ、反論に対する防御を設定している。

　法案の実質的な狙いは、次の点にある。

1　子連れの無断別居に対する圧力

　法案は、子どもの父母の婚姻関係破綻により、その父母の一方が他方と別居する前に、子どもの監護者を誰にするか、面会交流等の監護必要事項をどうするかの「取り決め」をしないで、別居を実行した一方の父母に対し、国

---

[8]　親子断絶防止法案に疑問を持つ弁護士&研究者有志・前掲注1）、2頁。

と地方自治体が干渉、介入する義務を定める。すなわち、このような別居に対し、国に、子どもと非監護親との継続的な関係が維持できない事態の発生防止と、仮に同発生があったときの早期解消・改善との、啓発活動義務、相談・情報提供・援助義務をそれぞれ課した（8条1項）。さらに、地方自治体に同様の行為をする努力義務を課した（同条2項）。

このことは、何を意味するか。別居非監護親と子どもの継続的な関係が維持できないため、激しく紛争となっている事案の大部分は、離別父母間の高葛藤事案である。これらの事案において、わが国の現実として生じがちなのが、「子連れの無断別居」である。逆に葛藤の低い事案においては、父母間における離別後の子どもの監護の態様や面会交流などの問題は、公権力の介入がなくても、当事者間で自然解決する[9]。

法案は、わが国の高葛藤父母の置かれた現実を軽視している。筆者は、高葛藤事案の把握をDV事案に矮小化すべきではないと考えている。しかし、父母別居前に、子どもの監護必要事項の「取り決め」がないからといって、監護親が我慢をして高葛藤の現場に子どもと共にとどまり、そうでなければ、客観的に監護不適な現場に子どもを放置して別居することを助長する法制をとるべきではない。

法案によれば、少なくとも、子どもの高葛藤監護権紛争（監護権の帰属・面会交流紛争）の国内事案において、監護親の対応が意に添わない場合の非監護親と「父権運動」のターゲットとして、国、地方自治体が設定されたことになる。もちろん、これらの公権力には強制力はない。しかし、公権力に抵抗する監護親側には、後日の司法判断において、公権力の指導に従わなかった弁解をさせ、その影響の予測について、プレッシャーを課すことになる。

---

[9] アメリカでは、すべての離婚に裁判所が関与する法制である。棚瀬一代『離婚と子ども——心理臨床家の視点から』（創元社、2007年）157頁は、Stahl, P. Mの1999年の著作を引用し、「離婚後に非常に葛藤の高い元夫婦は5％ぐらいといわれており、その他の人たちは、裁判所の力を借りずに何とか自分たちで離婚後の子育てをしている。だが少数の葛藤の高い人たちが、いつまでも些細なことで争い続け、その結果、裁判所のエネルギーの90％近くがこうした高葛藤離婚家族への対応に使われているとも指摘されている（Stahl, 1999）」と述べている。

国際事案に適用されるハーグ子の奪取条約が、子どもの暫定原状回復を図るため、監護親の「子連れ無断別居」を、別居監護親の保護下から非監護親が実力行使して子どもを奪取するのと同次元の「引き離し」として扱う図式を、国内事案に安易に適用すべきではない。法制のインフラが欧米諸国とは異なる[10]からである。

　法案は本質的な深い議論抜きに、「子連れ無断別居」禁止の事実上の圧力を、助成的行政指導の分野に託している点に最大の問題を抱えている。

2　離婚時父母の「書面による取り決め」の努力義務
（民法766条1項の実質改正）

　法案は、子どもの父母が離婚するとき、面会交流等と監護費用の分担についての「書面による取り決め」を行う努力義務を課した（6条1項）。そして、国に、その書面取り決めの支援と、離婚後の子どもと父母との継続的関係の重要性、同父母の果たす役割の情報提供義務を課した（同条2項）、さらに、地方自治体に同様の行為をする努力義務を課した（同条3項）。

　これらは、一見、民法766条1項を具体化したかのごとき外見を持つ。しかし、民法の同項は父母に「書面による取り決め」を行う努力義務など課していない[11]。同項は、協議離婚をするにあたって、その夫婦が子どもに対する面会交流、監護費の分担等「子の監護に必要な事項」の定めをする方法は、第一次的には「協議」であることを定めたにすぎない。そして、同条2項が、その「協議」の不成立又は不能のとき、第二次的に家裁に裁判してもらう方法があることを定めている。

　上記の「取り決め」の成立を、しかも「書面」による成立を、父母の努力義務として新たに立法化することは、たとえそれが努力義務であったとしても、実質的な民法改正である[12]。しかも、国と地方自治体に、その成立がで

10）　水野紀子「家族の自由と家族への国家介入」法律時報89巻9号58頁。
11）　面会交流等において子どもの安心安全を考える全国ネットワーク編『『父母の離婚等の後における子と父母との継続的な関係の維持等の促進に関する法律案』への意見【9. 26現在】」（以下、「9. 26意見」と略称する）12頁（2016年）において、打越さく良弁護士は「改正民法766条により既に『義務』との誤解が広がっている」とコメントしている。

きるよう、「必要な支援」と、面会交流等の重要性、父母の役割についての教示又は一般的教宣を意味する「情報提供」という名の活動とを、設定することは、助成的行政指導の法的設定を意味する。行政指導は、「行政庁が行政目的を達するために助言・指導といった非権力的手段で国民に働きかけてその協力を求め、国民を誘導して、行政庁の欲する行為をなさしめようとする作用[13]」と定義される。書面協定の早期成立支援と面会交流等継続的関係の重要性などをパンフレットやひな形、統計・実績等の資料提供を通じ法案の望む秩序の形成に誘導する行為は、事案の内容に踏み込まないと効果的でない。行政が方向性をもって父母に干渉するおそれは大きい。

3　監護親に対する「定期的」「安定的」な面会交流等の実施の義務化

　法案は、婚姻破綻による離別後の監護親に、子どもを非監護親に面会交流等をさせる場合の「定期」「安定」義務を課した（7条1項）。さらに、その「早期」実施の努力義務を課した（同条2項）。そして、国に、その各義務不履行につき、「相談」、「情報提供」「その他の援助」の実施義務を課した（同条3項）。さらに、地方自治体に同様の行為をする努力義務を課した（同条4項）。

　家裁の裁判、調停等で、具体的面会交流権が形成される以前に、実体法上、抽象的面会交流権が存在するかについては議論がある[14]。民法学者の多数は、その存在を肯定し、筆者の私見[15]も「人間の尊厳」に根ざす自然法原理に基づく抽象的面会交流権を承認する。同時に私見は、その抽象的実体権は、同原理に基づく、子ども、監護親それぞれの「人間の尊厳」に根ざす人格権との対抗関係の中に位置すると考える。民法学者の多数は、この権利は「子の

---

12)　民法766条の平成23年改正に際しての国会の附帯決議自体は、改正法文ではない。
13)　原田尚彦『行政法要論　全訂第4版』（学陽書房、1998年）182〜183頁。助成的行政指導は、行政手続法2条6号所定の規制的行政指導の定義には含まれない。しかし、両者は本文に示した定義において、基本的には、ほぼ同旨である。しかも、現実の作用において、両者が紙一重の事案もあり得る。
14)　梶村太市『家族法学と家庭裁判所』（日本加除出版、2008年）236頁以下。
15)　拙著『高葛藤紛争における子の監護権──弁護士実務の視角から法的課題を問う』（弘前大学出版会、2017年）49頁。

利益に劣後することを認め」、「権利といっても面会交流の実現を当然の内容とするものではない」、「権利性は、民法766条1項の解釈論においては衡量要素の一つという解釈論的意義を持つにとどまる」[16]としている。

　民法766条1項は、面会交流を父母の「協議」の対象であることを定めたにすぎない。上記の抽象的実体権は衡量要素の総合により事案ごとに異なるものであり、一律に原則的に、離婚父母に「定期」「安定」の面会交流実施義務や、「早期」実施努力義務を民法は課していない。法案7条1項は、法案2条の一方的に単純化した基本理念を金科玉条として、又は反論の逃げ道として、実質的には、事案ごとに異なる同抽象的実体権を単純一律化し、民法の規定を超えるワンパターンの態様の実体的権利、義務を制定するものである。

　このような実質的な民法改正は次の影響をもたらす。

　第一に、家庭裁判所に登場する面会交流紛争のかなりの部分を占める高葛藤事案に、現に家庭裁判所が適用し監護親側に実情に反した苦痛を与え、波紋を広げている「面会交流原則的実施方針」（以下、「原則的実施方針」という）[17]による具体的面会交流義務の形成を一層、強化する役割をもたらす。

　第二に、広範な離別後父母の私事に、国の設定した一方的道徳観念を持ち込む。すなわち、低葛藤事案では、同父母間に面会交流問題が自然解決し、行政などの公権力の介入が無くても立派に面会交流が実現していることが多いのは経験則である。同父母が納得し、「非定期」であったり、又は面会・交流の条件が変転する「不安定」であったり、又はその開始が「非早期」であったり、さらには文書合意など無くても、それで良いとして実行している子どもとの面会交流に対し、なぜ「定期」「安定」「早期」を求める法的義務が必要なのか。さらには、自然解決の中には、高葛藤、低葛藤いずれの事案を問わず、監護親も非監護親も一致して、面会交流はしたくない、又はしな

---

[16] 小池泰「非監護親と子の面会交流に関する審判にもとづく監護親に対する間接強制」ジュリスト臨増1466号93頁〔平成25年度重判〕。

[17] 細矢郁ほか「面会交流が争点となる調停事件の実情及び心理の在り方」家庭裁判月報64巻7号1頁が、方針として示している。

いということで明示又は黙示に納得している事案が多いのも経験則である。これはなぜだめなのか。このような国民世論の疑問のある現状に対し、法案は、立法者が一方的に設定した基本理念を振りかざし、面会交流が、平穏な国民の私事にも優先し、「子どもの最善の利益」の実現に至上であるとする道徳観念（面会交流至上主義）を、立法化により示そうとする。このようなことを民法は予定していない。

　法案7条3項、4項は、事案の高葛藤、低葛藤を問わず、裁判所の関与の有無を問わず、広範な領域に、「定期」「安定」「早期」の面会交流義務の実現という立法者の理想の秩序形成を達成するため、行政の介入を用意した。その手段が「相談」「必要な情報提供」「援助」であったとしても、それらは、同秩序形成を目指して父母を誘導する行政指導にほかならない。すなわち法案は、行政の非権力的作用として父母の同意の形成を誘導する事実行為のプロセスとして、広義の家事事件手続を設定したことになる。結果的に、高葛藤の具体的事案につき、「父権運動」が行政の行動をターゲットとして活動することになろう。

4　「面会交流原則的実施方針の固定化＝比較基準方式排除」の立法化

　法案9条は、面会交流実施を制約する特別事情を定める。法案文中の「特別の配慮」は「特別」であるゆえに、正に「例外」を意味する。これは、「原則的実施方針」における「特段の事情」と軌を一にする。

　「原則的実施方針」は、東京家裁が発信し、司法行政による研修等を通じ、全国の裁判所に波及し、まさに家裁関係者を「忖度」の渦に巻き込んでしまった。それは、単純化されたわずかの種類の例外を除き、面会交流は原則実施されるべきとのポリシーに立ち離別後父母を説得し、合意に至らない場合はその基準で裁判すべしとする方針である。

　法案9条は、「特別の配慮」の名のもとに、この方針を、家庭裁判所内外を問わず広い範囲に適用すべき国の方針として立法化しようとする。これが実現すれば、裁判所内に限って見れば、調停や裁判を、「比較基準方式」[18]によって運用することを排除することになる。

　面会交流をめぐる裁判所係争で深刻さを増しているのは高葛藤事案である。

高葛藤ゆえに裁判所係属となっている。それは、裁判所係属事案のかなりの部分を占める。このような複雑な状況につき、面会交流の可否、程度を決するためには高度の判断を要する。そして、個々の裁判体が、学問的、実務的にどのような方式や方針を採用するかは、あくまで法の運用次元の問題である。運用方式・方針は、法自体ではない。家庭裁判所においては、多彩な要素を比較考量し総合判断する「比較基準方式」を採用し実務運用することは、現に可能である。この運用の方がはるかに公平である[19]。

　ちなみに、「原則的実施方針」に対する実務家の批判に、「面会交流原則的否定論」の呼称を付して批判する見解がある[20]。しかし、同実務家は、「比較基準方式」を運用方式とし、請求原因的事実と抗弁的事実との二元的総合判断を裁判所に求めているのであり、面会交流の原則的な禁止を主張したり、可能な面会交流自体の否定を主張していることは、全くない。近時、代表的学会誌の冒頭論文の小見出し[21]に、「原則的実施方針」を批判する立場に、「面会交流原則否定論」の呼称を付し、その概念を付す理由と、同概念の射程を述べない叙述が見いだされることは残念であり、誤解が学会内に波及しないように善処を要望したい。

　法案が、裁判外の高葛藤事案の行為規範とすることも含め、裁判所係争の面会交流紛争において、問題のある一つの運用方針にすぎない「原則的実施方針」を法規範にまで格上げすることは、甚大な影響が出る。

---

18) 栄春彦＝綿貫義昌「面接交渉の具体的形成と執行」野田愛子＝梶村太市総編集『新家族法実務大系2』（新日本法規、2008年）335頁以下が考量すべき多彩な判断要素を示し判断基準としている。このような判断基準による運用が「比較基準方式」である。
19) 「原則的実施方針」が「例外」で線引きし、「例外」なるがゆえの厳格な解釈を加えた場合、それ以外の範囲では、面会交流が子どもの精神的な健康、心理的・社会的な適応改善に有効であると断定する心理学的知見は実証されていない（本書の、第1章が詳論）。わずかの「例外」につき、証拠による立証負担を監護親側にハードルとして課す「原則的実施方針」は有害であるとさえいえよう。
20) 宮﨑保成『面会交流原則的否定論への疑問――親子引き離し弁護士への反論集』（デザインエッグ、2015年）。
21) 棚村政行「親権者・監護者の決定とフレンドリー・ペアレント（寛容性）原則」家族〈社会と法〉33号7頁。

5 「継続的関係維持」の「促進施策」を行政の責務とする一般条項の機能

法案は父母離別後の子どもと非監護親との継続的関係の維持等の「促進」を国、地方自治体の行政に義務づけた（3条1項、2項）。すなわち、行政には、その「促進」施策の策定・実施の「責務」があることになる。

司法機関が監護親に受忍限度を超えた面会交流を義務づけた場合、行政機関が、その義務履行をバックアップする人的、物的施設を準備する「施策」にとどまらない広範な「継続的関係の維持等の」「促進」施策の策定を、一般条項により責務化したのが法案である。司法審査による判断とは別個に、国と地方自治体が、具体的事案における上記継続的関係の維持のどこまで関与し得るか。離別後父母の平穏な自治の領域にどこまで介入し得るか、広範な判断機能、介入機能を行政に負わせることになる。結果的に、法案が面会交流の「定期」「安定」「早期」実施と「書面」協定による実施とを理想とする道徳観念を理念とする以上、この一般条項は、行政レベルで独自に「原則的実施方針」を貫かなければ、「促進施策」の策定・実施の責務を果たしたことにはならないという行政の独走のおそれを生み出す機能を秘める。

6　附則3条により「離婚後の父母共同親権制度」導入を展望すること

このような国民生活に影響にある大問題の導入検討を、附則に定めること自体に、国民的議論が必要である[22]。

Ⅳ　法案立法化についての危惧

1　立法の経緯と動機の危うさ

法案はわが国の「父権運動」に突き動かされて登場した。したがって、「父権運動」のイデオロギーを強く反映している。上記Ⅱ4の「父権運動」の目

---

[22]　前掲注11）「9.26意見」9頁、10頁において、戒能民江教授は、「本法律案の真の狙いは」法案の附則に定める3点の検討事項すなわち「①離婚後の共同親権制度の導入、②面会交流のあり方の検討、③国内における父母の一方的な子の連れ去りへの対応についての検討」にあると述べている。

標のうち、まず、監護親の「子連れ無断別居」禁止要求を、法案 8 条をもって行政の干渉対象とした。同目標のうち、「2 週間に 1 回の泊まりがけ」面会、「年間 100 日以上の面会」などの目標達成は、離婚後単独親権法制下の現実に適合しない。監護親の反発は必至であり、実現不可能である。この目標に少しでも接近するため法案 7 条は、監護親の「定期」「安定」の面会交流義務と「早期」の同努力義務を設定した。また、同目標のうち、フレンドリー・ペアレント・ルールの導入の点は、裁判所への要求である。裁判の内容の判断ルールを法案化するには、わが国の立法例としては飛躍がある。さらに、同目標のうち、「ねつ造 DV」への罰則強化などは刑事手続要求であるため単純には立法し得ない。そこで、これらの目標に間接的に接近するため、法案 9 条は、「原則的実施方針」を実体法上の原則として格上げする機能の法文を設けた。そして、わが国の「父権運動」の本質的要求である「離婚後父母共同親権制度」を実現すべき展望を「検討」名目で、法案附則 3 条に法文化した。

このような法案の作成経緯は、最終段階で「NPO 法人全国女性シェルターネット」からの意見聴取を加え、これとは別に、反対派の激しい対抗的ロビー活動による修文を加えたとはいえ、速成の感を否めない。

議連所属議員らは、立法理念と、その適用実態を深く検証せず、単純な牧歌的論理[23]を自らの思想に融合させ、一票でも欲しい選挙の生存競争を生きぬく動機で、この議員立法の運動に賛同しているのではないか。そのような疑念が生まれる実態も不安である。

2 逆立ちした発想

本来、法案が検討事項としている本質論の、わが国の現実に対する適合の是非の、調査研究が先行すべきではないだろうか。

---

[23] 例えば、大森貴弘講師が朝日新聞（2017 年 9 月 21 日付）の「私の視点」欄に論述している「離婚した父母が笑顔で子を受け渡し、子はふだん別居している親と交流する。週末や夏休みには別居親のもとで宿泊し楽しく過ごす。そんな光景が世界の国々では当たり前に見られる」などという、事実を深く検証しない論理。

離婚後の子どもの父母は別々の人生を歩む。価値観も変わる。再婚、再婚相手と子どもとの養子縁組をはじめ、新たな家族環境の変化も生ずる。離婚後共同親権法制に立つ欧米諸国は、すべての離婚に裁判所が関与する。離婚後の監護親の転居制限（リロケーション）はもちろん、子どもの進学先、課外のクラブ活動、校外のスポーツクラブや音楽のレッスン、学習塾の選択、その費用は誰が負担するか、どこの病院で病気を治療させるか、医療情報はだれに与えられるかに至るまで激しい争いが生ずるたびに最終的には裁判所が関与せざるを得ない。このような文化[24]を、わが国に根づかせるか否かの選択の研究こそ先行させねばならない。

そして、このような紛争に陥る可能性のあるわが国の高葛藤面会交流紛争に対し「原則的実施方針」を維持するのが正しいのか、その方針を変更すべきかの調査、研究に当面着手するのが筋である。父母の葛藤が低いため、自主的に自然な効果を上げている面会交流はかなりあり、これらは、「定期」「安定」「早期」でなくとも良いのではないか、その高葛藤、低葛藤を問わず、父母が一致して面会交流はしない、又はしたくないと了承している現実はかなりあるのではないかなどの、各調査研究も必要である。これらを飛ばして一定の価値観に行政の力を総動員する立法をしてしまい、後日、離別後父母の共同親権法制の検討を政府に義務づける法案のあり方は、発想が逆転している。政府が法制審議会にて本質論から審議し、具体策の立法内容を提案すべき問題である。

3　面会交流制限・禁止領域としての「DV」論争への誘導の危惧

最近の長崎、兵庫で各発生した国内での面会交流に関連した殺人事件が波

---

[24]　エリザベス・セイアー＝ジェフリー・ツインマーマン、青木聡訳『離婚後の共同子育て——子どものしあわせのために』（コスモスライブラリー、2010年）は、離別後の高葛藤の両親がどんな小さな判断も、例えば子どもの耳にピアスの穴をあけることの許否、子どもの歯列矯正の必要性に至るまで父母の意見の不一致を裁判所に確認し、言動が記録され評価が実施され宣誓が必要になり、裁判所が指示する子育てプランを守ることを求められる文化の中で、とてつもないエネルギーを費やし準備と努力をする父母に対する解決策を論じている。

紋を誘発している[25]。かねてより、面会交流「困難領域」のテーマとして、DVについて論争が集中している。

家庭裁判所が「原則的実施方針」を強力に監護親に強いる。これに抵抗する監護親側の論者、とりわけ、DV問題に造詣の深い論者は、DVの概念の範囲を広く解し論戦する。すなわち、同範囲につき、「DV」は、身体的暴力、精神的暴力、経済的暴力、性暴力、社会・文化的暴力と、これらの複合反復を含む[26]と解釈する。

一方、「父権運動」に象徴される非監護親側の論者は、「ねつ造DV」「DV冤罪」による非監護親の被害を主張し論戦する。もちろん、激しく争う面会交流紛争において、監護親側が、非監護親のささいな行為を針小棒大に誇張しDVをねつ造することがあり得るのは経験則である。しかし、これらの論争が家裁係属事件で生ずる原因は、「原則的実施方針」が、面会交流を例外的に制限・禁止する数少ない事由の「特段の事情」の一つを「暴力等」（DV）に限定し示すからである。しかも家裁は、その認定に、厳格に証拠提出を監護親に求め、さらには、診断基準すら確立していない精神医学分野の、子どもの症状判断に、医学者ではない家裁調査官調査に素材を依存する。

論争は家裁の作った土俵の中で行われることを余儀なくされ、原則的実施の例外としての「DV」を前提とし、これに含まれるか否かの論戦にエネルギーを注ぐ矮小化された現象を生み出す。家庭裁判所の「原則的実施方針」を励ます法案施行は、裁判外を含め、この現象をますます助長する懸念を深くする。

筆者は、問題の本質は、当該面会交流紛争が「高葛藤」事案なのか否か、父母間の「高葛藤」が子どもを巻き込んでどのような現象を生んでいるか、子どもの前で「高葛藤」が無いかのよう父母が演技して済む問題なのか（そんな軽々しいことで解消する葛藤ならば、「高葛藤」とはいえない）という

---

25) ちなみに、斉藤・前掲注1）、24頁はアメリカにおける監護・面会交流絡みでの殺人事件数、具体的事例を紹介している。
26) 鈴木隆文・麻鳥澄江『ドメスティックバイオレンス――援助とはなにか　援助者はどう考え行動すべきか　3訂版』（教育史料出版会、2008年）132頁以下。

点にあると考える。「葛藤」とは、国語的には、「[からみあったカズラやフジの意]愛憎や人を切るか助けるかなど対蹠的な心理状態が、その時どきにしのぎを削って表面に出ようとしてせめぎ合うこと。「両家の間の―［＝いがみあい］／心の―」（三省堂『新明解国語辞典　第7版』より）を意味する。この状態が「高度」か否かを問題とすべきである。筆者は、この「高度」如何は「比較基準方式」によって判定し、面会交流の可否、程度を判定すべきと考える。

法案の施行は、「原則的実施方針」の土俵でしか問題を考えない紋切り型思考を蔓延させる。

4　子どもの意思把握の紋切り型先入観の助長の危惧

法案2条2項は、現行家事事件手続法（同法65条、152条）の想定している程度の紋切り型表現をしている。しかし、家裁でのその運用は、家裁調査官主導で、時間の余裕もなく行われている。実態は、診断基準すら確立しているとはいえない小児精神医学の分野の、専門医師でもない家裁調査官が、司法行政の推奨する「原則的実施方針」を忖度せざるを得ない構造で主観的に行われる[27]結果、現実には家裁関与で決まった面会交流の困難事例が増えている。この責任を単に監護親に転嫁して済む問題ではない。

法案の施行は、裁判外の事案も含み、父母離別後高葛藤事案全体に、面会交流についての子どもの意思把握の形骸化を促進する危惧を覚える。家裁調査官ですら「例外」方針を忖度せざるを得ない傾向を、裁判外で関与する行政において、法案の枠組みの中で、独自運用できるのか極めて疑問である。

---

[27]　前掲注11）「9.26意見」6頁、7頁において、ウィメンズカウンセリング京都の周藤由美子氏は、「裁判所等では客観的にわかりやすい身体的DVしかDVと認めない傾向があります。」「面会交流において子どもが許否しても『母親がそうさせている』もしくは『母親の意向を来にして本当は父親に会いたいのにそう言えないのだ』という先入観で判断されることが多く子どもの意思が尊重されません。」「家裁の調査官による調査では子どもが父親のことを口にしただけで父親に会いたがっていると判断することもあります。」と述べている、なお、可児康則「面会交流に関する家裁実務の批判的考察――『司法が関与する面会交流の実情に関する調査』を踏まえて」判例時報2299号14頁参照。

5　行政に裁判所機能を持たせる無理

　欧米諸国のように、すべての離婚に裁判所が関与する制度とは異なる。わが国では87％程度が協議離婚である。全国津々浦々の地方自治体に、離婚父母による子どもの、その後の監護計画の指導などできるはずがない。法案は、欧米諸国の裁判所が行う制度を真似て、離婚届受理の自治体に「情報提供」「支援」の名の下に、「書面協定」「定期・安定・早期」の面会交流や養育費負担等の助成的行政指導を行わせようとする。日本の地方自治体の現状は大量の臨時職員、期限付き職員が入れ替わりながら住民対応業務に忙殺されている。民法の家族法規定の根本的改正抜きに雰囲気だけ、欧米諸国を真似ようとしても無理である。パンフレット・リーフレット、合意書書式や養育プラン書き込み用紙の配布（これらを行い、内容を丁寧に説明し、指導した程度では対立事案の問題解決にはならない）、相談件数の統計作りや、各種のカラー刷りの豪華な印刷物を含む文書の印刷に予算を使うだけで終わってしまう。

　内容判断の権限のない自治体職員には、相談者から求められる高葛藤事案の調停、裁判機能は、もともと想定外であろう。今まで行われてきた弁護士が関与する自治体の無料法律相談制度（これを、拡充したとしても）が、父母一方の側ずつの法律相談を受けることを超える調整、解決機能は期待できない。民間ADRに解決を委託することに、予算を使ったとしても、現在の家裁以上の機能を発揮できるとは思えない。何年もの歴史を重ねて洗練されてきた官制ADRである家事調停の方が優れていることは明白である。地方自治体がこの程度の真似事で、紛争解決の肝心の部分に実効性を欠くなら、形骸的公務の自己満足に終わってしまう。

6　監護親の市民的防衛を担う行政による面会交流援助に対する危惧

　葛藤の低い離別後父母は、子どものために良いと考えれば、行政の力など借りなくても自然に面会交流ができる。また、高葛藤であっても、離別後父母双方が、面会交流実施は嫌だ、又は不適当だと意思統一しているなら、国は無理矢理面会交流させない。なぜ、行政の面会交流実施援助が必要になるのか。決まった面会交流義務を履行しない監護親に、公的制裁を課すからで

ある。

　欧米の離婚後父母共同親権制度採用国では、合意された又は裁判で命じられた面会交流に応じない監護親に対し、刑罰や身柄拘束を含む厳しい制裁を課す。当然、厳しい制裁による強制は、その受忍に苦しむ親たちの市民的防衛として、民間の面会交流援助団体を自然発生させた。このような団体を政府や自治体が助成や業務委託することを主流として面会交流公的援助制度が誕生した。

　わが国でも、面会交流義務の強制執行として、間接強制による強制金の賦課・累積の懲罰的効果の影響は大きくなっている[28]。しかし、日本の純理想的家族法学者が救いを託しているほど、この公的援助制度は必ずしも理想的に機能していない。アメリカでは[29]、経済的に中上流層にある人々は、費用を徴収する民間プロバイダーの、専門性の高い自分に必要なプロフェッショナルなサービスを選び利用できる。しかし、資力のない貧困層は、公的支援の枠組みに入るのが大変で、例えば、連邦政府の助成金で運営される州の監督付面会交流、中立的受け渡しのプログラムによる支援を受けるため、長い順番待ちが多い。しかも、その支援期間はわずか4か月である。アメリカが今も悩んでいるのは、費用の負担の問題である。フランスでは[30]、援助の求めの増大にもかかわらず、民間の非営利団体の面会交流センターの45％に待機リストができ、順番待ちの列が伸びているにもかかわらず、多くは特定

---

[28]　梶村太市『裁判例からみた面会交流調停・審判の実務』（日本加除出版、2013年）302頁によれば、わが国の裁判例の実態として、間接強制の強制金の金額は、「月額の場合、5万円から10万円の間」であるという。なお、東京家裁が1回の不履行ごとに100万円の強制金の支払いを命じた（東京家決平成28・10・4判時2323号135頁）ことが報道された反響は大きかった（抗告審の東京高決平成29・2・8判例集未登載は、同金額を30万円に減額した）。間接強制の強制金は民事執行法172条4項の趣旨から見ても、懲罰的損害賠償の性格を持つ。

[29]　原田綾子「アメリカにおける面会交流支援」棚村政行代表法務省委託研究『親子の面会交流を実現するための制度等に関する調査研究報告書』204頁以下（2011年）http://www.moj.go.jp/conteent/000076561.pdf（2014年3月10日アクセス）。

[30]　色川豪一「フランスにおける面会交流制度」棚村政行編著『面会交流と養育費の実務と展望——子どもの幸せのために』（日本加除出版、2013年）245頁。

の曜日の限られた時間だけ開室しており、資金不足のため、縮小や休止に追い込まれたところもある。その資金の多くは公的補助金によっている。以上は2013年までに公表の情報によるものである。国際的に貧富の分断が進んでいる現在の実情はどうなっているのであろうか。筆者にはさだかでない。

　法案7条の行政による面会交流の実施援助の行き着く先は、わが国における民間の面会交流援助機関に公的資金を投入し、又は国や自治体が同援助機関を自営することの強化措置まで射程に入るであろう。この場合、子どもを持つ離別後父母全体の切実な要求がどこに集中しているかの実態とのバランスの検討が求められる。2013年発表の情報によると、国が「母子家庭等就業・自立支援センター事業の一部」として位置づけた面会交流支援事業を、東京都は「東京都ひとり親家庭支援センター事業」として取り込んだ。都はこれらセンターの運営を一般財団法人東京都母子寡婦福祉協議会に委託しているところ、公益社団法人のFPICの相談員を面会交流支援員として位置づけ相談を実施した。その結果、2012年5月から同年12月までの同相談件数は計279件であった。しかし、その内、実際の面会交流につながったケースは13件であった[31]。その後の資料では、2012年度全体の同相談件数は計355件、面会交流実施家族数11件、2013年度全体の同相談件数は計280件、面会交流実施家族数18件、2014の同相談件数は計243件、面会交流実施家族数19件、2015年度全体の同相談件数は計251件、面会交流実施家族数14件、2016年度の同相談件数は計229件、面会交流実施家族数21件となっている[32]。また、都が同事業を開始する前に予想したのは、非監護親父からの相談であったにもかかわらず、監護親母からの相談が多く、その内容は離婚の際に決めた面会交流の条件を緩和したい（頻度回数・負担を減らしたいなど）というものであることが明らかにされた[33]。

　これらの実態は、公務員や、運営を委託された一般財団法人は管理労働の

---

[31]　田村陽子「東京都の取組——東京都ひとり親家庭支援センター「はあと」での支援」棚村編著・前掲注30) 202頁。

[32]　田村陽子「東京都の取組——東京都ひとり親家庭支援センター「はあと」での支援」棚村政行編著『面会交流と養育費の実務と展望　第2版』（日本加除出版、2017年) 209頁。

[33]　田村・前掲注31)、202頁、同・前掲注32)、210頁。

みを行い、実動部隊である公益社団法人FPICの相談員らに、相談件数に対比して現実に実施数の少ない、すなわち相談者の多数の要求とずれていて専門技能を少数しか行使できない面会交流支援実施を担当してもらっていることを示している。一般的にいえば、わが国において、多額の公的資金を使用しても、箱物や多様な管理費用、管理人件費に予算を振り向け、市民的要求とずれている本来の目的設定事業を実施する公的プロジェクトと同様の轍を踏むおそれを危惧する。真の市民的要求に対応するのは、行政が想定する器によっては無理なのではなかろうか[34]。

7　養育費問題の位置づけ

　法案は、離婚後父母の子どもに対する養育費分担を離婚時の書面協定にて父母に努力義務を課し（6条1項）、離別父母間の養育費分担状況の調査研究の推進を国と地方自治体に課し（12条）、その債務の履行確保を検討課題としている（附則3条）。書面協定による上記義務づけ以外は、法案化しなくても常識のことである。非監護親の「父権運動」は、離別後の共同監護・共同養育制度を志向した面会交流強化策を実現するため、子どもの養育費分担問題をこの限度でセットにし、親子断絶防止策とした。

　しかし、養育費問題は、より本質に立ち返った独自の議論が必要と筆者は考える。監護親側の権利擁護運動は、離別後に請求の養育費算定表の高額化[35]を提起する。理想主義的家族法学者は、公的扶助の優先よりも私的扶養システムの強化を主張し、非監護親からの公的な養育費取り立てを評価する[36]。これで良いのだろうか。

　筆者の実務的経験は、とりわけ、子どもが自主的に意思を表明できない幼

34）　このことは、高葛藤事案の現場で悪戦苦闘している弁護士が最も知っている。前掲注11）「9.26意見」16頁ないし19頁の、A弁護士（匿名）のコメントは、まさに真実の声であることを、筆者は同業者として共感する。ただし、A弁護士が求める「第三者機関」が、公的に設定されても、同機関はA弁護士の苦慮する問題を解決できないと筆者は考える。
35）　日本弁護士連合会両性の平等に関する委員会編『養育費・婚姻費用の新算定マニュアル――具体事例と活用方法』（日本加除出版、2017年）2頁以下など。
36）　棚村政行「養育費の実情と今後の課題」棚村編著・前掲注32）32頁。

少児のため、もっとも高葛藤紛争が発生する平均的な若年父母の離別紛争において、養育費負担問題は面会交流紛争の深部に伏在し、法律家の形式論理＝純理想と相剋しているように見える。自己責任が強調される生存競争の中で、定職の不安を抱え、家庭生活と家計を二分された若年の低収入の非監護親父の側の弁護士実務を担当すると、非監護親に対し、家裁が、円満な夫婦の生活保持義務まがいに養育費等算定表を金科玉条のように納得させる現実は、非監護親の生存に酷である現実に遭遇することを体験する。それは同父の心理を追い込み、面会交流、共同養育要求を先鋭化させていく。一方、監護親・非監護親のいずれの側の弁護士実務でも、子どもの養育費が、自らの有責行為につき、元配偶者、子どもに対する贖罪の意味や、精神的負い目の軽減の意味を持つ場面にも遭遇する。さらに、高葛藤事案においては、裁判所の勧告に従い養育費の支払いをすれば、監護親側の面会交流協力意識が高まるという発想は、そのように単純なものではない。高葛藤事案において、このように養育費分担と面会交流をセットにする非現実性を痛感する反面、非監護親の経済的苦境を養育費減額又は免除で救済することにより、面会交流問題が解決したことも見ている。

　まさに監護親にとっては、子どもと自らの生活費の確保こそが問題の中心にある。その供給源の問題は二次的である。私見としては、優先関係を問わず、公的財源を投下した後に、非監護親に応分の負担をさせる法制を志向すべきと考える。離別して、もはや経済的協同生活の価値を生み出す環境にない非監護親に、「生活保持義務」の基準で養育費負担を義務づける発想には反省を要すると考える[37]。また、人間社会の構造、人間関係の根底には金銭の流れがあたかも血液のようにめぐり、人間意識を左右している真実がある。子の視点も見失わず、面会交流問題と養育費負担問題の相関を研究していくべきと考える。

---

[37]　共同親権運動の側で極端なまでに先鋭的な主張をしている後藤富士子弁護士の見解中、離別後父母に「生活保持義務」を適用すべきでないとする点に関する限り筆者は賛同する。同弁護士の見解は、『『最低生計費』と『生活保持義務』㈠㈡』自由法曹団通信1609号6頁、1610号12頁参照。

8　補論
――学者・実務家有志による「子ども養育支援基本法（案）」提案の評価

　学者、実務家の一部から、法案に賛同し、さらに行政の「支援」を強化拡大し、離婚制度への民法等改革、子どもの親権・監護法制の見直し、養育費の立替・取り立て代行等など将来の課題を展望する「子ども養育支援基本法（案）」の提案と、趣旨説明文が、2017年2月に、議連幹事長の議員あてに提出された。しかし、利害対立の一方の側の「父権運動」とタイアップして、その利害を拙速に立法化しようとする法案に賛同することは、取りあえずの法案の限度で賛成していることを示す。結果的に、法案の立法化を後押しし、法案に対する様々な利害対立者からの懸念を切り捨てる。離婚制度への民法等改革その他の大問題は、まさに国民世論に訴える法制審議会のテーマであろうと考える。むしろ、これらの学者、実務家の方々には、法案とは関係なしに広範な国民的議論の土俵を作っていただくことが求められる。

V　結語

　以上の検討により次のとおり総括したい。①法案は、わが国の「父権運動」の目に見える到達点として登場した。②議連のバックバッボーンとなる思想は単純ではない。復古主義的家族思想の潮流を含んでいるものの、「父権運動」の影響により、欧米諸国の離婚後の子どもの共同監護思想をグローバルスタンダートの射程として（欧米におけるその後の変化や反省、わが国への適用における文化的混乱の検討もなく）、牧歌的に理想化した一律思考をコンセンサスにして動いているように見える。個々の所属議員の選挙における集票の動機もうかがえる。③法案の最大の目玉は、婚姻関係破綻の環境下での「子連れ無断別居」を禁止し、その違反行為に圧力をかける法的根拠を作ったことにある。このことはその後の司法の場での、高葛藤紛争を非監護親に有利に導くことにもなる。④法案では、民法で義務化されていないその規定を超える義務を、離別、離婚後父母に課する実質的民法改正を行う問題点も重要である。離婚時父母の子どもの監護事項の書面協定の努力義務、離別父母の子どもとの面会交流の「定期」「安定」実施義務、「早期」実施努力義務の法

定である。⑤法案は、家裁での面会交流実施の運用方針である「原則的実施方針」を「法」に格上げし、「原則的実施方針」の「例外」を「特別の配慮」として法定化した点の生み出す影響も大である。これにより、同運用方針として公平の機能していた「比較基準方式」が裁判外も含めて排除されることになる。⑥法案の予定する国と地方自治体の「助成的行政指導」の方式は問題を含む。行政にADRの民間委託などの裁判所機能を行わせることは無理である。介入する行政の取り扱いは、子どもの意思把握についても、紋切り型対応になるしかない。さらに、面会交流義務違反に対する裁判所の制裁（間接強制）につき、市民的防衛に役立つ行政の「面会交流援助制度」については構築に危惧がある。⑦養育費問題については、独自の視点で、本質に立ち返って位置づけを議論する必要があると考える。⑧純理想主義的見地に立っていると（私見では）思われる学者、実務家の方々が、提案する「子ども養育支援基本法（案）」は、客観的に見る限り、議連の法案を後押しし、議連の意図と利害の対立する人々の、切実な要求を切り捨てる結果をもたらすと考える。

■資料

父母の離婚等の後における子と父母との継続的な関係の維持等の促進に関する法律案

　（目的）
第一条　この法律は、父母の離婚等（未成年の子（以下単に「子」という。）を有する父母が離婚をすること又は子を有する父母が婚姻中に別居し、父母の一方が当該子を監護することができなくなることをいう。以下同じ。）の後においても子が父又は母との面会及びその他の交流を通じて父母と親子としての継続的な関係（以下単に「継続的な関係」という。）を持つことができるよう、父母の離婚等の後における子と父母との継続的な関係の維持等（継続的な関係の維持、増進および回復をいう。以下同じ。）に関し、基本理念及びその実現を図るために必要な事項を定めること等により、父母の離婚等の後における子と父母との継続的な関係の維持等の促進を図り、もって子の利益に資することを目的とする。

（基本理念）
第二条　父母の離婚等の後においても子が父母と継続的な関係を持つことについては、児童の権利に関する条約第九条第三項の規定を踏まえ、それが原則として子の最善の利益に資するものであるとともに、父母がその実現についての責任を有するという基本的認識の下に、その実現が図られなければならない。

　2　父母の離婚等の後における子と父母との継続的な関係の維持等に当たっては、子にその意思を表明する機会を確保するよう努め、子の年齢及び発達の程度に応じてその意思を考慮するとともに、父母が相互に相手の人格を尊重しつつ豊かな愛情をもって子に接し、いやしくも子の健全な成長及び人格の形成が阻害されることのないようにしなければならない。

　3　父母の離婚等の後における子と父母との継続的な関係の維持等の促進に当たっては、児童虐待の防止等に関する法律（平成十二年法律第八十二号）及び配偶者からの暴力の防止及び被害者の保護等に関する法律（平成十三年

法律第三十一号）の趣旨に反することとならないよう留意しなければならない。

（国及び地方公共団体の責務）

第三条　国は、前条の基本理念（以下「基本理念」という。）にのっとり、父母の離婚等の後における子と父母との継続的な関係の維持等の促進に関する施策を策定し、及び実施する責務を有する。

2　地方公共団体は、基本理念にのっとり、父母の離婚等の後における子と父母との継続的な関係の維持等の促進に関し、国との連携を図りつつ、その地域の状況に応じた施策を策定し、及び実施する責務を有する。

（関係者相互の連携及び協力）

第四条　国、地方公共団体、民間の団体その他の関係者は、基本理念の実現を図るため、相互に連携を図りながら協力するよう努めなければならない。

（法制上の措置等）

第五条　政府は、この法律の目的を達成するため、必要な法制上又は財政上の措置その他の措置を講ずるものとする。

（離婚後の面会及びその他の交流等に関する取決め）

第六条　子を有する父母は、離婚をするときは、基本理念にのっとり、子の利益を最も優先して考慮し、離婚後の父又は母と子との面会及びその他の交流並びに子の監護に要する費用の分担に関する書面による取決めを行うよう努めるものとする。

2　国は、子を有する父母が早期かつ円滑に前項の取り決めを行うことができるよう必要な支援を行うとともに、子を有する父母であって離婚しようとするものに対し、父母の離婚後においても子が父母と継続的な関係を持つことの重要性及び離婚した父母が子のために果たすべき役割に関する情報の提供を行うもの〔ママ〕する。

3　地方公共団体は、子を有する父母が早期かつ円滑に第一項の取決めを行うことができるよう必要な支援を行うとともに、子を有する父母であって離婚しようとするものに対し、前項の情報の提供を行うよう努めなければならない。

（定期的な面会及びその他の交流の安定的な実施等）

第七条　父母の離婚等の後に子を監護する父又は母は、基本理念にのっとり、当該子を監護していない父又は母と当該子との定期的な面会及びその他の交流が子の最善の利益を考慮して安定的に行われ、親子としての良好な関係が維持されることとなるようにするものとする。
　２　父母の離婚等の後に子を監護する父又は母は、当該子を監護していない父又は母と当該子との面会及びその他の交流が行われていないときは、基本理念にのっとり、当該面会及びその他の交流ができる限り早期に実現されるよう努めなければならない。
　３　国は、第二項の面会及びその他の交流の実施等に関し、子を有する父母に対し、その相談に応じ、必要な情報の提供その他の援助を行うものとする。
　４　地方公共団体は、第一項及び第二項の面会及びその他の交流の実施等に関し、子を有する父母に対し、その相談に応じ、必要な情報の提供その他の援助を行うよう努めなければならない。
　（子を有する父母に対する啓発活動等）
第八条　国は、子を有する父母が婚姻中に子の監護をすべき者その他の子の監護についての必要な事項に関する取り決めを行うことなく別居することによって、子と父母の一方との継続的な関係を維持することができなくなるような事態が生じないよう、又は当該事態が早期に解消され若しくは改善されるよう、子を有する父母に対し、必要な啓発活動を行うとともに、その相談に応じ、必要な情報の提供その他の援助を行うものとする。
　２　地方公共団体は、前項の事態が生じないよう、又は当該事態が早期に解消され若しくは改善されるよう、子を有する父母に対し、必要な啓発活動を行うとともに、その相談に応じ、必要な情報の提供その他の援助を行うよう努めなければならない。
　（子の最善の利益に反するおそれを生じさせる事情がある場合における特別の配慮）
第九条　前三条の規定の適用に当たっては、児童に対する虐待、配偶者に対する暴力その他の父又は母と子との面会及びその他の交流の実施により子の最善の利益に反するおそれを生じさせる事情がある場合には、子の最善の利

益に反することとならないよう、その面会及びその他の交流を行わないこととすることを含め、その実施の場所、方法、頻度等について特別の配慮がなされなければならない。
（民間団体の活動に対する支援）
第十条　国は、父又は母と子との面会及びその他の交流の円滑かつ適切な実施のための支援その他の活動であって民間の団体が行うものを支援するために必要な措置を講ずるものとする。
　2　地方公共団体は、前項の活動を支援するために必要な措置を講ずるよう努めなければならない。
（人材の育成）
第十一条　国及び地方公共団体は、父母の離婚等の後における子と父母との継続的な関係の維持等の促進に寄与する人材の確保及び資質の向上のため、必要な研修その他の措置を講ずるよう努めなければならない。
（調査研究の推進等）
第十二条　国及び地方公共団体は、父又は母と子との面会及びその他の交流の実施状況、子の監護に要する費用の分担の状況等に関する調査及び研究を推進するとともに、その結果を踏まえて父母の離婚等の後における子と父母との継続的な関係の維持等の促進に関する施策等の在り方について検討するよう努めなければならない。
（国の地方公共団体に対する援助）
第十三条　国は、地方公共団体が行う父母の離婚等の後における子と父母との継続的な関係の維持等の促進に関する施策に関し、必要な助言、指導その他の援助をすることができる。
　　　附　　則
（施行期日）
第一条　この法律は、公布の日から施行する。ただし、第六条から第九条までの規定は公布の日から起算して二年六月を超えない範囲内において政令で定める日から施行する。
（検討）
第二条　国は、第六条から第九条までの規定の円滑な実施を確保するため、

この法律の施行後二年以内に、父又は母と子との充実した面会及びその他の交流を実現するための制度及び体制の在り方並びに同条の事情の有無に関する調査に係る体制の充実その他の同条の特別の配慮の在り方について検討を加え、必要があると認めるときは、その結果に基づいて所要の措置を講ずるものとする。

第三条　政府は、父母の離婚後においても父母が親権を共同して行うことができる制度の導入、父母の離婚等に伴う子の居所の指定の在り方並びに子と祖父母その他の親族との面会及びその他の交流の在り方について検討を加えるとともに、子の監護に要する費用に関し負担する債務の履行の確保その他の父母の離婚等の後における子の適切な養育の確保のための支援の在り方について検討を加え、必要があると認めるときは、その結果に基づいて所要の措置を講ずるものとする。

　2　政府は、この法律の施行後五年を目途として、この法律の施行の状況について検討を加え、必要があると認めるときは、その結果に基づいて所要の措置を講ずるものとする。

親子断絶防止法全国連絡会のホームページより
平成28年12月13日の親子断絶防止議連総会に提示され承認された法律案
（ホームページ上の名称は「インナー会議修文案［未定稿］」）
http://oyako-law.org/index.php?2016.12.13法案

あとがき

　本書は、離婚（別居）後の子の監護をめぐって、最近家裁実務を支配しているいわゆる面会交流原則実施論あるいはその延長線上に位置する離婚後の共同監護論の問題点について、社会学者や精神医学者からの忌憚のない問題提起を踏まえ、あくまで実質的な「子の利益」の確保の視点から、子の監護事件の解決に悩まされている代理人弁護士あるいは諸外国の実情に詳しい家族法学者の共同作業によって、理論的かつ実際的な問題点や弊害を炙り出し、その解決案と対策を具体的に提示しようとするものである。

　本書第3章の安田論文「『松戸100日面会裁判』が投げかける問い」のVにおいて、同裁判の「一審判決は、近時台頭してきた面会交流原則的実施論の立場に近いことから、その論者からはおおむね歓迎されるコメントが寄せられた。これに対し控訴審判決は、従来の面会交流審判の主流的傾向である継続性の原則を判断の基礎としたため、原則的実施論に批判的な論者から歓迎されるコメントが寄せられた」とされ、結論的に控訴審判決は「家庭裁判所が強力に推進している面会交流原則的実施の流れに対し、大きな反省を迫る契機となった」と指摘された。その通りであり、確かに、平成29年1月26日に言い渡されたこの松戸面会控訴審判決は、原則実施論を忠実に守っていれば出てきそうもない内容であった。

　面会交流の原則実施論に基づく実務の全国的展開が目覚ましく、その分多くの弊害が生じていることは拙稿本書第9章Ⅰの冒頭で述べた通りであるが、原則実施論に基づく実務運用に疑問を呈したと思われる東京高裁民事23部（家事事件集中部の一つ）が同庁平成29年（ラ）第1661号面会交流審判に対する抗告事件（原審・前橋家庭裁判所平成28年（家）第828号、同第829号）において平成29年11月24日告知した決定は、原則実施論から一歩従来の比較基準説に押し戻した内容のものであった。担当弁護士から提供を受けた

決定書（判例集登載予定）等に基づき以下紹介する。事案は、不和別居後に父が二児との面会交流を求めたところ、原審が直接面会を認めたが、抗告審では、面会時間の短縮と段階的増加、第三者立会期間の大幅延長などに変更したものである。

原審が、「非監護親と子との面会交流を実施することは、一般的には、子の福祉の観点から有用であり、子の精神的な健康を保ち、心理的・社会的な適応をするために重要な意義がある。もっとも、面会交流を実施することがかえって子の福祉を害するといえる特段の事情があるときは、面会交流は禁止・制限しなければならない」と面会交流原則実施論お決まりの説示をした。これに対し、監護親母の代理人は、本書第９章のⅠとほぼ等しい内容の梶村意見書（書証提出）に基づく抗告理由を付して、原審が依って立つ原則実施論を批判したところ、上記抗告審決定は、次のように説示した。すなわち、

「父母が別居し、一方の親が子を監護するようになった場合においても、子にとっては他方の親（以下「非監護親」という。）も親であることに変わりはなく、別居等に伴う非監護親との離別が否定的な感情体験となることからすると、子が非監護親との交流を継続することは、非監護親からの愛情を感じる機会となり、精神的な健康を保ち、心理的・社会的な適応の維持・改善を図り、もってその健全な成長に資するものとして意義があるということができる。

他方、面会交流は、子の福祉の観点から考えられるべきものであり、父母が別居に至った経緯、子と非監護親との関係等の諸般の事情からみて、子と非監護との面会交流を実施することが子の福祉に反する場合がある。

そうすると、面会交流を実施することがかえって子の福祉を害することがないよう、事案における諸般の事情に応じて面会交流を否定したり、その実施要領の策定に必要な配慮をしたりするのが相当である。

抗告人は、いわゆる面会交流原則実施論を論難するが、抗告人の主張の趣旨とするところは、上述した考え方と必ずしも矛盾するものではない。」

ここで注目すべきは、最後の４段の文面である。本書拙稿で述べた原則実施論批判の趣旨と同内容の抗告理由と上記決定理由とは矛盾しないと述べている点である。ということは、上記東京高裁決定は、いわゆる原則実施論と

はここではっきりと決別したということを意味する。上記判旨の第1段は、非監護親と子とが別居前に良好な交流が存在していたことが前提となり、面会交流紛争が深刻化する高葛藤事案ではむしろそのようなケースは少ないのではないかと推測され、一段に示されたことを一般論として判示することはいかがかとは思われるが、それらの点を別とすれば、本件判旨はいわゆる原則実施論とは明らかに決別しており、東京高裁の家事事件抗告集中部の判断だけにその影響は大きい。本書の目指す方向に一歩も二歩も近づいたという思いであり、今後の実務と学説の進展に期待したい。

　面会交流原則実施論が実務で台頭し始めたのは今から10年ほど前の2008（平成20）年頃からであるが、それは面会交流を中心とする子の監護事件の増加に対処するための調停運営者側の発想と論理だった。それまでの双方の諸事情を比較考量して判断するという家庭裁判所的な手法（比較基準説）では手間暇がかかり過ぎるから、地方裁判所的な要件事実論を基礎とした権利義務中心の調停・審判観を志向し、事件の早期処理のために監護者側が禁止・制限すべき事由を明確に主張立証しない限り面会交流を認めるべきであるとする原則実施論が台頭した。それが2013（平成25）年の家事事件手続法施行によって、家事調停・審判の手続は多方面で地方裁判所化が進み、審理の促進が図られた。しかし、それに伴って、「子の利益」は二の次になり、面会交流が強制的に実施され、児童虐待という事態があちこちで現れ始めた。家事事件手続法はその当初からつまづき、その分立ち上がりに失敗したと評価されるゆえんである。

　面会交流を原則実施するという実務の運用を正当化するためには、面会交流が親又は子の権利であると立法するか、心理学・社会学・精神医学等の視点からそれが子の利益に適うことが論証される必要があるが、そのいずれも不成功に終わっていることは本書の各論稿が明らかにしている通りである。「子の利益」の存否は規範的判断であると同時に人間関係諸科学の知見を必要とする事実的判断であるが、原則実施論者や共同監護論者等は、いずれのアプローチからもその正当性を証明し得ていない。

　本書は、子の監護事件を真の「子の利益」のための制度運用にすることが喫緊の課題であることを明らかにするものである。読者のみなさんの忌憚の

ないご批判、ご意見をぜひともお聞かせ願いたい。読者の皆さんと共に、最近の子の監護事件の問題点の改善に向けて協力し合えることを切に望んでいる。

　最後になったが、本書の刊行に当たっては、日本評論社の代表取締役社長の串崎浩氏、編集部の武田彩氏及び大東美妃氏には企画段階から大変お世話になったことを記して深甚の謝意を表することとしたい。

2018年1月10日

梶村太市

□執筆者一覧（五十音順）

＊は編者

小川富之	（おがわ・とみゆき）	福岡大学法科大学院教授
＊梶村太市	（かじむら・たいち）	弁護士・第二東京弁護士会
可児康則	（かに・やすのり）	弁護士・愛知県弁護士会
千田有紀	（せんだ・ゆき）	武蔵大学教授
＊長谷川京子	（はせがわ・きょうこ）	弁護士・兵庫県弁護士会
渡辺久子	（わたなべ・ひさこ）	世界乳幼児精神保健学会理事・渡邊醫院
渡辺義弘	（わたなべ・よしひろ）	弁護士・青森県弁護士会
安田まり子	（やすだ・まりこ）	弁護士・第一東京弁護士会
＊吉田容子	（よしだ・ようこ）	弁護士・京都弁護士会

離婚後の子の監護と面会交流
――子どもの心身の健康な発達のために

2018年2月25日　第1版第1刷発行

編著者――梶村太市・長谷川京子・吉田容子
発行者――串崎　浩
発行所――株式会社　日本評論社
　　　　〒170-8474　東京都豊島区南大塚3-12-4
　　　　　　電話 03-3987-8621（販売：FAX -8590）
　　　　　　　　　03-3987-8592（編集）
　　　　　　https://www.nippyo.co.jp/　振替 00100-3-16
印刷所――平文社
製本所――井上製本所
装　丁――銀山宏子

検印省略　©2018　梶村太市・長谷川京子・吉田容子
ISBN 978-4-535-52339-5　　　　　　　　　　Printed in Japan

JCOPY　〈(社)出版者著作権管理機構　委託出版物〉
本書の無断複写は、著作権法上での例外を除き、禁じられています。複写される場合は、そのつど事前に、(社)出版者著作権管理機構（電話 03-3513-6969、FAX 03-3513-6979、e-mail: info@jcopy.or.jp）の許諾を得てください。
また、本書を代行業者等の第三者に依頼してスキャニング等の行為によりデジタル化することは、個人の家庭内の利用であっても、一切認められておりません。